大数据+

- 大数据与会计
- 大数据与财务管理
- 大数据与审计
- 会计信息管理
- 财税大数据应用

高等职业教育财经类专业群**数智化财经**系列教材

高等职业教育财务会计类专业“**岗课赛证**”融通教材

iCVE 智慧职教 高等职业教育在线开放课程新形态一体化教材

管理会计实务

主　编　单　松　刘小海　陆培中

副主编　王　俊　王继祥　李　真　朱红霞

中国教育出版传媒集团

高等教育出版社·北京

内容简介

本书是高等职业教育财经类专业群数智化财经系列教材，高等职业教育财务会计类专业“岗课赛证”融通教材，浙江省高职院校“十四五”重点教材。

本书秉持“立德树人”的教学理念，依据《管理会计基本指引》和22项《管理会计应用指引》，以改编后的真实上市公司案例为载体，结合全国职业院校会计实务技能大赛管理会计数字化业务处理赛项和数字化管理会计职业技能等级证书的考核要求，突出“立德树人”“岗课赛证融通”“仿真实战”“教学做一体”的编写理念。

本书主要分为八个项目，包括管理会计认知、战略管理与风险管理、预算管理、营运管理、投融资管理、成本管理、绩效管理和管理会计信息系统与管理会计报告认知与应用。每个项目由学习目标、思维导图、引导案例、任务节点、岗课赛证融通训练和项目后职业素养提升栏目“价值引领”等版块构成。

本书配有《管理会计综合实训》，两者结合使用将达到更好的学习效果。同时，本书配有数字资源和数字课程，围绕主要知识技能点配套提供微课、教学课件、参考答案等，部分资源以二维码形式呈现，可实现移动终端随扫随学。同时，与本书配套的数字课程可通过登录“智慧职教”（www.icve.com.cn）平台，进入“管理会计基础”课程进行在线学习。具体资源获取方式请见书后“郑重声明”页的资源服务提示。

本书可作为高等职业教育专科、本科院校财务会计类专业和应用型本科院校相关专业的教材，也可作为在职会计人员的学习和参考用书。

图书在版编目（CIP）数据

管理会计实务 / 单松，刘小海，陆培中主编. -- 北京 ： 高等教育出版社，2023.6（2024.4重印）
ISBN 978-7-04-060016-2

Ⅰ. ①管… Ⅱ. ①单… ②刘… ③陆… Ⅲ. ①管理会计-高等职业教育-教材 Ⅳ. ①F234.3

中国国家版本馆CIP数据核字(2023)第036519号

管理会计实务
GUANLI KUAIJI SHIWU

策划编辑 贾玉婷 马 一　责任编辑 马 一　封面设计 李树龙　版式设计 马 云
插图绘制 于 博　责任校对 胡美萍　责任印制 赵义民

出版发行 高等教育出版社
社　　址 北京市西城区德外大街4号
邮政编码 100120
印　　刷 北京市白帆印务有限公司
开　　本 787mm×1092mm 1/16
印　　张 20.75
字　　数 390千字
插　　页 2
购书热线 010-58581118
咨询电话 400-810-0598
网　　址 http://www.hep.edu.cn
http://www.hep.com.cn
网上订购 http://www.hepmall.com.cn
http://www.hepmall.com
http://www.hepmall.cn
版　　次 2023年6月第1版
印　　次 2024年4月第2次印刷
定　　价 49.80元

物 料 号 60016-00

前 言

随着人工智能、大数据等新一代信息技术的推广和应用，会计行业正在发生巨大的变革，会计的核算职能越来越多地由财务机器人或智能的信息化软件平台完成，会计人员的工作更多地转向数据挖掘与分析、预算管理、成本管控、营运分析、绩效管理等管理会计领域。

2017 年 9 月 29 日，财政部发布了《关于印发〈管理会计应用指引第 100 号——战略管理〉等 22 项管理会计应用指引的通知》，管理会计在我国的应用和推广进入了一个新的阶段。管理会计在企业的实际应用日益普及和深入，但现阶段行业中管理会计人才依然缺乏，行业内部人才缺口较大。

行业的变革、政策文件的出台和管理会计人才的供给不足，对高校管理会计人才的培养提出了新的要求。为了满足高等职业院校管理会计课程教学的需要，提高学生管理会计理论知识与实操技能，编者组织国内多所高职院校共同编写了本书。

本书有六个方面的特色和亮点：

1. 依托课程思政改革项目，强化教材思政内容的体系设计和融入

本书贯彻党的二十大报告“我们要坚持教育优先发展、科技自立自强、人才引领驱动，加快建设教育强国、科技强国、人才强国，坚持为党育人、为国育才，全面提高人才自主培养质量，着力造就拔尖创新人才，聚天下英才而用之”精神，落实立德树人根本任务，融入课程思政内容，以强化学生的诚信意识、法制意识、职业理想和职业精神。同时，本书作为浙江省 2022 年课程思政教学项目《思政元素“三全”融入岗课赛证综合育人体系的路径研究——以大数据与会计专业为例》中数字管理会计核心课程的配套教材，在开发过程中注重思政元素的设计与融入：① 从核心价值观、职业道德和哲学方法论三个方面，对本书的素养目标进行了一体化设计；② 设计“小组讨论”“价值引领”两个模块，将思政元素融入课堂讨论、课后阅读；③ 利用 MOOC 平台开发思政案例资源和视频资源。

2. 对接标准，适应新时代高职院校财会人才培养改革需求

大数据、人工智能等新技术在财会领域的深入应用，重塑财务岗位体系和

职责。本书在开发过程中，紧扣财政部公布的《管理会计应用指引》和教育部发布的《职业教育专业简介（2022年修订）》（大数据与会计专业），按照标准要求涵盖相应模块和知识点，将知识、技能、素养要求融入教材内容；落实《教育部关于职业院校专业人才培养方案制订与实施工作的指导意见》等文件要求，在教材模块设置、内容撰写、资源配套等方面体现新时代高职院校财会人才培养改革需求。

3. “岗课赛证”融通，有力支持学生获得“适岗”能力

本书从四个方面体现“岗课赛证”融通，培养学生“适岗”能力：第一，组建多元协同的编写团队，由企业实战专家、教育科技公司、技能大赛优秀指导教师、考证培训讲师构成，岗位操作、赛证辅导和课程建设经验丰富，将企业管理会计相关岗位的工作流程、工作载体、技能要求融入教材编写和资源建设；第二，按照行业指引和技能大赛岗位划分，按七大领域四大岗位群进行设计编排，实现教材框架设计与工作岗位的无缝对接；第三，将赛证考核内容融入教材知识点，以课堂教学为核心，提升备赛和考证的课堂教学效果；第四，按照各任务岗课赛证融通训练—配套《管理会计综合实训》工作手册式教材—管理会计仿真综合实训教学平台的路线设计教材实训编排，突出业财融合技能的梯次培养。

4. 以“理实一体、全程实战”为指导，设计教材“六步教学法”

本书遵循“实践中见理论、实践中知理论、实践中提升理论”的编写思路，转变“重理论、轻实操、条块分割”的教材现状，按照“六步教学法”来设计教材内容。第一步，明确章节学习目标，以岗位案例导入与讨论；第二步，以佳润乳业公司为主案例，讲授理论知识点，分析案例，提高知识应用和理解能力；第三步，每个任务后设置岗课赛证融通训练，让学生通过实训练习熟练掌握知识要点；第四步，设置“小组讨论”和“价值引领”模块，依托案例企业融入思政元素，开展“师生对话、小组讨论”，传递核心价值观、职业道德和方法论，思政点内化于心；第五步，配套《管理会计综合实训》工作手册式教材和在线操作视频资源库，遵循“一岗位一实操”，数据高度关联，提升实操的难度和操作技能的仿真度；第六步，依托仿真综合实训教学平台，完成虚拟企业运营环境下的案例实训，备战技能大赛和技能等级证书考试，提升岗位技能综合运用能力。

5. 教学资源同步开发应用，满足“教”“学”“课”“赛”“证”的需求

本书在智慧职教平台配套建有“管理会计基础”在线开放课程，建设以数字化教学辅助资源和课程思政案例资源为主体的课程资源体系与仿真综合实训体系。本书中呈现的案例和资源由教师、企业和软件平台支持方共同设计与开

发，为广大教师提供了丰富的备课参考资料，也为学生自主学习、备考备赛提供了多样的选择。

本书由单松、刘小海、陆培中任主编，由王俊、王继祥、李真和朱红霞任副主编。具体编写分工如下：项目一由陕西财经职业技术学院朱红霞老师编写，项目二和项目八由义乌工商职业技术学院王俊老师编写，项目三和项目六由浙江经济职业技术学院单松老师、郴州职业技术学院刘小海老师和湖南财经工业职业技术学院胡蓉老师编写，项目四和项目五由金华职业技术学院王继祥老师和徽商职业学院陆培中老师编写，项目七由青岛酒店管理职业技术学院李真老师编写，岗课赛证融通训练练习题由上海电子信息职业技术学院贲志红老师编写，佳润乳业公司案例由浙江某上市公司财务总监孙旭芬女士提供和修改。全书由浙江经济职业技术学院单松老师总纂定稿。感谢2021年全国职业院校技能大赛会计技能赛项一等奖获得者林莉芳、陈昊、葛紫燕、赵宇璇，以及2021年浙江省职业院校技能大赛会计技能赛项一等奖获得者邓昂健同学对本书案例进行核对、视频讲解录制、答案制作方面提供的帮助。

限于作者的认识和水平，本书在内容和设计上难免有不足之处，敬请各位读者批评指正，以便我们在后续的修订中更正和完善。

编 者

2023年12月

目　录

项目一 管理会计认知

1

学习目标

知识目标

1. 了解管理会计产生与发展的过程
2. 掌握我国管理会计指引体系的内容
3. 掌握管理会计的概念、内容和职能
4. 掌握管理会计与财务会计的联系与区别

技能目标

1. 能够描述管理会计产生的过程
2. 能够熟练运用管理会计原则和要素解决问题
3. 能够理解管理会计应用的环境知识与影响

素养目标

1. 增强学生树立管理会计理念，培养从全局出发分析问题、解决问题的能力
2. 培养学生的规矩意识、制度意识
3. 提升学生通过认识事物发展规律，培养辩证唯物主义思维

思维导图

- 管理会计认知
  - 管理会计的产生与发展认知
    - 管理会计的发展历程
    - 管理会计在我国的发展与建设
  - 管理会计基本理论认知
    - 管理会计的概念
    - 管理会计的原则
    - 管理会计的要素
    - 管理会计的职能
    - 管理会计与财务会计的区别
  - 管理会计的应用环境认知
    - 管理会计内部应用环境
    - 数字化应用环境对管理会计的影响

引导案例 >>>

随着生活水平的不断提高，人们对乳饮料的需求快速增长。为了抓住发展的机遇期，佳润乳业公司通过快速扩张规模，提升产能。随着公司规模的快速扩张，企业管理复杂度急剧上升，财务效率停滞不前，公司运营成本较高，成本控制及责任划分不明确，公司原有的部分管理模式难以适应新形势的发展。

公司于202× 年年初召开董事会扩大会议，全员讨论公司经营发展重点。会议确定，为了使公司战略目标更加明确，发挥财务创造价值能力，推动业务和财务的深度融合，全面实行符合自身发展的管理会计制度体系。公司对员工开展管理会计理念等相关培训，形成全体员工认同的企业战略目标，从而以实现公司发展战略为导向，因地制宜引入管理会计相关工具。202× 年公司借助于管理会计体系的建立和深入实施，使公司运营成本进一步下降，实现销售收入和净利润的快速增长，贡献税收 1 500 万元，解决 600 多人就业，进一步体现“聚焦乳业、服务社会”的企业价值。

分析与启示

（1）管理会计的目标是通过运用管理手段提高管理效率，为企业创造价值。为了解决公司遇到的困境，佳润乳业公司管理层对公司员工开展管理会计相关培训，以公司发展战略为导向，因地制宜引入管理会计相关工具。

（2）管理会计活动与企业的经济业务紧密相关，佳润乳业公司引入管理会计，可以适应新的发展形势，提高公司的管理水平与经济效益，为员工提供就业保障，利于社会经济发展。

（3）佳润乳业公司根据自身发展阶段所处的外部环境和发展中遇到的困境，从内外因出发，实施管理会计应用，具体问题具体分析，制定出符合自身发展的管理会计制度体系，解决发展中遇到的问题。

任务一　管理会计的产生与发展认知

管理会计的产生与发展

一、管理会计的发展历程

第二次世界大战后，世界各国企业为了求生存谋发展，越来越注重企业管理。在这种形势下旨在提高生产效率、降低成本费用、获取最大限度利润的管理会计应运而生，专业的管理理论从传统的财务会计中分离出来，形成了与财务会计并列的一门学科——管理会计。因此，管理会计的产生也被视为现代会计形成的标志。

在管理会计不断发展的过程中，大致经历了三个阶段，分别是成本控制管理会计、决策管理会计和战略管理会计。

（一）成本控制管理会计

成本控制管理会计着重解决如何提高生产效率的问题。管理学家弗雷德里克·温斯洛·泰勒（泰勒）是科学管理的创始人，被誉为科学管理之父。他认为，对于每项工作来说总存在一个“最佳途径”，管理者的职责在于为工作提供明确的指导，选拔最适合该项工作的人来完成该项工作，并用最有效的方法对这些人进行培训；达到最高工作效率的重要手段是用科学化的、标准化的管理方法代替经验管理。为了提高生产和工作效率，泰勒在实验的基础上，制定出在一定客观条件下可以实现并且最有效率的标准操作方法，并以此方法培训人员；为了使工人高标准完成工作，除了要求其掌握标准的操作方法外，还对使用的工具、机械、材料，以及作业环境加以标准化。

科学管理理论的出现促使现代会计分化为财务会计和管理会计。财务会计被称为对外会计，主要是对企业已经发生的经济业务采用专门的方法进行确认、计量、记录和报告，为决策者提供有用信息，并如实反映受托责任的履行情况。管理会计作为会计的重要分支，主要服务于企业内部，通过对企业相关财务信息及非财务信息，进行事前的分析和预测、事中的控制以及事后的评价，为决策者提供决策依据和建议，因此管理会计也被称为内部会计。

（二）决策管理会计

从 20 世纪 50 年代起，随着现代科学技术突飞猛进，生产力迅猛发展，大规模生产使得企业生产经营日趋复杂，管理会计向着精密的数量化技术方向发展，流程分析、战略成本管理和决策模型的构建推动了管理会计在企业管理中的应用，管理会计发展到了决策管理会计阶段。

决策管理会计认为管理活动的过程是决策的过程，决策是管理的中心。决策管理会计代表人物是赫伯特·西蒙，他提出了“满意代替最优”的决策原则，他认为决策应该遵循满意原则，而不是最优原则。对于决策者而言，要使决策达到最优，理想的决策行为必须在获得与决策有关的全部信息的前提下进行，但现实的管理活动中，很难满足该条件。“满意代替最优”的决策原则纠正了传统理论的偏激，在一定程度上减少了决策者的负担，缩短了决策周期，提高了经营管理效率。

（三）战略管理会计

自 20 世纪 80 年代起，随着高新技术、生产自动化、全球经济一体化的发展，企业为了取得竞争优势，实现长期生存和发展，企业管理层更加重视对企业内外部环境变化的预测和把握，认识到必须进行战略管理，战略管理会计逐渐形成。

战略管理会计是以协助高层领导制定竞争战略、实施战略规划、促进企业良性发展为目的，从战略的高度进行分析和思考，运用灵活多样的方法收集、加工、整理与战略管理相关的各种信息，既可以为顾客和竞争对手提供具有战略相关性的外向型信息，也可以为本企业提供与战略相关的内部信息，据此协助企业管理层确立战略目标、进行战略规划和业绩评价的一项管理活动。

二、管理会计在我国的发展与建设

我国管理会计引入较晚，不过我国学者也对管理会计进行了大量的研究，提出了自己的观点并在企业管理实践中探索和尝试，不乏成功案例。

改革开放后，经济的快速发展促进了管理会计相关理论研究及实践经验的发展，尤其是十八届三中全会对全面深化改革的总体部署：建立现代财政制度、推进国家治理体系和治理能力现代化；建立和完善现代企业制度，增强企业价值创造力；推进预算绩效管理、建立事业单位法人治理结构，对发展管理会计提出了较高要求。

2014 年 10 月财政部印发了《关于全面推进管理会计体系建设的指导意见》，并提出了建立包括基本指引、应用指引和案例库的管理会计指引体系的要求，全面推进了管理会计的发展；2016 年 6 月财政部印发了《管理会计基本指引》，明确了我国管理会计的目标和原则，我国管理会计的目标是通过运用管理会计工具方法，参与企业经营管理和决策过程，提供决策有用的相关信息，推动企业实现战略规划；2017 年 9 月财政部印发了《管理会计应用指引第 100 号——战略管理》等首批 22 项管理会计应用指引，明确了我国管理会计概念框架，可以具体指导企业管理会计工作，也是我国管理会计指引体系建设的主体内容。我国管理会计发展形成了包括《管理会计基本指引》《管理会计应用指引》和案例库在内的管理会计指引体系。

小组讨论

通过对管理会计的产生和发展的学习，从管理理念和方法创新的角度说一说管理会计对企业和社会发展的重要性。

岗课赛证融通训练

一、单项选择题

1. 现代会计的两大分支为财务会计和（　　）。

A. 成本会计　　B. 财务管理
C. 管理会计　　D. 预算会计

2. 被称为科学管理之父的是（　　）。
A. 赫伯特·西蒙　　B. 亨利·法约尔
C. 弗雷德里克·温斯洛·泰勒　　D. 乔治·梅奥

3. 提出“满意代替最优”决策原则的是（　　）。
A. 赫伯特·西蒙　　B. 亨利·法约尔
C. 弗雷德里克·温斯洛·泰勒　　D. 乔治·梅奥

4. 财政部于（　　）年印发了《关于全面推进管理会计体系建设的指导意见》。
A. 2014　　B. 2015
C. 2016　　D. 2017

二、多项选择题

1. 根据管理会计的目标，可以将管理会计分为（　　）三个阶段。
A. 成本控制管理会计　　B. 决策管理会计
C. 战略管理会计　　D. 预算管理会计

2. 我国管理会计指引体系包括（　　）。
A.《管理会计基本指引》　　B.《管理会计应用指引》
C.《企业会计基本准则》　　D. 案例库

任务二 管理会计基本理论认知

一、管理会计的概念

管理会计是通过一系列专门的方法，利用财务会计、统计及其他有关资料与信息进行归纳、整理、计算、对比和分析，使企业内部各级管理人员能据以对各责任单位以及整个企业的日常和未来的经济活动进行规划、控制、评价、考核，并帮助企业管理部门做出最优决策的一种管理活动。

管理会计的目标是通过运用管理会计工具方法，参与单位规划、决策、控制、评价活动并为之提供有用信息，推动单位实现战略规划。

管理会计的概念

二、管理会计的原则

企业应用管理会计，应遵循下列原则：

（一）战略导向原则

管理会计的应用应以战略规划为导向，以持续创造价值为核心，促进单位可持续发展。

（二）融合性原则

管理会计应嵌入单位相关领域、层次、环节，以业务流程为基础，利用管理会计工具方法，将财务和业务等有机融合。

（三）适应性原则

管理会计的应用应与单位应用环境和自身特征相适应。单位自身特征包括单位性质、规模、发展阶段、管理模式、治理水平等。

（四）成本效益原则

管理会计的应用应权衡实施成本和预期效益，合理、有效地推进管理会计应用。

三、管理会计的要素

管理会计的要素包括管理会计应用环境、管理会计活动、管理会计工具方法、管理会计信息与报告，它们构成了管理会计应用的有机体系。企业应该在分析管理会计应用环境的基础上，合理运用管理会计工具方法，全面开展管理会计活动，并形成管理会计报告，提供相关信息，支持企业决策，推动企业实现管理战略规划。

（一）管理会计应用环境

企业要实施管理会计的基本条件是管理会计应用环境，因此也将其称为企业应用管理会计的基础。管理会计应用环境包括外部环境和内部环境。外部环境主要包括国内外的政治、经济、文化、法律等因素；内部环境主要包括与管理会计建设和实施相关的价值创造模式、组织架构、管理模式、资源保障、信息系统等因素。

（二）管理会计活动

管理会计活动是企业管理会计工作的具体开展，是单位利用管理会计信息，运用管理会计工具方法，在规划、决策、控制、评价等方面服务于单位管理需要的相关活动。

（三）管理会计工具方法

管理会计工具方法是实现管理会计目标的具体手段，是企业应用管理会计时所采用的战略地图、全面预算管理、作业成本管理、本量利分析、平衡计分卡等模型、技术、流程的统称。管理会计工具方法具有开放性，随着企业管理实践的发展而不断完善和丰富，目前主要应用于战略管理、预算管理、成本管理、营运管理、投融资管理、绩效管理、风险管理等领域。

（四）管理会计信息与报告

管理会计信息包括管理会计应用过程中所使用和生成的财务信息与非财务信计息，基本特征是相关性、可靠性、及时性和可理解性。管理会计报告是管理会计信息的重要载体，也是管理会计活动成果管理的重要表现形式。

管理会计报告主要为其使用者提供满足管理需要的信息。管理会计报告可以按照不同标准进行分类。管理会计报告按照期间，可以分为定期报告和不定期报告；按照内容，可以分为综合性报告和专项报告。企业可以根据管理需要和管理会计活动性质设定报告期间，管理会计报告通常以公历期间作为报告期间，但也可以根据特定需要设定报告期间。

四、管理会计的职能

（一）预测职能

为了有效地帮助企业在经营管理决策中做出正确的判断与选择，管理会计需要对各种生产经营方案的各项经济指标进行科学预测。管理会计在预测过程中主要使用历史数据，并通过对这些历史数据进行科学的加工与整理，来预测未来经济活动的发展变化，以减少企业经济管理决策中的盲目性。

（二）决策职能

决策是管理会计的一项重要职能。决策的正确与否关系到一个企业的成败，管理会计就是通过采用各种科学的决策方法来选择最优方案的。管理会计发挥参与经济决策的职能，主要体现在根据企业的决策目标收集、整理有关经济信息资料，选择科学的方法预算决策方案的评价指标，并做出正确的财务评价，最终筛选出最佳的方案。

（三）规划职能

管理会计是通过编制各种计划和预算来实现其规划职能的。全面预算是经营管理决策的具体化，通过对企业有关项目进行预测与决策确定最佳方案，实行全面预算正确编制各项计划，为了实现各项指标，把计划指标层层分解，落实到各部门，形成责任预算体系，便于进行有效的控制与考核。

（四）控制职能

控制经济过程的目的是使实际经营活动按预期计划进行，从而达到预期目标。管理会计控制职能的发挥，可以有效地将经济活动过程中的事前控制和事中控制有机地结合起来，正确计量计划的执行情况，并对执行过程中实际与计划的偏差进行分析，促使有关方面及时采取相应的措施改进工作，确保预算目标的实现。

（五）评价职能

管理会计履行考核评价经营业绩的职能，是通过建立责任会计制度来实现的，即在各部门均明确各自责任的前提下，逐级考核责任指标的执行情况，找出取得的成绩与存在的不足，从而为奖罚制度的实施和未来工作改进措施的形成提供必要的依据。

五、管理会计与财务会计的区别

与财务会计相比，管理会计具有以下特点：

（一）服务对象不同

管理会计与财务会计是现代企业会计的两大分支。财务会计侧重对外部利益相关者提供会计信息，属于对外会计；管理会计主要为强化企业内部经营管理服务，通过提供有效经营和最优决策建议提高经营效益，属于对内会计。

（二）职能定位不同

在职能定位方面，财务会计侧重于“记录价值”，通过确认、计量、记录和报告等程序，记录和解释历史信息；管理会计侧重于“创造价值”，工作的重点面向未来，将解析过去、控制现在与筹划未来有机结合。

（三）程序和方法不同

在程序和方法方面，财务会计有填制凭证、登记账簿、编制报表等固定的核算程序，核算方法必须遵守企业会计准则；管理会计采用的程序和方法灵活多样，不受公认会计原则约束，具有较大的可选择性。

小组讨论

通过管理会计基本理论的学习，在了解管理会计原则、要素、职能及特点的基础上，讨论企业在制定自身管理会计制度体系时如何具体问题具体分析？

岗课赛证融通训练

一、单项选择题

1. 下列不属于管理会计活动的是（　　）。

A. 项目决策　　B. 企业规划　　C. 成本控制　　D. 会计核算

2. 下列关于管理会计与财务会计的区别，表述错误的是（　　）。

A. 管理会计的特点是相对于财务会计而言的

B. 管理会计侧重“创造价值”，而财务会计侧重“记录价值”

C. 管理会计与财务会计的程序和方法不同

D. 管理会计要求提供精确的信息，而财务会计不需要

3. 下列关于管理会计的描述，正确的是（　　）。

A. 管理会计是对外服务的会计　　B. 管理会计主要是反映企业的经营状况

C. 管理会计主要是对内提供服务　　D. 管理会计不能为企业创造价值

4. 管理会计实施的基本条件是（　　）。

A. 管理会计工具与方法　　B. 管理会计应用环境

C. 管理会计信息与报告　　D. 管理会计活动

二、多项选择题

1. 管理会计的要素包括（　　）。

A. 管理会计应用环境　　B. 管理会计活动

C. 管理会计工具方法　　D. 管理会计信息与报告

2. 管理会计的职能包括（　　）。

A. 分析职能　　B. 规划职能　　C. 决策职能　　D. 控制职能

3. 管理会计的内容包括（　　）。

A. 预算管理　　B. 战略管理　　C. 绩效管理　　D. 风险管理

三、判断题

1. 管理会计和财务会计一样要受会计准则、会计制度的制约。（　　）

2. 管理会计是通过编制各种计划和预算来实现其规划职能的。（　　）

3. 管理会计职能不包括考核评价经营业绩。（　　）

任务三　管理会计的应用环境认知

管理会计的应用环境是企业应用管理会计的基础，包括内部环境和外部环境。内部环境主要包括与管理会计建设和实施相关的价值创造模式、组织架构、管理模式、资源保障、信息系统等因素；外部环境主要包括国内外的政治、经济、文化、法律等因素。由于外部环境具有很大的不可控性，因此更多关注管理会计内部的应用环境。

一、管理会计内部应用环境

为确保管理会计建设和实施的效果，企业应基于管理会计的内部应用环境进行优化。

（一）价值创造模式

企业的目标是价值创造。价值创造是指企业生产、供应满足目标客户需要的产品或服务的一系列业务活动及其成本结构。企业应准确分析和把握价值创造模式，推动财务与业务的有机融合。

（二）组织架构

组织架构指企业按照国家有关法律法规、股东（大）会决议、企业章程，结合本企业实际，明确董事会、监事会、经理层和企业内部各层级机构设置、职责权限、人员编制、工作程序和相关要求的制度安排。组织架构是企业内部组织资源、搭建流程、开展业务、落实管理的重要因素。

企业应根据自身的组织架构特点，建立健全能够满足管理会计活动所需的由财务、业务等相关人员组成的管理会计组织体系，有条件的企业可以设置管理会计机构，组织开展管理会计工作。

（三）管理模式

管理模式是在管理理念指导下建构起来的，由管理方法、管理模型、管理制度、管理工具、管理程序组成的管理行为体系结构。管理模式是管理方法思路性的、框架性的高度概括，企业应根据其管理模式确定责任主体，明确各层级以及各层级内的部门、岗位之间的管理会计责任权限，制定管理会计实施方案，以落实管理会计责任。

（四）资源保障

实施管理会计必须得到相应的资源支持，为此，企业应从人力、财力、物力等方面做好资源保障工作，加强资源整合，提高资源利用效率，确保管理会计工作顺利开展。同时，企业要注重管理会计理念、知识培训，加强管理会计人才培养。只有全体员工理解、认同的管理会计理念，管理会计才能得到有效实施。

（五）信息系统

信息化是管理会计的基本元素，企业应将管理会计信息化需求纳入信息系统规划，通过信息系统整合、改造或新建等途径，及时、高效地提供和管理相关信息，推进管理会计实施。

二、数字化应用环境对管理会计的影响

虽然管理会计应用的外部环境具有很大的不可控性，但是随着大数据、云计算、

人工智能等技术深入市场环境的各个行业和领域，企业数字化转型和应用环境变革对管理会计产生较大、较普遍的影响。无论是新兴行业还是传统制造行业，企业都试图将“数字技术”运用到企业经营管理的各个环节，以提高企业的管理效率。

数字化应用环境对管理会计产生以下影响：

（1）数字技术的应用推进了企业业财一体化的建设，影响了企业价值创造模式。在业财一体化模式下，收集整理数据的速度加快，收集的信息更全面和连贯，信息质量的提升保障了数据分析的有效性，进一步提高了企业经营决策管理的效率，从而推动企业快速发展。

（2）数字化管理将连接企业各个业务中枢、职能中枢和数据中枢，以数据为基本研究对象，多维分析、建立量化管理模型，推动企业发展，优化企业组织架构。

（3）随着企业数字化程度的不断提高，财务共享服务中心、企业财务公司及司库管理、财务机器人等必将促进管理会计工具的发展和转型。

小组讨论

从哲学的内外因原理角度讨论内外部环境如何影响企业管理会计的应用？

岗课赛证融通训练

一、单项选择题

1. 下列各项关于管理会计应用环境的说法，不正确的是（　　）。

A. 管理会计应用环境包括单位内部环境

B. 单位应用管理会计，应充分了解和分析其应用环境

C. 管理会计是对内报告会计，其应用环境不应包括外部环境

D. 管理会计应用环境，是单位应用管理会计的基础

2. 管理会计实施的基本条件是（　　）。

A. 管理会计工具与方法　　B. 管理会计应用环境

C. 管理会计信息与报告　　D. 管理会计活动

二、多项选择题

1. 管理会计应用环境包括内部环境和外部环境，属于内部环境的有（　　）。

A. 组织架构　　B. 管理模式　　C. 信息系统　　D. 资源保障

2. 管理会计应用环境中的外部环境内容主要包括（　　）。

A. 国内外经济发展情况　　B. 产品市场环境

C. 法律环境　　　　　　　　　　　　　D. 行业发展情况

三、判断题

1. 企业应用管理会计，应包括应用环境、管理会计活动、工具方法、信息与报告等四要素。(　　)

2. 管理会计采用的程序和方法灵活多样，具有较大的可选择性。(　　)

3. 管理会计应用的信息不仅包括财务信息，也包括非财务信息。(　　)

价值引领 >>>

蒙牛集团——双轮战略驱动下的数字化财务转型

1. 强化共享财务，建立资金共享平台

蒙牛集团与ERP厂商携手，建设了“蒙牛乳业集团财务共享管理模式（FSSC）——资金共享平台”，将财务共享中心定位为集资金管理共享和会计核算共享为一体的财务共享服务平台。数字化财务共享中心开发了蒙牛集团财务共享中心综合报账系统平台，让蒙牛集团实现了全部业务板块集中进行统收统付的结算，在所有业务单元中基本实现了零现金的管理。在集团资金共享结算模式下，实现了共享结算、票据池、理财业务、国际结算、掌上资金，以及资金支付业务的电子化流程审批，支撑了蒙牛集团新财务、新管控、新平台的优质高效服务。

2. 数字化助力集团快速发展，积极履行社会责任

借助新技术构建有效的大数据分析能力，并以此作为企业决策与业务流程优化的依据，进而助力蒙牛集团战略目标的实现。同时，蒙牛集团对标联合国可持续发展目标（Sustainable Development Goals，SDGs），逐步完善社会责任发展体系，积极投身脱贫攻坚、环境保护、应急救灾、营养普惠、乡村教育等多个领域。蒙牛集团以“强乳兴农”为己任，致力于通过乳业振兴带动乡村振兴，持续从资金、技术等层面对广大农牧民提供支持。作为国家“学生奶饮用计划”的主要参与者，蒙牛集团牵头发起的“蒙牛营养普惠工程”已累计为全国欠发达地区1 000多所学校捐赠2 000多万盒学生奶。

（资料来源：2021年蒙牛官网；董兴荣，李菲．蒙牛集团：从探路者到引路者，向智能财务共享迈进．财资中国，2018（10）。）

思考与启示：

（1）科学技术是第一生产力。蒙牛集团借助人工智能等新一代信息技术的发展，整合应用财务共享平台，使得财务运营效率提高，为蒙牛集团数字化的成功转型奠定了坚实基础。

（2）发挥主观能动性，进行企业管理模式的创新与实践，提升企业竞争力，对社会经济发展具有重要意义。蒙牛集团积极发挥主观能动性，结合企业发展战略的要求和新信息技术的机遇，实施蒙牛集团财务共享管理模式，推行财务共享服务中心、绩效考核机制等管理会计模块的应用。

（3）乳业企业的健康发展，对保障民生、助力乡村振兴、实现共同富裕具有重要的意义。

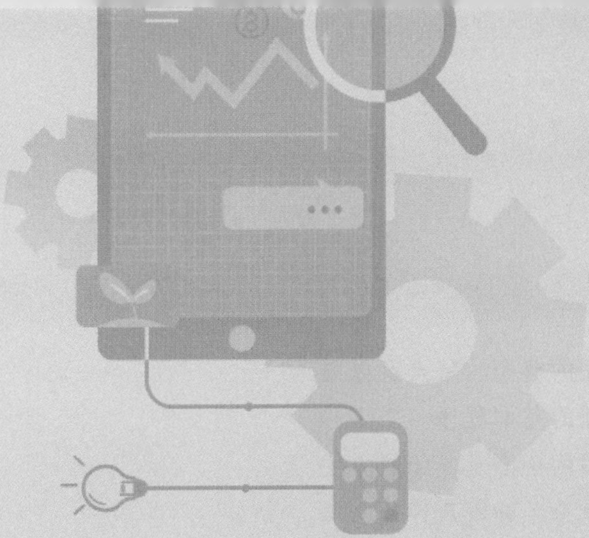

项目二 战略管理与风险管理

2

学习目标

知识目标

1. 理解战略管理的概念、特点及原则
2. 熟悉战略管理的基本程序
3. 熟悉战略地图的概念及其绘制方法
4. 了解风险的概念、分类及评价

技能目标

1. 能够运用战略管理的原则和方法进行实际案例分析
2. 能够结合所学知识绘制战略地图
3. 能够准确分析和评价风险

素养目标

1. 培养学生战略管理的意识，树立全局观念
2. 通过理解战略地图各要素间的因果关系，提升学生辩证思维能力
3. 通过学习风险管理，培养学生的风险意识

思维导图

- 战略管理与风险管理
  - 战略管理认知
    - 战略的概念及企业战略
    - 战略管理的概念、特点及原则
    - 战略管理的应用程序
  - 战略地图应用
    - 战略地图的概念及作用
    - 战略地图设计
    - 战略地图实施
    - 战略地图的优缺点
  - 风险管理
    - 风险的概念和分类
    - 风险与全面风险管理
    - 风险管理的目标
    - 风险管理的流程

引导案例 >>>

佳润乳业公司近五年发展迅速，规模扩张较快。该公司拥有三大生产基地和多个委托加工生产基地，通过深耕重点核心市场并逐步辐射带动周边区域市场的“区域经销模式”，建立起了立体、稳定、通畅的销售网络和服务体系，从生产到销售已初步实现全国性布局。

随着公司规模的快速扩张，公司原有的发展战略难以适应新形势的发展。主要表现在以下五个方面：① 公司原有战略定位为省级区域的知名乳业公司，随着公司上市成功，原有的战略目标严重与快速发展的实际情况相脱节；② 业绩不理想，公司董事会与管理层之间的信任出现危机，董事会对管理层的能力产生了质疑；③ 企业信息化体系已经建立，但战略管理模块并没有启用，不利于各信息数据之间的传递和共享，信息化效用未得到充分发挥；④ 绩效考核体系没有与战略目标有机匹配，考核激励制度缺乏一定的科学合理性；⑤ 各部门之间、员工之间的沟通交流环节多、不顺畅，很多中层管理人员和基层员工对于战略的理解和实施存在偏差。

分析与启示

（1）为进一步适应企业经营发展的需求，服务企业战略的实施，公司从组织架构变革入手，设立战略管理部，负责在公司内部建立和实施战略管理体系，企业选择的战略方向关系到企业的生存发展。

（2）通过战略管理体系的建立，佳润乳业公司管理层利用战略地图工具澄清公司战略并分解关键绩效指标，以期降低成本，扩大销售，从而实现全年销售和利润目标。

（3）战略管理需要企业根据自身禀赋条件，分析自身优势和不足；结合外部面临的机会和威胁，运用专门的战略管理工具，提出企业发展的战略目标。

（4）企业部门之间、员工之间良好的沟通与协调能力，对于企业战略的理解和实施具有很强的保障作用。

任务一　战略管理认知

一、战略的概念及企业战略

（一）战略的概念

“战略”一词最早是军事方面的概念，指军事将领指挥军队作战的谋略。在中国，“战略”一词历史久远，“战”指战争，“略”指谋略。春秋时期孙武所著的《孙子兵法》被认为是中国较早对战略进行全局筹划的著作。

（二）企业战略及分类

1. 企业战略的概念

我国《管理会计应用指引第 100 号——战略管理》指出：战略，是指企业从全局考虑做出的长远性的谋划。企业战略是企业根据环境变化，结合自身资源和实力，为企业的生存发展，对企业整体性、长期性、基本性问题的谋划或谋略。企业战略的本质在于持续满足利益相关者的不同需求，使企业实现持续发展。

2. 企业战略的分类

企业战略按照不同角度，可以分为不同的类型。

（1）从战略层次角度，可以将企业战略分为总体战略、业务单位战略和职能战略。企业战略的结构层次如图 2-1 所示。

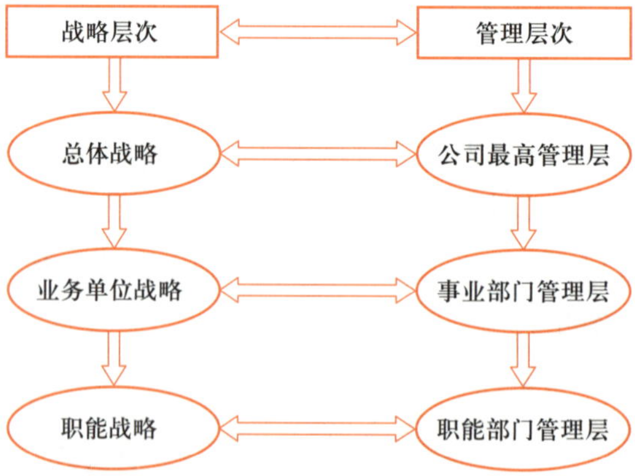

图 2-1　企业战略的结构层次

总体战略又称公司层战略，是企业最高层次的战略，常常涉及整个企业的财务结构和组织结构方面的问题。业务单位战略又叫竞争战略，涉及各业务单位的主管和辅助人员。职能战略也叫职能层战略，涉及企业内部各职能部门，关注于如何更好地配置内部资源，为各级战略服务。

（2）从战略的具体特征角度，可以将企业战略分为发展型战略、稳定型战略、收缩型战略、并购战略、成本领先战略、差异化战略和集中化战略，如表 2-1 所示。

表 2-1　公司战略类型划分

战略类型	子类型
发展型战略	一体化战略
	多元化战略
	密集型成长战略
稳定型战略	暂停战略
	无变化战略
	维持利润战略
	谨慎前进战略
收缩型战略	转变战略
	放弃战略
	清算战略
并购战略	横向购并战略
	纵向购并战略
	混合购并战略
成本领先战略	—
差异化战略	产品差异化战略
	服务差异化战略
集中化战略	集中成本领先战略
	集中差异化战略

二、战略管理的概念、特点及原则

（一）战略管理的概念

战略管理的概念

我国《管理会计应用指引第 100 号——战略管理》指出：战略管理，是指对企业全局的、长远的发展方向、目标、任务和政策，以及资源配置作出决策和管理的过程。战略管理是一种区别于传统职能管理的管理方式。这种管理方式的基本内容是：企业战略指导着企业一切活动，企业战略管理的重点是制定和实施企业战略，制定和实施企业战略的关键是对企业的外部环境和内部条件进行分析，并在此基础上确定企业的使命和战略目标，使它们之间形成并保持动态平衡。因此，企业战略管理的概念可以界定为：企业战略管理是为实现企业的使命和战略目标，科学地分析企业的内外部环境与条件，制定战略决策，评估、选择并实施战略方案，控制战略绩效的动态管理过程。

（二）战略管理的特点

由传统职能管理走向现代战略管理是企业管理的一次重大飞跃。与传统的职能管理相比，战略管理有以下四个特点：

1. 战略管理是企业的综合性管理

战略管理为企业的发展指明基本方向和前进道路，是各项管理活动的精髓。战略管理的对象不仅包括研究开发、生产、人力资源、财务、市场营销等具体职能，还包括统领各项职能战略的竞争战略和公司战略。战略管理是一项涉及企业所有管理部门、业务单位及所有相关因素的管理活动。

2. 战略管理是企业的高层次管理

战略管理的核心是对企业现在及未来的整体经营活动进行规划和管理，它是一种关系到企业长远生存发展的管理。战略管理的目标不仅仅是眼前财富的积累，更是企业长期健康稳定的发展和长久的竞争力。与企业的日常管理和职能管理不同，战略管理必须由企业的高层领导来推动和实施。

3. 战略管理是企业的一种动态性管理

战略管理的目的是依据企业内部条件和外部环境制定并实施战略决策和战略方案，以实现战略目标。而企业的内外部条件和环境总是不断变化的，战略管理必须及时了解、研究和应对变化的情况，对战略进行必要的修正，确保战略目标的实现。因此，企业战略管理活动应具有动态性，即适应企业内外部各种条件和环境的变化进行适当调整或变更。

4. 战略管理是企业的一项效能性管理

企业的一般职能管理重在提高效率，即提高企业实际产出与实际投入之比率。而战略管理重在改进管理的职能，即提高企业实际产出达到期望产出的程度。企业职能部门考虑的主要是如何把事情做正确以提高效率，而战略管理部门考虑的主要是企业发展的方向、目标和途径，做正确的事以改进效能。

（三）战略管理的原则

企业实施战略管理时，一般应遵循以下原则：

1. 目标可行原则

战略目标的设定，应具有一定的前瞻性和适当的挑战性，使战略目标通过一定的努力可以实现，并能够使长期目标与短期目标有效衔接。

2. 资源匹配原则

企业应根据各业务部门与战略目标的匹配程度进行资源配置。

3. 责任落实原则

企业应将战略目标落实到具体的责任中心和责任人，构成不同层级彼此相连的战略目标责任圈。

4. 协同管理原则

企业应以实现战略目标为核心，考虑不同责任中心业务目标之间的有效协同，加强各部门之间的协同管理，有效提高资源使用的效率和效果。

三、战略管理的应用程序

战略管理领域应用的管理会计工具方法，一般包括战略地图、价值链管理等。战略管理工具方法，可单独应用，也可综合应用，以加强战略管理的协同性。企业应用战略管理工具方法，一般按照战略分析、战略制定、战略实施、战略评价和控制、战略调整等程序进行。战略管理应用程序如图 2-2 所示。

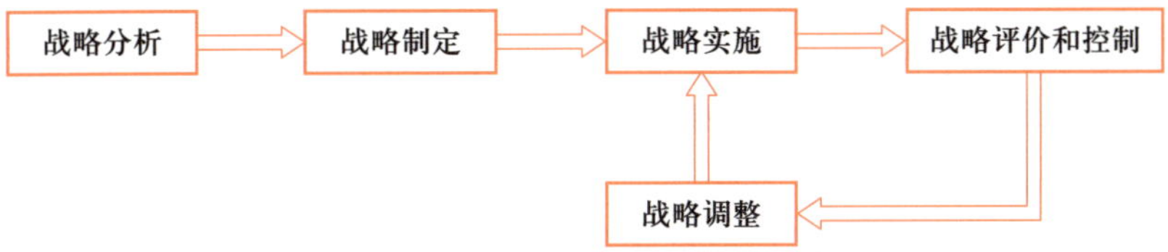

图 2-2　战略管理应用程序

（一）战略分析

战略分析的主要目的是评价影响企业目前和今后发展的关键因素，并确定在战略选择步骤中的具体影响因素。战略分析需要考虑许多方面的问题，主要是外部环境分析和内部环境分析。战略分析的内容如图 2-3 所示。

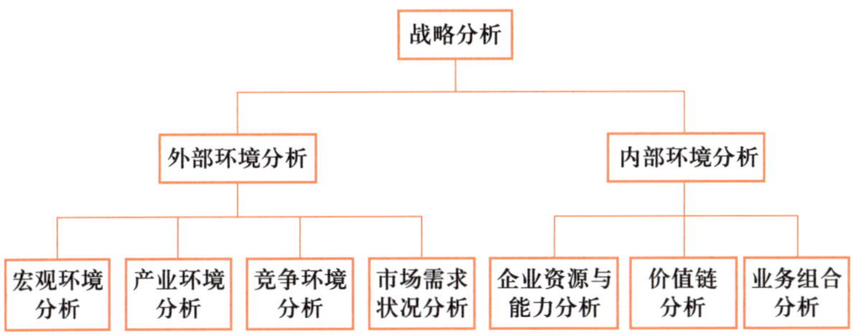

图 2-3　战略分析的内容

1. 外部环境分析

外部环境分析可以从企业所面对的宏观环境、产业环境、竞争环境和市场需求状况几个方面展开。外部环境分析要了解企业所处的环境正在发生哪些变化，这些变化给企业将带来更多的机会还是更多的威胁。

2. 内部环境分析

内部环境分析可以从企业的资源与能力、价值链和业务组合等几个方面展开。内部环境分析要了解企业自身所处的相对地位，企业具有哪些资源和战略能力。企业进行环境分析时，通常应用波士顿矩阵、通用矩阵、SWOT 分析等战略分析工具。

（二）战略制定

战略制定，是指企业根据确定的愿景、使命和环境分析情况，选择和设定战略目标的过程。企业可根据对整体目标的保障、对员工积极性的发挥，以及企业各部门战略方案的协调等实际需要，选择自上而下、自下而上或上下结合的方法制定战略目标。

1. 可选择的战略类型

在企业战略的三个层次上存在着各种不同的战略类型：

（1）总体战略选择。总体战略包括发展战略、稳定战略、收缩战略 3 种基本战略。

（2）业务单位战略选择。业务单位层面的战略包括基本竞争战略、中小企业的竞争战略、蓝海战略 3 种战略。

（3）职能战略选择。职能战略包括市场营销战略、生产运营战略、研究与开发战略、人力资源战略、财务战略等多个职能部门的战略。

2. 战略制定过程

企业设定战略目标后，各部门需要结合企业战略目标设定本部门战略目标，并将其具体化为一套关键财务及非财务指标的预测值。为各关键指标设定的目标（预测）值，应与本企业的可利用资源相匹配，并有利于执行人积极有效地实现既定目标。

战略制定过程的 4 个组成部分如下：

（1）制定战略选择方案。在制定战略过程中，可供选择的方案越多越好。根据不同层次管理人员介入战略分析和战略选择工作的程度，可以将战略形成的方法分为三种。

① 自上而下的方法。即先由企业总部的高层管理人员制定企业的总体战略，然后由下属各部门根据自身的实际情况将企业的总体战略具体化，形成系统的战略方案。

② 自下而上的方法。在制定战略时，企业最高管理层对下属部门不做具体规

定，而要求各部门积极提交战略方案。企业最高管理层在各部门提交的战略方案基础上，加以协调和平衡，对各部门的战略方案进行必要的修改后加以确认。

③ 上下结合的方法。即企业最高管理层和下属各部门的管理人员共同参与，通过上下级管理人员的沟通和磋商，制定出适宜的战略。

三种方法的主要区别在于，在战略制定中对集权与分权程度的把握。企业可以从对企业整体目标的保障、对中下层管理人员积极性的发挥，以及企业各部门战略方案的协调等多个角度考虑，选择适宜的战略制定方法。

（2）评估战略备选方案。评估战略备选方案通常使用三个标准。

① 适宜性标准。考虑选择的战略是否发挥了企业的优势，克服了劣势，是否利用了机会，将威胁削弱到最低程度，是否有助于企业实现目标。

② 可接受性标准。考虑选择的战略能否被企业利益相关者所接受，实际上并不存在最佳的、符合各方利益相关者的统一标准，经理们和利益相关团体的不同价值观和期望在很大程度上影响着战略的选择。

③ 可行性标准。对战略的评估最终要落实到战略收益、风险和可行性分析的财务指标上。

（3）选择战略。选择战略即最终的战略决策，确定准备实施的战略。如果由于用多个指标对多个战略方案的评价产生不一致的结果，最终的战略选择可以考虑以下三种方法：

① 根据企业目标选择战略。企业目标是企业使命的具体体现，因而，选择对实现企业目标最有利的战略方案。

② 提交上级管理部门审批。对于中下层机构的战略方案，提交上级管理部门能够使最终选择方案更加符合企业整体战略目标。

③ 聘请外部咨询专家。聘请外部咨询专家进行战略选择工作，利用专家们丰富的经验，能够提供比较客观的看法。

（4）战略政策和计划。制定有关研究与开发、资本需求和人力资源等部门的政策和计划。

（三）战略实施

战略实施，是指将企业的战略目标变成现实的管理过程。企业应加强战略管控，结合使用战略地图、价值链管理等多种管理会计工具方法，将战略实施的关键业务流程化，并落实到企业现有的业务流程中，确保企业高效率和高效益地实现战略目标。战略实施就是将战略转化为行动。战略实施要解决以下五个问题。

1. 确定和建立一个有效的组织结构

确定和建立组织结构涉及如何分配企业内的工作职责范围和决策权力，需要做出如下决定：

（1）企业的管理结构是高长型还是扁平型；

（2）决策权力集中还是分散；

（3）企业的组织结构类型能否适应公司战略的定位等。

2. 保证人员和制度的有效管理

人力资源的管理和科学的管理体制关系到战略实施的成功与否。

3. 正确处理和协调公司内部关系

企业内部各种团体有其各自的利益要求和目标，而许多要求是互相冲突的，这些冲突可能会导致各种争斗和结盟。在企业战略实施过程中必须正确把握和对待各种内部关系和内部活动。

4. 选择适当的组织协调和控制系统

战略实施离不开企业内各单位的集体行动和协调，企业必须确定采用什么标准来评价各下属单位的效益，控制它们的行动。

5. 协调好企业战略、结构、文化和控制等各方面的关系

战略管理是一个循环过程，而不是一次性的工作。要不断监控和评价战略的实施过程，修正原来的分析、选择与实施工作，这是一个循环往复的过程。战略管理循环过程如图 2-4 所示。

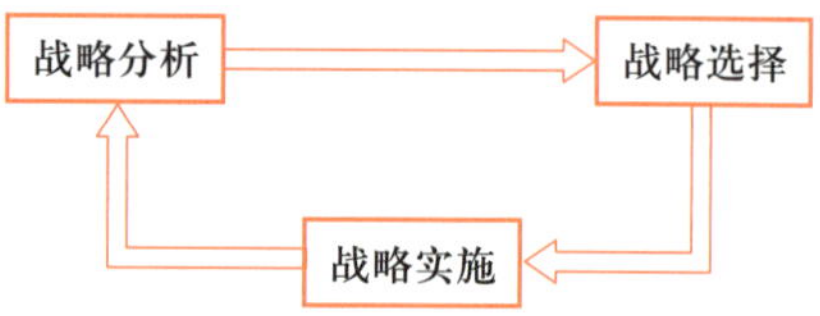

图 2-4　战略管理循环过程

企业战略管理的实践表明，战略制定固然重要，战略实施也同样重要。制定一个良好的战略仅仅是战略成功的一部分，只有有效实施这一战略，企业的战略目标才能够顺利地实现。如果对一个良好的战略贯彻实施很差，则只会导致事与愿违甚至失败的结果。相反，如果企业没能制定出完善而合适的战略，但是在战略实施中，能够克服原有战略的不足之处，那么该战略也有可能成功。

（四）战略评价和控制

战略评价和控制，是指企业在战略实施过程中，通过检测战略实施进展情况，评价战略执行效果，审视战略的科学性和有效性，不断调整战略举措，以达到预期目标。

1. 战略评价

战略评价也称战略评估，它是战略实施阶段活动之一，通过对影响并反映战略管理质量的各要素的总结和分析，判断战略是否实现预期目标的活动。企业主要应从四个方面进行战略评价：战略是否适应企业的内外部环境；战略是否达到有效的资源配置；战略涉及的风险程度是否可以接受；战略实施的时间和进度是否恰当。

2. 战略控制

战略控制是指监督战略实施进程，及时纠正偏差，确保战略有效实施，使战略

实施结果符合预期战略目标的必要手段。如果没有达到既定的目标，控制的意向应当是修改企业战略或更好地实施该战略以使企业实现目标的能力能够得到提高。

（五）战略调整

战略调整，是指根据企业情况的发展变化和战略评价结果，对所制定的战略及时进行调整，以保证战略有效指导企业经营管理活动。战略调整一般包括调整企业的愿景、长期发展方向、战略目标及其战略举措等。

小组讨论

战略制定的具体方法和工具有哪些？请结合相关案例分析讨论：所有企业在发展壮大的过程中，事先都有战略目标吗？为什么战略对于企业的发展如此重要？

岗课赛证融通训练 >>>

一、单项选择题

1. 战略管理循环的起点是（　　）。

A. 战略分析　B. 战略选择　C. 战略实施　D. 战略检验

2. 公司总体战略的类型不包括（　　）。

A. 发展战略　B. 稳定战略　C. 收缩战略　D. 竞争战略

3. 下列说法不正确的是（　　）。

A. 总体战略又称公司层战略

B. 竞争战略主要考虑产品和服务在市场上的竞争问题

C. 职能战略又称竞争战略

D. 职能战略的重点是提高企业资源的利用效率，使企业资源的利用效率最大化

4. 公司战略的层次不包括（　　）。

A. 总体战略　B. 业务单位战略　C. 职能战略　D. 竞争战略

5. 下列不属于战略管理程序的是（　　）。

A. 战略分析　B. 战略制定　C. 战略控制　D. 内部控制

6. 战略管理循环不包括（　　）。

A. 战略分析　B. 战略选择　C. 战略实施　D. 战略检验

7. 以下属于业务单位战略类型的是（　　）。

A. 发展战略　B. 稳定战略　C. 收缩战略　D. 蓝海战略

8. 战略一词源于（　　）。

A. 政治　B. 军事　C. 经济　D. 外交

9. 业务单位战略类型不包括（　　）。

A. 发展战略　B. 成本领先战略　C. 差异化战略　D. 集中化战略

10. 通过分析企业内部因素可以确定（　　）。

A. 机会与优势　B. 优势与劣势　C. 机会与威胁　D. 威胁与劣势

二、多项选择题

1. 佳润公司事业部分布在浙江和江西两省，各个事业部实行自我计划和自我管理。所以该公司的企业战略的结构层次应当包括（　　）。

A. 总体战略　B. 业务单位战略

C. 职能战略　D. 市场战略

2. 下列各项中，属于战略实施要解决的主要问题有（　　）。

A. 企业战略、结构、文化和控制等诸方面是否协调

B. 企业的组织结构是否有效

C. 人员和制度的管理是否合理

D. 企业自身所处的地理位置是否有利

3. 下列属于常用的战略分析工具的有（　　）。

A. 波士顿矩阵　B. 通用矩阵　C. SWOT 分析　D. 平衡计分卡

4. 下列属于战略管理原则的有（　　）。

A. 目标可行原则　B. 资源匹配原则

C. 责任落实原则　D. 协同管理原则

5. 下列属于战略管理特点的有（　　）。

A. 战略管理是企业的综合性管理

B. 战略管理是企业的高层次管理

C. 战略管理是企业的一种动态性管理

D. 战略管理是企业的一项效能性管理

6. 战略分析之外部环境分析应当包括（　　）。

A. 宏观环境分析　B. 产业环境分析

C. 竞争环境分析　D. 价值链分析

7. 战略分析之内部环境分析应当包括（　　）。

A. 企业资源与能力分析　B. 价值链分析

C. 业务组合分析　D. 国家竞争优势分析

8. 下列属于职能层战略类型的有（　　）。

A. 市场营销战略　B. 生产运营战略

C. 人力资源战略　D. 财务战略

三、判断题

1. 战略是企业从全局考虑而做出的长远性的谋划。(　　)

2. 企业战略一般分为三个层次，包括总体战略、竞争战略和职能战略。(　　)

3. 战略管理是一个包括方向选择、目标制定、战略制定，以及战略落实和战略评价等在内的动态系统。(　　)

4. 企业战略管理一般按照战略制定、战略分析、战略实施、战略评价和控制、战略调整等程序进行。(　　)

5. 宏观环境、产业环境、竞争环境和市场需求状况等属于企业外部环境。(　　)

任务二 战略地图应用

战略地图

一、战略地图的概念及作用

（一）战略地图的概念

战略地图，是指为描述企业各维度战略目标之间因果关系而绘制的可视化的战略因果关系图。战略地图通常以财务、客户、内部业务流程、学习与成长等平衡计分卡的四个维度为主要内容，通过分析各维度的相互关系，绘制战略因果关系图。企业可根据自身情况对各维度的名称、内容等进行修改和调整。

作为一种战略描述工具，战略地图能够引导企业做正确的事，提高管理者与员工之间的沟通效率，确保战略能够在企业得到更好的贯彻执行，促进企业长期持续发展。战略地图不是机械地将战略按不同层面划分成彼此孤立的指标，而是生动地描述了各层面各指标之间的相互作用机制，它将原本零星的、看似无关的指标联系在一起。

（二）战略地图的作用

任何一家企业，其资源都是有限的，没有任何一家企业可以面面俱到，只能将有限的资源和精力聚焦到相对重要的环节。但是，要清晰地描绘出从战略目标到企业的经营管理重心之间的逻辑关系，是一件很困难的事情；战略地图的出现解决了这个棘手的问题。

战略地图最大的作用有两个，其一是用直观的描述来解释公司的战略，让“高深”的战略转化为企业里各个部门都能够理解的语言；其二是将实现公司战略常用途径（或定位）划分为四个基本的模板，也可以称之为基本的战略实现路径。所以，从这个意义上讲，战略地图其本质是一套战略管理工具，但是却可以很好地应用于绩效管理。

战略地图将战略转化为企业的经营管理导向，并将其分解为一系列的、与各部门相关的主题，这相当于在企业与战略目标之间绘制了一条基本的路线图，让企业的各项经营管理活动直指目标，而不至于"跑偏"或疲于奔命。

从战略地图的概念和设计要求可以看出，企业只有通过利用人力资本、信息资本和组织资本等无形资产（学习与成长），才能创新与建立战略优势和效率（内部流程），进而让市场（客户）获得企业特定价值，最终实现企业价值（财务目标）。战略地图要素关系如图 2-5 所示。

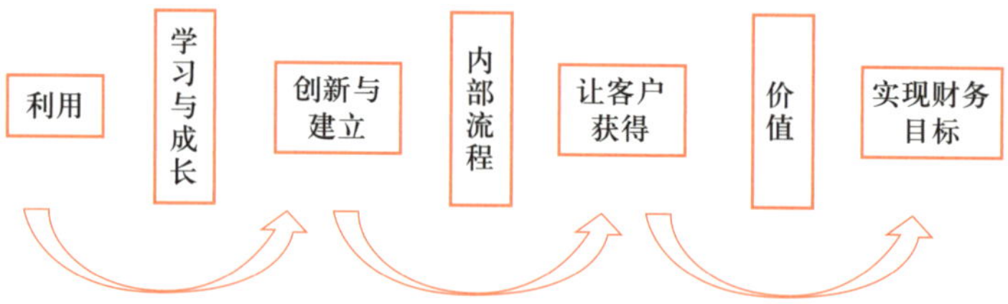

图 2-5　战略地图要素关系

二、战略地图设计

（一）战略地图设计的基本流程

企业设计战略地图，一般按照设定战略目标、确定业务改善路径、定位客户价值、确定内部业务流程优化主题、确定学习与成长主题、进行资源配置、绘制战略地图等程序进行。

1. 设定战略目标

设定战略目标也就是战略制定。企业进行战略目标制定，应遵循《管理会计应用指引第 100 号——战略管理》的有关要求，由企业战略管理部门根据企业宗旨中阐明和确认的经营目的、企业使命，结合环境分析的结果，采取自上而下、自下而上或上下结合的方法，制定企业层面的战略目标。然后，各部门需要根据这一目标设定本部门战略任务，并将其具体化为一套包括利润、资源、生产、市场、员工报酬与激励等在内的财务关键指标，以及包括遵守法规和社会责任等在内的非财务关键性指标，并为各关键指标设定目标（预测）值。这种目标值不仅应与本企业的可利用资源相匹配，而且应利于执行人积极有效地实现既定目标。

2. 确定业务改善路径

战略目标制定后，企业应根据既定战略目标，对现有客户（服务对象）和可能的新客户以及新产品（新服务）进行深入分析，寻求业务改善和增长的最佳路径，提取业务和财务融合发展的战略主题。在财务维度，战略主题一般可划分为两个层次：第一层次一般包括生产率提升和营业收入增长等；第二层次一般包括创造成本优势、提高资产利用率、增加客户机会和提高客户价值等。

3. 定位客户价值

企业应对现有客户进行分析，从产品（服务）质量、技术领先、售后服务和稳定标准等方面确定、调整客户价值定位。在客户价值定位维度，企业一般可设置客户体验、双赢营销关系、品牌形象提升等战略主题。

4. 确定内部业务流程优化主题

企业应根据业务提升路径和服务定位，梳理业务流程及其关键增值（提升服务形象）活动，分析行业关键成功要素和内部营运矩阵，从内部业务流程的管理流程、创新流程、客户管理流程、遵循法规流程等角度确定战略主题，并将业务战略主题进行分类归纳，制定战略方案。

5. 确定学习与成长主题

企业应根据业务提升路径和服务定位，分析创新和人力资本等无形资源在价值创造中的作用，识别学习与成长维度的关键要素，并相应确立激励制度创新、信息系统创新和智力资本利用创新等战略主题，为财务、客户、内部业务流程维度的战略主题和关键业绩指标（Key Performance Indicator，KPI）提供有力支撑。

6. 进行资源配置

在财务（包括业务）、客户价值、内部业务流程，以及学习与成长四个维度的战略主题确定后，根据各维度战略主题，企业应分析其有形资源和无形资源的战略匹配度，对各主题进行战略资源配置。同时应关注企业人力资源、信息资源、组织资源等在资源配置中的定位和价值创造中的作用。

7. 绘制战略地图

企业可应用平衡计分卡的四维度划分绘制战略地图，以图形方式展示企业的战略目标及实现战略目标的关键路径。具体绘制步骤如下：

（1）确立战略地图的总体主题。总体主题是对企业整体战略目标的描述，应清晰表达企业愿景和战略目标，并与财务维度的战略主题和 KPI 对接。

（2）根据企业的需要，确定四维度的名称。把确定的四维度战略主题对应划入各自战略地图内，每一个主题可以通过若干 KPI 进行描述。

（3）将各个战略主题和 KPI 用路径线连接，形成战略主题和 KPI 相连的战略地图。在绘制过程中，企业应将战略总目标（财务维度）、客户价值定位（客户维度）、内部业务流程主题（内部流程维度）和学习与成长维度与战略 KPI 连接，形成战略地图。

企业所属的各责任中心的战略主题、KPI 相应的战略举措、资源配置等信息一般无法都绘制到一张图上，通常采用绘制对应关系表或另外绘制下一层级责任中心的战略地图等方式来展现其战略因果关系。

（二）A 公司战略地图设计①

A 公司是国内泛射频领域的龙头公司，集研发、制造、销售于一体。随着通信设备产业的成熟，同质化现象严重，提升了设备制造商之间的竞争水平。运营商对宽带投资放缓导致光配线分销、制造厂商业绩不佳。光纤、光缆厂商实现了较快增长，但因产能过剩仍然导致光纤光缆价格严重下滑。去年，A 公司意外亏损了 6 300 余万元，并且董事会与执行层之间的信任出现危机，董事会对管理层的能力产生了质疑，并对当年 8 亿元的销售额和 5 200 万元的净利润目标非常没有信心。在此背景下，A 公司管理层决定通过利用战略地图工具澄清公司战略并分解 KPI，以期扭转亏损达成目标。A 公司战略地图设计过程如下：

1. 战略目标设定

顶层的 A 公司发展愿景是成为“全球领先的一站式泛射频解决方案提供商”，其使命是致力于通过对基础材料、基础技术的研究，创造出值得信赖的创新产品与解决方案，为客户创造价值。

2. 确定与股东 / 利益相关者的价值差距

A 公司目前与股东 / 利益相关者的价值差距直观表现在亏损 6 300 余万元的现状与当年实现 5 200 万元净利润的目标差距。对此，A 公司设定的财务层面目标直截了当，提升公司的整体盈利能力，实现 8 亿元销售额和 5 200 万元净利润的目标。A 公司确定的业务改善路径双管齐下，一方面通过在必要利润基础上增加客户基础和增加现有客户业务等目标来实现收入增长；生产率方面强调行业成本领先和产能利用率的提高，即降本增效。A 公司没有经过管理的“降本”大约有 5% 的可操作空间。8 亿元的销售额，按照 10% 的利润，通过 5% 的降本，应当可挤压出 3 600 万元的净利润。

3. 定位客户价值

客户层面确定 A 公司如何满足客户对质量、成本和交货的要求，从而实现收入和利润增长目标。A 公司前 5 大客户营业收入占比在 70% 左右，故其客户层面的核心是“大客户聚焦战略”。A 公司的产品均为强定制化产品，通过对目标市场和客户进行分析，确定出“高客户满意度和忠诚度”的价值主张。具体包括 5 个策略性任务目标：高创新度的产品、增值服务、卓越的产品质量、及时交付、合作共赢的战略客户伙伴关系。

---

① 改编自：温素彬，盛佳丽．战略地图：解读与应用案例［J］．会计之友．2020，（17）．

4. 确定内部业务流程优化主题

内部业务流程层面强调为支持客户目标而创造流程和获得必备的能力，既要能够支撑财务维度收入增长和成本降低目标，又要能够支撑客户维度“高客户满意度和忠诚度”的价值主张。为了实现成本领先，要求采购部门降低 5% 的采购成本。运营管理方面通过筛选和培养战略合作供应商、建立零部件系统化、模块化供应流程以降低采购成本。具体而言，将供应商分成三类：第一类是指定供应商，即个别供应商是客户指定的供应商，成本降低的空间较小，3 家指定供应商降本目标设置为 1%；第二类是规模供应商，即年采购总额在 500 万元以上的，降本目标为 10%。A 公司规模供应商共有 8 个，采购需要重点管理以上核心供应商，建立战略合作关系。第三类就是零星供应商，即年采购额很少的供应商。然而，这样的供应商数量又非常大，这类供应商不做降本要求。A 公司前期亏损的原因很大程度上是因为产能利用率低，使得公司产品的固定成本非常高。而 A 公司所处行业内可以进行网分置换，通过不同公司的闲置设备的置换来提升闲置设备的利用率。故可通过制定网分置换计划，优化资产利用流程等方式以提升产能利用率至 50%。客户管理方面，A 公司为实现客户对质量水平的要求，升级制造流程，生产部门详细编制生产日报表，记录并监控每人每天损失工时和不良品数量；优化新客户识别和关系管理流程。创新流程具体是核心技术的提升和开发周期成本的管理。A 公司在这方面需保持高研发投入，尤其是 5G 天线系统、射频前端等技术研发的投入，如 5G 射频材料、Sub-6 MIMO 天线、毫米波相控阵列天线等，为迎接 5G 时代奠定基础。社会法规流程是通过安全环保的工作环境和社会环境保护员工利益，成立 A 公司公益基金会，形成可持续传播的社会影响力。

5. 确定学习与成长主题

学习与成长层面支持了实现其他层面目标的气氛创造，在所有流程中构建了能力并整合了信息技术，是战略得以实现的根基。A 公司团队采用“精英战略”，对员工价值观的要求是“结果导向、追求极致、勇于担当”，在此价值观标准下吸收和保留合适的员工并构建高绩效文化。由于 A 公司的信息化、自动化水平不高，尤其是数据处理工具的应用欠缺，故需要整合高效的信息技术水平。A 公司总经理是结果导向的领导，故要求领导团队具有较强的目标感和协作能力。

6. 进行资源配置

A 公司根据战略地图进行了战略预算管理，进行业务梳理和预算重编。根据客户的不同属性进行分类分析、定位，从而让管理层明确不同客户管理的资源匹配计划。

7. 绘制战略地图

战略只有被清晰地描述出来才可能被理解，被理解才能被执行，战略地图就能清晰地描述战略。A 公司战略地图如图 2-6 所示。

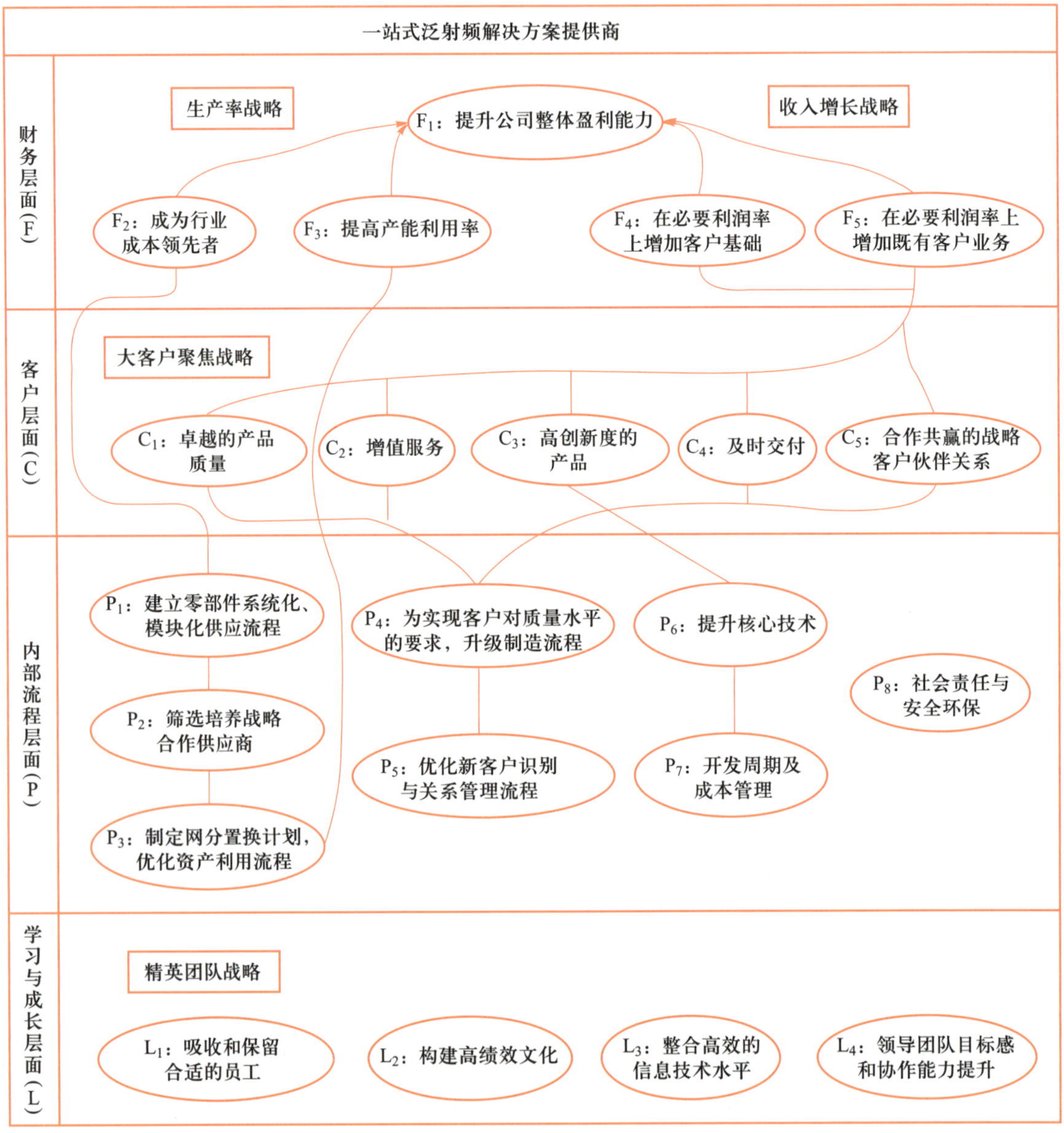

图 2-6　A 公司战略地图

三、战略地图实施

战略地图实施，是指企业利用管理会计工具方法，确保企业实现既定战略目标的过程。战略地图实施一般按照战略 KPI 设计、战略 KPI 责任落实、战略执行、执行报告、持续改善、评价激励等程序进行。

（一）设计战略 KPI

企业应用战略地图，应设计一套可以使各部门主管明确自身责任与战略目标相联系的考核指标，即进行战略 KPI 设计。

（二）分解战略 KPI，签订责任书

企业应对战略 KPI 进行分解，落实责任并签订责任书。具体可按以下程序进行：

1. 将战略 KPI 分解为责任部门的 KPI

企业应从最高层开始，将战略 KPI 分解到各责任部门，再分解到责任团队。每一责任部门、责任团队或责任人都有对应的 KPI，且每个 KPI 都能找到对应的具体战略举措。企业可编制责任书，描述 KPI 中的权、责、利和战略举措的对应关系，以便实施战略管控和形成相应的报告。每一责任部门的负责人可根据上述责任书，将 KPI 在本部门进行进一步分解和责任落实，层层建立战略实施责任制度。

2. 签订责任书

企业应在分解明确各责任部门 KPI 的基础上，签订责任书，以督促各执行部门落实责任。责任书一般由企业领导班子（或董事会）与执行层的各部门签订。责任书应明确规定一定时期内（一般为一个年度）要实现的 KPI 任务、相应的战略举措及相应的奖惩机制。

（三）战略执行

企业应以责任书中所签任务为基础，按责任部门的具体人员和团队情况，对任务和 KPI 进一步分解，并制定相应的执行责任书，进行自我管控和自我评价。同时，以各部门责任书和职责分工为基础，确定不同执行过程的负责人及协调人，并按照制定的战略目标实现日期，确定不同的执行指引表，采取有效战略举措，保障 KPI 实现。

（四）执行报告

企业应编制战略执行报告，反映各责任部门的战略执行情况，分析偏差原因，提出具体管控措施。

（1）每一层级责任部门应向上一层级责任部门提交战略执行报告，以反映战略执行情况，制定下一步战略实施举措。

（2）战略执行报告一般可分为以下三个层级：

① 战略层（如董事会）报告，包括战略总体目标的完成情况和原因分析；

② 经营层报告，包括责任人的战略执行方案中相关指标的执行情况和原因分析；

③ 业务层报告，包括战略执行方案下具体任务的完成情况和原因分析。

（3）企业应根据战略执行报告，分析责任人战略执行情况与既定目标是否存在偏差，并对偏差进行原因分析，形成纠偏建议，作为责任人绩效评价的重要依据。

（五）持续改善

企业应在对战略执行情况分析的基础上，进行持续改善，不断提升战略管控

水平。

（1）与既定目标相比，发现问题并进行改善。企业应根据战略执行报告，将战略执行情况与管控目标进行比对，分析偏差，及时发现问题，提出解决问题的具体措施和改善方案，并采取必要措施。企业在进行偏差分析时，一般应关注以下问题：

① 所产生的偏差是否为临时性波动；

② 战略 KPI 分解与执行是否有误；

③ 外部环境是否发生重大变化，从而导致原定战略目标脱离实际情况。

企业应在分析这些问题的基础上，找出发生偏差的根源所在，及时进行纠正。

（2）达成既定目标时，考虑如何提升。达成战略地图上所列的战略目标时，企业一般可考虑适当增加执行难度，提升目标水平，按持续改善的策略与方法进入新的循环。

（六）评价激励

企业应按照《管理会计应用指引第 100 号——战略管理》中战略评价的有关要求，对战略实施情况进行评价，并按照《管理会计应用指引第 600 号——绩效管理》的有关要求进行激励，引导责任人自觉地、持续地积极工作，有效利用企业资源，提高企业绩效，实现企业战略目标。

四、战略地图的优缺点

（1）战略地图的主要优点是：能够将企业的战略目标清晰化、可视化，并与战略 KPI 和战略举措建立明确联系，为企业战略实施提供有力的可视化工具。

（2）战略地图的主要缺点是：需要多维度、多部门的协调，实施成本高，并且需要与战略管控相融合，才能真正实施战略。

小组讨论

请选择一个案例，从企业部门到员工之间的沟通交流角度，分析沟通交流对于战略理解和实施的重要性。

岗课赛证融通训练 >>>

一、单项选择题

1. 战略地图关注的维度不包括（　　）。

A. 财务维度　　　　B. 客户维度

C. 内部业务流程　　D. 社会责任维度

2. 企业设计战略地图，首要环节是（　　）。

A. 设定战略目标　　B. 确定业务改善路径

C. 定位客户价值　　D. 确定内部业务流程优化主题

3. 下列属于战略地图顶层的是（　　）。

A. 财务视角　　B. 客户视角

C. 业务流程视角　　D. 学习与成长视角

4. 战略执行报告一般不包括（　　）。

A. 战略层报告　　B. 经营层报告

C. 业务层报告　　D. 客户层报告

5. 战略地图的主要优点不包括（　　）。

A. 战略目标清晰化

B. 战略目标可视化

C. 战略 KPI 和战略举措建立明确联系

D. 实施成本高

6. 下列不属于战略地图缺点的是（　　）。

A. 需要多维度、多部门协调　　B. 实施成本高

C. 需要与战略管控相融合　　D. 能够将企业的战略目标模糊

二、多项选择题

1. 战略地图关注的维度包括（　　）。

A. 财务维度　　B. 客户维度

C. 内部业务流程　　D. 学习与成长

2. 企业设计战略地图，包括的程序有（　　）。

A. 设定战略目标　　B. 确定业务改善路径

C. 定位客户价值　　D. 确定内部业务流程优化主题

E. 确定学习与成长主题　　F. 进行资源配置

3. 客户价值定位维度，企业一般可设置战略主题包括（　　）。

A. 客户体验　　B. 双赢营销关系

C. 品牌形象提升　　D. 盈利水平

4. 内部业务流程维度，企业一般可设置战略主题包括（　　）。

A. 管理流程　　B. 创新流程

C. 客户管理流程　　D. 遵循法规流程

5. 企业进行战略资源配置时，应重点关注（　　）在资源配置中的定位和

价值创造中的作用。

A. 企业人力资源　　B. 信息资源

C. 组织资源　　D. 财务资源

6. 战略地图关注的维度包括（　　）。

A. 财务维度　　B. 客户维度

C. 内部业务流程　　D. 学习与成长

7. 以下属于宏观环境分析内容的是（　　）。

A. 政治和法律　　B. 经济因素

C. 社会和文化因素　　D. 技术因素

三、判断题

1. 战略目标只包括市场地位和竞争地位。（　　）

2. 战略地图，是指为描述企业各维度战略目标之间因果关系而绘制的可视化的战略因果关系图。（　　）

3. 战略地图实施一般按照战略 KPI 设计、战略 KPI 责任落实、战略执行、执行报告、持续改善、评价激励等程序进行。（　　）

4. 业务层战略执行报告，包括责任人的战略执行方案中相关指标的执行情况和原因分析。（　　）

5. 经营层战略执行报告，包括战略执行方案下具体任务的完成情况和原因分析。（　　）

6. 战略地图的主要优点是能够将企业的战略目标清晰化、可视化，并与战略 KPI 和战略举措建立明确联系，为企业战略实施提供有力的可视化工具。（　　）

7. 战略地图的主要缺点是需要多维度、多部门的协调，实施成本高，并且需要与战略管控相融合，才能真正实现战略实施。（　　）

四、岗位技能实操题

实训目的：

1. 熟练掌握战略管理的知识点。

2. 能够运用所学技能进行战略地图的设计。

3. 能够运用所学技能进行战略地图的绘制。

实训资料：佳润乳业公司近 5 年发展迅速，通过以深耕重点核心市场并逐步辐射带动周边区域市场的“区域经销模式”，建立起了立体、稳定、通畅的销售网络和服务体系，从生产到销售已初步实现全国性布局。

为进一步适应企业经营发展的需求，服务企业战略的实施，佳润乳业公司管理层决定通过利用战略地图工具澄清公司战略并分解 KPI，以期降低成本，扩大销售，从而实现全年销售和利润目标。

实训要求：完成佳润乳业公司战略地图设计和战略地图绘制。

实训提示：

（1）战略目标设定。依据公司经营目标，结合企业 SWOT 分析，设定公司战略目标及各部门战略任务。战略任务需涵盖财务关键指标和非财务关键指标。

（2）确定业务改善路径。根据既定目标，分析公司客户，寻求业务改善和增长的最佳路径；明确财务维度和业务维度改善路径。

（3）定位客户价值。通过对客户进行分析，从几个方面确定和调整客户价值。

（4）确定业务流程优化主题。根据业务提升路径和服务定位，梳理业务流程及其关键增值活动；制定战略方案。

（5）确定学习与成长主题。根据业务提升路径和服务定位，梳理创新和人力资本等无形资源，在激励制度、信息系统和智力资本利用等方面制定战略方案。

（6）进行资源配置。为佳润乳业公司财务、客户、内部业务流程、学习与成长四个维度战略主题匹配有形和无形资源。

（7）绘制战略地图。用图形方式绘制佳润乳业公司战略地图，表达战略目标及其实现关键路径。

任务三　风险管理

一、风险的概念和分类

（一）风险的概念

2006 年，国务院国有资产监督管理委员会发布《中央企业全面风险管理指引》，将企业风险（Business Risk）定义为“未来的不确定性对企业实现其经营目标的影响”，并以能否为企业带来盈利等机会为标志，将风险分为纯粹风险（只有带来损失一种可能性）和机会风险（带来损失和盈利的可能性并存）。

理解这个定义需要从以下几个方面把握：

（1）企业风险与企业战略相关。由于企业风险是影响企业实现战略目标的各种因素和事项，公司经营中战略目标不同，企业面临的风险也就不同。

（2）风险是一系列可能发生的结果，不能简单理解为最有可能的结果。由于风险的可能结果不是单一的，而是一系列的，所以理解和评估风险时，“范围”这个概念对应了众多的不确定性。

（3）风险既具有客观性，又具有主观性。风险是事件本身的不确定性，但却是在一定具体情况下的风险，可以由人的主观判断来决定选择不同的风险。

（4）风险总是与机遇并存。大多数人只关注风险不利面，如风险带来的竞争失败、经营中断、法律诉讼、商业欺诈、无益开支、资产损失、决策失误等，因而害怕风险。但风险本身并不一定是坏事，学会平衡风险可能带来的机遇。有风险才有机会，风险是机会存在的基础。为此，可以把负面的风险称为威胁，而把正面的风险称为机会。

（二）风险的分类

企业面对的风险主要分为两大类：外部风险和内部风险。外部风险主要包括政治风险、法律风险与合规风险、社会文化风险、技术风险、市场风险等；内部风险主要包括战略风险、运营风险、财务风险等。

1. 外部风险

（1）政治风险。政治风险是指完全或部分由政府官员行使权力和政府组织的行为而产生的不确定性。虽然政治风险更多地与海外市场风险有关，但这一定义适用于国内外所有市场。政治风险常常表现为：① 限制投资领域；② 设置贸易壁垒；③ 外汇管制规定；④ 进口配额和关税；⑤ 组织结构及要求最低持股比例；⑥ 限制向东道国的银行借款；⑦ 没收资产。

（2）法律风险与合规风险。法律风险与合规风险都是现代企业风险体系中重要的部分，两者有重合，又各有侧重。法律风险是指企业在经营过程中因自身经营行为的不规范或者外部法律环境发生重大变化而造成的不利法律后果的可能性。法律风险通常包括以下三方面：一是法律环境因素，包括立法不完备、执法不公正等；二是市场主体自身法律意识淡薄，在经营活动中不考虑法律因素等；三是交易对方的失信、违约或欺诈等。合规风险是指因违反法律或监管要求而受到制裁遭受金融损失，以及因未能遵守所有适用法律、法规、行为准则或相关标准而给企业信誉带来损失的可能性。合规风险侧重于行政责任和道德责任的承担，而法律风险则侧重于民事责任的承担。法律风险和合规风险有时会同时发生，但两者有时也会发生分离。

（3）社会文化风险。社会文化风险是指社会文化这一不确定性因素给企业经营活动带来的影响。从社会文化风险成因来看；社会文化风险存在并作用于企业经营的更深领域，主要有以下三个方面：一是跨国经营活动引发的社会文化风险。二是企业并购活动引发的社会文化风险。三是组织内部因素引发的社会文化风险。

（4）技术风险。从技术风险范围考察，技术风险的定义有广义和狭义之分。

广义的技术风险是指与某一种新技术给某一行业或某些企业带来增长机会的同

时，可能对另一行业或另一些企业形成巨大威胁。

狭义的技术风险是指在创新过程中，由于技术本身的复杂性和其他相关因素变化的不确定性而导致技术创新遭遇失败的可能性。

从技术活动过程所处的不同阶段考察，技术风险可以划分为技术设计风险、技术研发风险和技术应用风险。

① 技术设计风险是指技术在设计阶段，由于技术构思或设想的不全面性致使技术及技术系统存在先天“缺陷”或创新不足而引发的各种风险。

② 技术研发风险是指在技术研究或开发阶段，由于外界环境变化的不确定性、技术研发项目本身的难度和复杂性、技术研发人员自身知识和能力的有限性都可能导致技术的研发面临着失败的危险。

③ 技术应用风险是指由于技术成果在产品化、产业化的过程中所带来的一系列不确定的负面影响或效应。

（5）市场风险。市场风险是指企业所面对外部市场的复杂性和变动性所带来的与经营相关的风险。

2. 内部风险。

（1）战略风险。战略风险是指企业在战略管理过程中，由于内外部环境的复杂性和变动性，以及主体对环境的认知能力和适应能力的有限性，而导致企业整体性损失和战略目标无法实现的可能性及损失。企业战略风险具体体现在以下 3 个方面：① 缺乏明确的发展战略或发展战略实施不到位，可能导致企业盲目发展，难以形成竞争优势，丧失发展机遇和动力。② 发展战略过于激进，脱离企业实际能力或偏离主业，可能导致企业过度扩张，甚至经营失败。③ 发展战略因主观原因频繁变动，可能导致资源浪费，甚至危及企业的生存和持续发展。

（2）运营风险。运营风险是指企业在运营过程中，由于内外部环境的复杂性和变动性，以及主体对环境的认知能力和适应能力的有限性，而导致的运营失败或使运营活动达不到预期目标的可能性及损失。

（3）财务风险。财务风险是指企业在生产经营过程中，由于内外部环境的各种难以预料或者无法控制的不确定性因素的作用，使企业在一定时期内所获取的财务收益与预期收益发生偏差的可能性。财务风险是客观存在的，企业管理者对财务风险只能采取有效措施来降低风险，而不可能完全消除风险。财务风险主要包括：筹资风险、投资风险、资金回收风险和收益分配风险。从企业内部控制角度考察，财务风险可以从以下两个方面展开：

① 全面预算。依据《企业内部控制应用指引第 15 号——全面预算》，实行全面预算管理需关注的主要风险包括：不编制预算或预算不健全，可能导致企业经营缺乏约束或盲目经营；预算目标不合理、编制不科学，可能导致企业资源浪费或发展

战略难以实现；预算缺乏刚性、执行不力、考核不严，可能导致预算管理流于形式。

② 资金活动。依据《企业内部控制应用指引第 6 号——资金活动》，资金活动需关注的主要风险包括：筹资决策不当，引发资本结构不合理或无效融资，可能导致企业筹资成本过高或债务危机；投资决策失误，引发盲目扩张或丧失发展机遇可能导致资金链断裂或资金使用效益低下；资金调度不合理、营运不畅，可能导致企业陷入财务困境或资金冗余；资金活动管控不严，可能导致资金被挪用、侵占、抽逃或企业遭受欺诈。

二、风险与全面风险管理

（一）风险偏好与风险承受度

风险偏好和风险承受度是风险管理概念的重要组成部分。风险偏好是企业希望承受的风险范围，分析风险偏好要回答的问题是公司希望承担什么风险和承担多少风险。风险承受度是指企业风险偏好的边界，分析风险承受度可以将其作为企业采取行动的预警指标，企业可以设置若干承受度指标以显示不同的警示级别。

风险偏好和风险承受度概念的提出基于企业风险管理理念的变化。传统风险管理理念认为风险只是灾难，被动地将风险管理作为成本中心；而全面风险管理的理念认为风险具有二重性，风险总是与机遇并存。企业风险管理要在机遇和风险中寻求平衡点，以实现企业价值最大化的目标。因此，风险偏好概念提出的意义在于研究企业风险和收益的关系，明确了企业的风险偏好和风险承受度，就能够把握企业如何在风险和收益之间作出选择。

（二）全面风险管理的定义与特征

全面风险管理，指企业围绕总体经营目标，通过在企业管理的各个环节和经营过程中执行风险管理的基本流程，培育良好的风险管理文化，建立健全全面风险管理体系从而为实现风险管理的总体目标提供合理的过程和方法。这一定义体现了企业全面风险管理以下几个主要特征：

1. 战略性

尽管全面风险管理渗透在企业各项活动中，存在于企业管理者对企业的日常管理当中，但它主要运用于企业战略管理层面，站在战略层面整合和管理企业层面风险是全面风险管理的价值所在。

2. 全员化

企业全面风险管理是一个由企业治理层、管理层和所有员工参与，旨在把风险控制在风险容量以内，增进企业价值的过程。企业风险管理本身并不是一个结果，而是实现结果的一种方式。在这个过程中只有将风险意识转化为所有员工的共同认识和自觉行动，才能确保全面风险管理目标的实现。

3. 专业性

企业在全面风险管理过程中，要求全面风险管理的专业人才实施专业化管理。

4. 二重性

企业全面风险管理的商业使命在于：① 损失最小化管理；② 不确定性管理；③ 绩效最优化管理。当风险损失不能避免时，尽量减少损失至最小化；风险损失可能发生或可能不发生时，设法降低风险发生的可能；风险预示着机会时，化风险为增进企业价值的机会。全面风险管理既要管理纯粹的风险，也要管理机会风险。

5. 系统性

全面风险管理必须拥有一套系统的、规范的方法，建立健全全面风险管理体系，包括风险管理策略、风险理财措施、风险管理的组织职能体系、风险管理信息系统和内部控制系统，从而为实现风险管理的总体目标提供合理保证。

三、全面风险管理的目标

传统的风险管理与企业战略联系不紧密，目标是转移或避免风险，重点放在对公司行为的监督和检查上，因而传统的风险管理目标一般与实现公司战略目标没有关系。而全面风险管理紧密联系企业战略，为实现公司总体战略目标寻求风险优化措施，因而全面风险管理目标的设计要充分体现这一思想。全面风险管理具体目标有以下几个：

（1）确保将风险控制在与公司总体目标相适应并可承受的范围内。

（2）确保内外部，尤其是企业与股东之间实现真实、可靠的信息沟通，包括编制和提供真实、可靠的财务报告。

（3）确保遵守有关法律法规。

（4）确保企业相关规章制度和为实现经营目标而采取的重大措施贯彻执行，保障经营管理的有效性，提高经营活动的效率和效果降低实现经营目标的不确定性。

（5）确保企业建立针对各项重大风险发生后的危机处理计划，保护企业不因灾害性风险或人为失误而遭受重大损失。

四、风险管理的流程

风险管理的流程主要包括以下工作：收集风险管理初始信息、进行风险评估、制定风险管理策略、提出和实施风险管理解决方案、风险管理的监督与改进。

（一）收集风险管理初始信息

风险管理基本流程的第一步，要广泛地、持续不断地收集与本企业风险和风险管理相关的内外部初始信息，包括历史数据和未来预测，并把收集风险管理初始信息的职责分工落实到各有关职能部门和业务单位。

收集风险管理初始信息要根据所分析的风险类型具体展开：

（1）分析战略风险。企业应广泛收集国内外企业战略风险失控导致企业蒙受损失的案例，并至少收集与本企业相关的以下重要信息：

① 国内外宏观经济政策以及经济运行情况、企业所在产业的状况、国家产业政策；

② 科技进步、技术创新的有关内容；

③ 市场对该企业产品或服务的需求；

④ 与企业战略合作伙伴的关系，未来寻求战略合作伙伴的可能性；

⑤ 该企业主要客户、供应商及竞争对手的有关情况；

⑥ 与主要竞争对手相比，该企业的实力与差距；

⑦ 本企业发展战略和规划、投融资计划、年度经营目标、经营战略，以及编制这些战略、规划、计划、目标的有关依据；

⑧ 该企业对外投融资流程中曾发生或易发生错误的业务流程或环节。

（2）分析财务风险。企业应广泛收集国内外企业财务风险失控导致危机的案例，并至少收集本企业的以下重要信息：

① 负债、或有负债、负债率、偿债能力；

② 现金流、应收账款及其占销售收入的比重、资金周转率；

③ 产品存货及其占销售成本的比重、应付账款及其占购货额的比重；

④ 制造成本和管理费用、财务费用、销售费用；

⑤ 盈利能力；

⑥ 成本核算、资金结算和现金管理业务中曾发生或易发生错误的业务流程或环节；

⑦ 与本企业相关的产业会计政策、会计估算、与国际会计制度的差异及调节（如退休金、递延税项等）等信息。

（3）分析市场风险。企业应广泛收集国内外企业忽视市场风险、缺乏应对措施导致企业蒙受损失的案例，并至少收集与本企业相关的以下重要信息：

① 产品或服务的价格及供需变化；

② 能源、原材料、配件等物资供应的充足性、稳定性和价格变化；

③ 主要客户、主要供应商的信用情况；

④ 税收政策和利率、汇率、股票价格指数的变化；

⑤ 潜在竞争者、竞争者及其主要产品、替代品情况。

（4）分析运营风险。企业应至少收集与该企业、本行业相关的以下信息：

① 产品结构、新产品研发；

② 新市场开发，市场营销策略，包括产品或服务定价与销售渠道，市场营销环

境状况等；

③ 企业组织效能、管理现状、企业文化，高、中层管理人员和重要业务流程中专业人员的知识结构、专业经验；

④ 期货等衍生产品业务中曾发生或易发生失误的流程和环节；

⑤ 质量、安全、环保、信息安全等管理中曾发生或易发生失误的业务流程或环节；

⑥ 因企业内外部人员的道德风险致使企业遭受损失或业务控制系统失灵；

⑦ 给企业造成损失的自然灾害以及除上述有关情形之外的其他纯粹风险；

⑧ 对现有业务流程和信息系统操作运行情况的监管、运行评价及持续改进能力；

⑨ 企业风险管理的现状和能力。

（5）分析法律风险。企业应广泛收集国内外企业忽视法律法规风险、缺乏应对措施导致企业蒙受损失的案例，并至少收集与该企业相关的以下信息：

① 国内外与该企业相关的政治、法律环境；

② 影响企业的新法律法规和政策；

③ 员工道德操守的遵从性；

④ 该企业签订的重大协议和有关贸易合同；

⑤ 该企业发生重大法律纠纷案件的情况；

⑥ 该企业和竞争对手的知识产权情况。

企业还要对收集的初始信息进行必要的筛选、提炼、对比、分类、组合，以便进行风险评估。

（二）进行风险评估

完成了风险管理初始信息收集之后，企业要对收集的风险管理初始信息和企业各项业务管理及其重要业务流程进行风险评估。

风险评估包括风险辨识、风险分析、风险评价三个步骤。

风险辨识是指查找企业各业务单元、各项重要经营活动及其重要业务流程中有无风险、有哪些风险。风险分析是对辨识出的风险及其特征进行明确定义描述，分析和描述风险发生可能性的高低、风险发生的条件。风险评价是评价风险对企业实现目标的影响程度、风险的价值等。

进行风险辨识、风险分析、风险评价，应将定性与定量方法相结合。定性方法可采用问卷调查、集体讨论、专家咨询、情景分析、政策分析、行业标杆比较、管理层访谈、由专人主持的工作访谈和调查研究等。定量方法可采用统计推论（如集中趋势法）、计算机模拟（如蒙特卡洛分析法）、失效模式与影响分析、事件树分析等。进行风险定量评估时，应统一制定各风险的度量单位和风险度量模型，并通过测试等方法，确保评估系统的假设前提、参数数据来源和定量评估程序的合理性和准确性。要根据环境的变化，定期对假设前提和参数进行复核和修改，并将定量评估系统的估算结果与实际效果对比，据此对有关参数进行调整和改进。

风险分析应包括风险之间的关系分析，以便发现风险之间的自然对冲、风险事件发生的正负相关性等组合效应，从风险策略上对风险进行统一集中管理。

企业在评估多项风险时，应根据对风险发生可能性的高低和对目标的影响程度的评估，绘制风险坐标图，对各项风险进行比较，初步确定对各项风险的管理优先顺序和策略。

风险评价应由企业组织有关职能部门和业务单位实施，也可聘请有资质、信誉好、风险管理专业能力强的中介机构协助实施。

企业应对风险管理信息实行动态管理，定期或不定期实施风险辨识、风险分析、风险评价，以便对新的风险和原有风险的变化重新评估。

（三）制定风险管理策略

风险管理基本流程的第三步是制定风险管理策略。风险管理策略，是指企业根据自身条件和外部环境，围绕企业发展战略，确定风险偏好、风险承受度、风险管理有效性标准，选择风险承担、风险规避、风险转移、风险转换、风险对冲、风险补偿、风险控制等适合的风险管理工具的总体策略，并确定风险管理所需人力和财力资源的配置原则。

企业在制定风险管理策略时，要根据风险的不同类型选择其适宜的风险管理策略。例如，一般认为，对战略、财务、运营、政治风险、法律风险等，可采取风险承担、风险规避、风险转换、风险控制等方法。对能够通过保险、期货、对冲等金融手段进行理财的风险，可以采用风险转移、风险对冲、风险补偿等方法。

制定风险管理策略的一个关键环节是企业应根据不同业务特点统一确定风险偏好和风险承受度，即企业愿意承担哪些风险，明确风险的最低限度和不能超过的最高限度，并据此确定风险的预警线及相应采取的对策。

确定风险偏好和风险承受度，要正确认识和把握风险与收益的平衡，防止和纠正两种错误倾向：一是忽视风险，片面追求收益而不讲条件、范围，认为风险越大、收益越高的观念和做法；二是单纯为规避风险而放弃发展机遇。

在制定风险管理策略时，还应根据风险与收益相平衡的原则，以及各风险在风险坐标图上的位置，进一步确定风险管理的优先顺序，明确风险管理成本的资金预算和控制风险的组织体系、人力资源、应对措施等总体安排。

对于已经制定和实施的风险管理策略，企业应定期总结和分析已制定的风险管理策略的有效性和合理性，结合实际不断修订和完善。其中，应重点检查依据风险偏好、风险承受度和风险控制预警线实施的结果是否有效，并提出定性或定量的有效性标准。

（四）提出和实施风险管理解决方案

制定实施风险管理解决方案阶段，企业应根据风险管理策略，针对各类风险或每一项重大风险制定风险管理解决方案。方案一般应包括风险解决的具体目标，所需的组织领导，所涉及的管理及业务流程，所需要的条件、手段等资源，风险事件发生前、中、后所采取的具体应对措施及风险管理工具（如关键风险指标管理、损失事件管理等）。

1. 风险管理解决方案的两种类型

风险管理解决方案可以分为外部解决方案和内部解决方案。

（1）外部解决方案。外部解决方案一般指外包，外包是利用产业链进行专业分工、提高运营效率的必要措施。企业许多风险管理工作可以外包出去，如企业使用投资银行、信用评级公司、保险公司、律师事务所、会计师事务所、风险管理咨询公司等专业机构，将有关方面的工作外包，可以降低企业的风险、提升效率。外包可以使企业规避一些风险，但同时可能带来另一些风险，应当加以控制。企业制定风险管理解决的外包方案，应注重成本与收益的平衡、外包工作的质量、自身商业秘密的保护以及防止自身对风险解决外包产生依赖性风险等，并制定相应的预防和控制措施。

（2）内部解决方案。内部解决方案一般是以下几种手段的综合应用：风险管理策略；组织职能；内部控制，包括政策、制度、程序；信息系统，包括报告体系；风险理财措施。内部解决方案中，企业制定风险解决的内部控制方案，应满足合规的要求，坚持经营战略与风险策略一致、风险控制与运营效率及效果相平衡的原则，针对重大风险所涉及的各管理及业务流程，制定涵盖各个环节的全流程控制措施；对其他风险所涉及的业务流程，要把关键环节作为控制点，采取相应的控制措施。

内部控制是通过有关企业流程的设计和实施的一系列政策、制度、程序和措施，控制影响流程目标的各种风险的过程。内部控制是全面风险管理的重要组成部分，是风险管理的基础设施和必要举措。一般说来，内部控制系统针对的风险是可控纯粹风险，其控制对象是企业中的个人，其控制目的是规范员工的行为，其控制范围是企业的业务和管理流程。

企业制定内部控制措施，一般至少包括以下内容：

（1）建立内部控制岗位授权制度。对内部控制所涉及的各岗位明确规定授权的对象、条件、范围和额度等，任何组织和个人不得超越授权做出风险性决定。

（2）建立内部控制报告制度。明确规定报告人与接受报告人，报告的时间、内容、频率、传递路线、负责处理报告的部门和人员等。

（3）建立内部控制批准制度。对内部控制所涉及的重要事项，明确规定批准的程序、条件、范围和额度、必备文件，以及有权批准的部门和人员及其相应责任。

（4）建立内部控制责任制度。按照权利、义务和责任相统一的原则，明确规定各有关部门和业务单位、岗位、人员应负的责任和奖惩制度。

（5）建立内部控制审计检查制度。结合内部控制的有关要求、方法、标准与流程，明确规定审计检查的对象、内容、方式和负责审计检查的部门等。

（6）建立内部控制考核评价制度。具备条件的企业应把各业务单位风险管理执行情况与绩效薪酬挂钩。

（7）建立重大风险预警制度。对重大风险进行持续不断的监测，及时发布预警信息，制定应急预案，并根据情况变化调整控制措施。

（8）建立健全以总法律顾问制度为核心的企业法律顾问制度。大力加强企业法律风险防范机制建设，形成由企业决策层主导、企业总法律顾问牵头、企业法律顾问提供业务保障、全体员工共同参与的法律风险责任体系。完善企业重大法律纠纷案件的备案管理制度。

（9）建立重要岗位权力制衡制度。明确规定不相容职责的分离，主要包括授权批准、业务经办、会计记录、财产保管和稽核检查等职责。对内部控制所涉及的重要岗位可设置一岗双人、双职、双责，相互制约；明确该岗位的上级部门或人员对其应采取的监督措施和应负的监督责任；将该岗位作为内部审计的重点等。

企业应当按照各有关部门和业务单位的职责分工，认真组织实施风险管理解决方案，确保各项措施落实到位。

2. 关键风险指标管理

关键风险指标管理是对引起风险事件发生的关键成因指标进行管理的方法。关键风险指标管理可以管理单项风险的多个关键成因，也可以管理影响企业主要目标的多个主要风险。例如，假设公司现在关心的主要目标是年度盈利指标，那么，影响年度盈利指标的风险因素有许多，包括年度销售额、原材料价格、制造成本、销售成本、投资收入、利息、应收账款等。

关键风险指标管理的步骤一般分为以下六步：① 分析风险成因，从中找出关键成因。② 将关键成因量化，确定其度量，分析确定导致风险事件发生（或极有可能发生）时该成因的具体数值。③ 以该具体数值为基础，以发出风险信息为目的，加上或减去一定数值后形成新的数值，该数值即为关键风险指标。④ 建立风险预警系统，即当关键成因数值达到关键风险指标时，发出风险预警信息。⑤ 制定出现风险预警信息时应采取的风险控制措施。⑥ 跟踪监测关键成因的变化，一旦出现预警，即实施风险控制措施。

企业目标的实现要靠企业的各个职能部门和业务单位的共同努力。同样，企业的关键风险指标也要分解到企业的各个职能部门和业务单位。但是，对于关键风险指标的分解要注意职能部门和业务单位之间的协调，关键是从企业整体出发和把风险控制在一定范围内。对一个具体单位而言，不可采用“最小化”的说法。比如，信用管理部门负责信用风险的管理，如果其强调最小化信用风险，紧缩信用，则会给负责扩大市场占有率和销量的市场和销售部门造成伤害，从而影响公司整体目标的实现。对于关键风险指标的分解，要兼顾各职能部门和业务单位的诉求。一个可行的方法是在企业的总体领导和整体战略的指导下进行部门和业务单位间的协调。

3. 落实风险管理解决方案

落实风险管理解决方案一般分以下四步：① 高度重视，要认识到风险管理是企业时刻不可放松的工作，是企业价值创造的根本源泉。② 风险管理是企业全员的分内工作，没有风险的岗位是不创造价值的岗位，没有理由存在。③ 落实到组织，明确分工和责任，进行全员风险管理。④ 为确保工作的效果，落实到位，要对风险管理解决方案的实施进行持续监控改进，并与绩效考核联系起来。

（五）风险管理的监督与改进

企业应以重大风险、重大事件和重大决策、重要管理及业务流程为重点，对风险管理初始信息、风险评估、风险管理策略、关键控制活动及风险管理解决方案的实施情况进行监督，采用压力测试、返回测试、穿行测试，以及风险控制自我评估等方法对风险管理的有效性进行检验，根据变化情况和存在的缺陷及时加以改进。

企业应建立贯穿于整个风险管理基本流程，连接各上下级、各部门和业务单位的风险管理信息沟通渠道，确保信息沟通的及时、准确、完整，为风险管理监督与改进奠定基础。

企业各有关部门和业务单位应定期对风险管理工作进行自查和检验，及时发现缺陷并改进，其检查、检验报告应及时报送企业风险管理职能部门。

企业风险管理职能部门应定期对各部门和业务单位风险管理工作的实施情况和有效性进行检查和检验，要根据在制定风险策略时提出的有效性标准的要求对风险管理策略进行评估，对跨部门和业务单位的风险管理解决方案进行评价，提出调整或改进建议，出具评价和建议报告，及时报送企业总经理或其委托分管风险管理工作的高级管理人员。

企业内部审计部门应至少每年一次对包括风险管理职能部门在内的各有关部门和业务单位能否按照有关规定开展风险管理工作及其工作效果进行监督评价，监督评价报告应直接报送董事会或董事会下设的风险管理委员会和审计委员会。此项工作也可结合年度审计、任期审计或专项审计工作一并开展。

企业可聘请有资质、信誉好、风险管理专业能力强的中介机构对企业风险管理工作进行评价，出具风险管理评估和建议专项报告。报告一般应包括以下几方面的实施情况、存在缺陷和改进建议：① 风险管理基本流程与风险管理策略；② 企业重大风险、重大事件和重要管理及业务流程的风险管理及内部控制系统的建设；③ 风险管理组织体系与信息系统；④ 全面风险管理总体目标。

岗课赛证融通训练 >>>

一、单项选择题

1. 下列各项关于企业全面风险管理的说法，错误的是（　　）。

A. 全面风险管理紧密联系企业战略，目的是寻求风险优化措施

B. 全面风险管理主要由财务会计和内部审计等部门负责

C. 全面风险管理的焦点在所有利益相关者的共同利益最大化上

D. 全面风险管理主动将风险管理作为价值中心

2. 下列各项中不属于进行风险管理应收集的初始信息是（　　）。

A. 市场对企业产品或服务的需求

B. 主要客户、供应商及竞争对手的有关情况

C. 企业组织效能和管理现状

D. 科技进步、技术创新的有关内容

3. 重大风险的风险偏好是企业的重大决策，应由（　　）决定。

A. 董事会　　B. 风险管理委员会

C. 股东大会　　D. 审计委员会

4. 下列不属于企业全面风险管理的商业使命的是（　　）。

A. 损失最小化管理　　B. 不确定性管理

C. 收益最大化管理　　D. 绩效最优化管理

5. 下列不属于企业全面风险管理特征的是（　　）。

A. 战略性　　B. 全员化　　C. 计划性　　D. 二重性

6. 下列不属于风险评估步骤的是（　　）。

A. 风险辨识　　B. 风险分析　　C. 风险评价　　D. 风险应对

7. 企业外部风险不包括（　　）。

A. 政治风险　　B. 法律风险与合规风险

C. 社会文化风险　　D. 战略风险

8. 企业内部风险不包括（　　）。

A. 战略风险　　B. 运营风险　　C. 财务风险　　D. 技术风险

二、多项选择题

1. 在商业活动中，企业面临的市场风险有（　　　　）。

A. 信用风险　　　　B. 项目风险

C. 商品价格风险　　　　D. 股票价格风险

2. 下列各项关于企业全面风险管理的表述中，正确的有（　　　　）。

A. 企业全面风险管理是增进企业价值的过程

B. 企业全面风险管理旨在把风险控制在风险容量以内

C. 企业全面风险管理的参与者由管理层和全体员工组成

D. 企业全面风险管理既要管理纯粹的风险，也要管理机会风险

3. 下列关于风险管理的描述中，错误的有（　　　　）。

A. 风险管理基本流程的第一步是判断企业存在的风险

B. 风险评估应由企业组织风险管理部门员工实施

C. 对于关键风险指标的分解要注意职能部门和业务单位之间的协调

D. 企业内审部门应至少每半年一次对风险管理工作及其工作效果进行监督评价

4. 下列各项关于风险评估的表述中正确的有（　　　　）。

A. 风险评估包括风险辨识、风险分析和风险评价三个步骤

B. 风险定性评估时应统一制定各风险的度量单位和度量模型

C. 企业应当定期或不定期对新风险或原有风险的变化进行重新评估

D. 风险评估应当将定性方法和定量方法相结合

5. 下列可采取风险承担、风险规避、风险转换和风险控制等方法来应对的风险类型有（　　　　）。

A. 战略风险　　B. 运营风险　　C. 政治风险　　D. 法律风险

三、判断题

1. 企业风险管理可以替代内部控制。（　　）

2. 风险管理领域应用的管理会计工具方法，一般包括风险矩阵、风险清单等。（　　）

3. 风险容忍度，是指企业愿意承担的风险及相应的风险水平。（　　）

4. 风险偏好，是指企业在风险偏好的基础上，设定的风险管理目标值的可容忍波动范围。（　　）

5. 企业应根据风险形成机制，识别可能影响风险管理目标实现的内外部风险因素和风险事项。（　　）

四、岗位技能实操题

实训目的：能够运用多种分析方法对佳润乳业公司并购 S 公司案例进行风险分析，并提出风险管理措施。

实训资料：佳润乳业公司在乳业和奶制品加工领域的市场地位和管理能力均居于浙江省第一位。S 公司系上市公司，是河北省第一大奶制品生产商，也是河北省排名第一的奶制品供应商和出口商，在国内拥有十几个知名品牌。但是近年来由于企业内部管理存在诸多问题，公司经营一直处于举步维艰的境地。佳润乳业公司和 S 公司在 2022 年开始业务上的接触。S 公司拥有国内一流的品牌、技术、渠道，以及规模和市场地位，都令佳润乳业公司极为感兴趣。此外，S 公司拥有两座绿色奶制品生产基地，如果佳润乳业公司并购 S 公司，有助于着手开拓和巩固华北市场。

为慎重起见，佳润乳业公司聘请了在企业并购方面有着丰富经验的知名会计师事务所和律师事务所担任财务顾问和法律顾问对 S 公司的经营、财务、法律进行全面调查。佳润乳业公司于 2022 年 5 月 20 日发表声明与 S 公司达成收购要约。根据公开市场信息估算，S 公司当时的市价约为 30 亿元，佳润乳业公司收购所有股东股票的价款为 40 亿元，溢价 33.33%。考虑到未来资产协同效应价值及共同分享国内外巨大的市场等因素，会计师事务所认为，佳润乳业公司溢价收购 S 公司 100% 的控股股权，收购价格属于正常范围。

佳润乳业公司收购 S 公司，采用了杠杆融资的模式。参与此次贷款的银行包括 6 家信誉很高的中外资银行。采用这种模式可以使银行分散一些风险，但高额利息支付使佳润乳业公司短期内财务压力增加，企业未来对现金流量的需求会很大。

佳润乳业公司曾发表声明，一是承诺收购后不裁员、不关厂；二是 S 公司的原管理团队和职工队伍将继续保留原位；三是 S 公司的经营管理方式不变。佳润乳业公司期望通过这些政策措施防止技术人员及客户流失，降低在管理、文化、经营方面的整合风险。

但是也有专家指出，佳润乳业公司在收购协议中承诺不裁员、不关厂，而随着整合的进行，后期佳润乳业公司若要裁员，将会面临重大阻力，且造成企业人力成本居高不下。

实训要求：简要分析佳润乳业公司并购 S 公司所面临的主要风险以及佳润乳业公司规避风险应该采取的措施。

价值引领 >>>

X汽车集团并购WRW案例

一、案例企业简介

X汽车集团于1986年始创，主要业务是制造及销售汽车和汽车的配件。2005年X汽车控股有限公司成功上市，2007年X汽车集团宣布进入转型期，从根本上改变其一直坚持以低价占领市场的发展战略，更加地关注先进技术的引进，提升其产品的整体品质，提升顾客的满意程度，成了进入战略转型的中国首家汽车企业。WRW为著名的国外汽车品牌，以安全性极高的特点备受赞誉。

二、并购历程及并购后财务风险

X汽车集团于2007年宣布开始战略转型，但在转型的过程中，逐渐地意识到自身的不足，而WRW的先进技术和国际化的管理模式对X汽车集团的转型有着很大的借鉴价值，所以X汽车集团对WRW开始了密切的关注。2010年3月28日，X汽车集团和F汽车公司签署最终协议，X汽车集团以18亿美元并购WRW汽车100%股权和相关资产，其中包括WRW4 000多项专利在内的无形资产。2010年8月，X汽车集团和F汽车集团在伦敦完成了交割的相关事宜。

X汽车集团收购WRW后可能会面临的主要财务风险是后续运营资金不足的风险，带来这种风险的原因主要是：合并前大量的融资、WRW带来的负债，以及后续整合需要大量资金。

三、并购后策略

X汽车集团在并购结束后首先确定了对WRW的三大整合原则：其一，平稳整合过程。先使WRW的团队稳定下来，在此以后尽快利用合并后的技术和销售渠道优势推出新产品，以帮助其改善亏损的局面。其二，并购后保持WRW的自我管理权，WRW的日常管理不受集团公司过多的干预，对于管理层的权利进行充分的授权。其三，向WRW提供其所需的资源，并购后X汽车集团将为WRW提供更好的市场和资源，帮助WRW进入中国。

X汽车集团宣布以上三项为并购后整合的原则，充分地调动了WRW员工的积极性，帮助WRW稳定了工会，也使得生产销售工作能够顺利进行，为WRW扭转多年亏损的局面奠定了基础，也为后续的整合工作提供了依据。

四、并购后跨越式发展

自2010年并购WRW以来，X汽车集团抓住机遇、深化海外布局，不断强化旗下各品牌间协同的内生产力。不仅推动了WRW汽车品牌的复兴和持续发展，还实现了X汽车集团与WRW汽车的文化融合、人才融合和技术融合，并逐步建立全球化采购供应链体系，协同效应正在发生巨变。经过12年的发展，X汽车集团已经成为中国民族品牌汽车走向国际的一张名片。

X汽车集团积极履行社会责任，为期5年的X汽车集团精准扶贫项目累计投入资金6.8亿元，为打赢脱贫攻坚战贡献力量。2021年，X汽车集团正式启动X汽车共同富裕计划，涉及全员收入增长计划、全员家庭健康保险计划、全员职业提升计划等一系列举措，推动企业从效率优先向公平优先转变。

（资料来源：李琪. 企业合并后财务整合问题的研究［D］. 东北财经大学，2018.）

思考与启示：

（1）企业战略对于企业未来的发展和生存至关重要，战略方向的选择和努力对于企业一样重要。X汽车集团于2007年宣布开始战略转型，但在转型的过程中，逐渐地意识到自身的不足，而WRW的先进技术和国际化的管理模式对X汽车集团的转型有着很大的借鉴价值。

（2）企业部门之间、员工之间的良好沟通协调能力，对于企业战略的理解和实施具有很重要的保障作用。X汽车集团尽量保持沟通的顺畅，建立起基本的信任，并互相学习对方的优势，借以实现并购后的协同效应。

（3）企业的发展肩负民族名牌的振兴使命和社会责任，企业家更应当具备强烈的家国情怀。经过十多年的发展，X汽车集团已经成为中国民族品牌汽车走向国际的一张名片。为期5年的X汽车集团精准扶贫项目，为打赢脱贫攻坚战贡献了力量。启动X汽车共同富裕计划，推动企业从效率优先向公平优先转变。

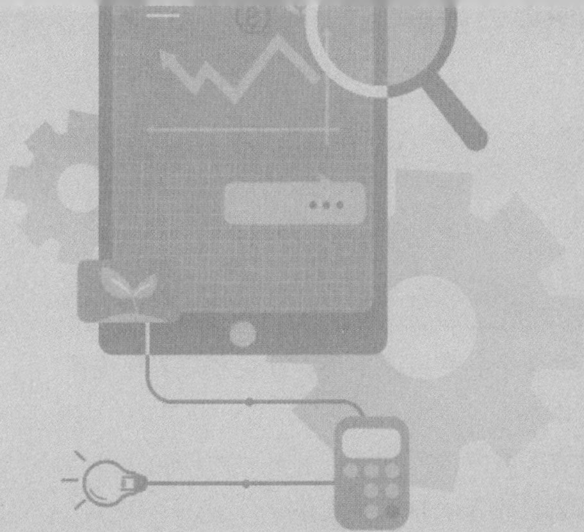

项目三

预算管理

3

学习目标

知识目标

1. 理解预算管理的含义、原则、作用、分类和应用环境等
2. 掌握全面预算体系
3. 熟悉预算编制的工具方法
4. 掌握经营预算编制的基本知识和方法
5. 了解预算的执行、分析和考核

技能目标

1. 能够编制全面预算
2. 能够掌握全面预算编制的岗位操作技能
3. 能够运用预算与实际经营情况进行对比分析，提出经营建议

素养目标

1. 培养学生的风险意识，理解高效的组织和制度是企业提高抗风险能力的保障
2. 通过学习全面预算编制，提升学生的集体荣誉感，增强整体与局部辩证关系的意识
3. 通过学习预算的执行、分析与考核，提升学生具体问题具体分析的意识

思维导图

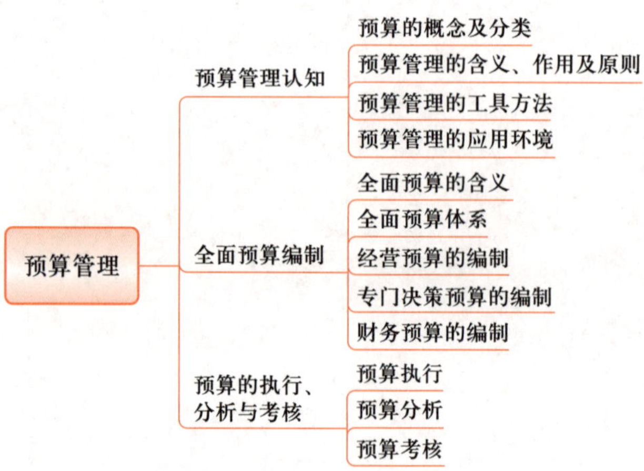

引导案例 >>>

随着公司规模的快速扩张，佳润乳业公司原有的部分经营管理模式难以适应新形势的发展。主要表现在以下五个方面：① 企业销售业绩及经营成果的预估不准确，与实际情况相差较大，不利于公司长远的规划；② 没有完整的预算体系，各子公司年度计划粗略，不能够很好地监测生产运营；③ 三项费用（销售费用、管理费用、财务费用）占比较高，浪费情况较为严重；④ 企业信息化体系已经建立，但 ERP 中预算管理模块并没有启用，不利于信息数据之间的传递、共享，不能发挥信息化的最大效用；⑤ 绩效考核体系没有纳入预算考核指标，考核激励制度缺乏科学合理性。

分析与启示

（1）为了全面适应企业快速扩张的发展需求，服务企业战略的实施，佳润乳业公司可以从组织架构变革入手，设立预算委员会，负责在公司内部建立和实施全面预算体系。

（2）通过全面预算的建立，落实公司发展战略，提高集团公司和各子公司经营管理水平，服务公司长远规划，鼓励全员参与，从而强化风险意识，提升全体员工集体荣誉感。

（3）全面预算的编制，涉及企业采购、生产、销售、仓储和运营等各个方面，需要从整体出发进行设计，各部门高效合作，精准编制，保证全面预算科学、合理地实施。

（4）预算体系的建立和高效执行，需要抓住重点问题进行分析。佳润乳业公司重点需要解决的问题是 ERP 中预算管理模块的启用，通过信息化的手段，实现信息数据之间的传递、共享，进行高效的预算执行与分析。

（5）将预算考核纳入企业绩效考核体系，公平、公正、公开地开展预算考核，激发企业部门与员工参与生产经营管理的积极性和动力。

任务一　预算管理认知

一、预算的概念及分类

（一）预算的概念

预算是以货币及其他数量形式，将企业一定时期全部经营活动的各项目标、执行计划、相应措施等具体地、系统地反映出来的过程。预算也是一种系统的方法，用来分配企业的财务、实物及人力等资源，以实现企业既定战略目标。同时，预算是企业计划、协调和控制等职能得以实现的有效手段，是连接企业内部不同单位、职能部门及经济业务之间的桥梁和纽带。

（二）预算的分类

1. 按预算涉及时间长短来划分

按涉及时间长短，预算可分为短期预算和长期预算。

（1）短期预算是指预算期在 1 年以内（含 1 年）的预算，如费用预算。

（2）长期预算是指预算期在 1 年以上的预算，如长期投资预算、长期筹资预算。

2. 按业务活动来划分

按业务活动不同，预算可以分为经营预算、专门决策预算和财务预算。

（1）经营预算是指与企业日常经营业务活动直接相关的一系列预算，主要包括销售预算、生产预算、直接材料预算、直接人工预算、制造费用预算、产品成本预算、销售费用预算、管理费用预算、财务费用预算和税金预算等。

（2）专门决策预算是指企业重大的或不经常发生的、需要根据特定决策编制的预算，主要包括投融资决策预算；固定资产更新改造、重大投资项目决策等有关的资本支出预算；与新产品研发、新技术开发等有关的生产经营决策预算等。

（3）财务预算是指与企业资金收支、财务状况和经营成果等有关的预算，主要包括现金预算、资产负债表预算和利润表预算等。财务预算作为全面预算体系的最后环节，可以从价值方面整体反映企业经营预算和专门决策预算的结果，所以也称为总预算。

二、预算管理的含义、作用及原则

（一）预算管理的含义

预算管理是指企业以战略目标为导向，通过对未来一定期间内的经营活动和相应的财务结果进行全面预测和筹划，科学、合理配置企业各项财务和非财务资源，并对执行过程进行监督和分析，对执行结果进行评价和反馈，指导经营活动的改善和调整，进而推动实现企业战略目标的管理活动。预算管理的活动内容主要涉及预算组织架构体系的构建、预算编制、预算执行、预算监控、预算考评和预算分析等。

（二）预算管理的作用

预算管理的首要目标是服务企业战略的实施和目标的达成，具体的作用主要表现在以下四个方面：

1. 以企业战略为导向，服务企业战略目标的实现

预算以企业战略为导向，企业战略目标通过全面预算加以固化与量化，细化到各执行领域，在企业内部各单位、部门得以执行实施。同时，通过预算的整体安排和细分，使各单位了解本部门与企业整体战略目标之间的关系，更加明确各自的经营目标，合理安排各自的生产经营活动。因此，预算是企业战略目标执行和实现的有力工具。

2. 优化企业资源配置，高效协调和整合企业各单位、部门之间的协作关系

预算管理涉及企业全员参与、全过程监测与全流程控制，通过将企业内外部的所有资源和活动纳入统一的计划之中，使企业各单位、部门之间相互配合、协调一致，优化现有资源的配置，提高资源的利用效率。

3. 控制日常经营活动，降低经营管理风险

全面预算的编制是企业日常经营管理的起点，对公司日常经营活动进行事前、事中和事后控制。在预算实际执行过程中，各单位、部门通过计量和对比，找出日常经营活动的实际结果与预算的差异，分析其存在的问题，通过强化内部流程管控，采取必要的解决措施，从而降低甚至规避经营管理风险。

4. 强化企业业绩考核的客观依据，实施有效激励

预算体系所涉及的各项指标，也是作为企业内部各单位、部门工作业绩的主要客观依据，在评定各单位、部门工作业绩时，以预算目标完成情况为主要标准，分析实际与预计的差距及原因，明确各自责任，奖罚分明，实施有效激励，使各单位、部门为完成各自的预算目标和实现企业的战略目标而高效地工作。

（三）预算管理的原则

企业实施预算管理时，一般应遵循以下原则：

1. 战略导向原则

预算管理应围绕企业的战略规划和业务计划有序开展，引导各预算责任主体聚焦战略、专注执行、达成绩效。

2. 过程控制原则

预算管理应通过及时监控、分析等把握预算目标的实现进度并实施有效评价，对企业经营决策提供有效支撑。

3. 融合性原则

预算管理应以业务为先导、以财务为协同，将预算管理嵌入企业经营管理活动的各个领域、层次、环节，促进各预算责任主体围绕预算目标开展沟通与协调，提高资源的配置效率和使用效益。

4. 平衡管理原则

预算管理应平衡长期目标与短期目标、整体利益与局部利益、收入与支出、结

果与动因等关系，促进企业可持续发展。

5. 权变性原则

预算管理应刚性与柔性相结合，强调预算对经营管理的刚性约束，又可根据内外部环境的重大变化调整预算，并针对例外事项进行特殊处理。

三、预算管理的工具方法

预算管理构成内容多、涉及面广，进行预算管理时需要采用科学合理的管理会计工具方法，常见的预算方法主要有固定预算法与弹性预算法、增量预算法与零基预算法、定期预算法与滚动预算法等。在实际应用层面，企业可以根据自身行业特点、业务规模和管理需要，选择一种或多种预算管理的工具方法。

（一）固定预算法与弹性预算法

固定预算与弹性预算

1. 固定预算法

固定预算法又称静态预算法，是指在编制预算时，只把预算期内正常的、可实现的某一固定业务量（如生产量、销售量）水平作为唯一基础来编制预算的方法。

固定预算法的优点是稳定性强、操作简单和易于理解。但实际工作中，该方法的缺点也很明显：一是机械呆板。不论预算期实际业务量水平是否发生波动，都只是以预计的某一业务量水平来编制预算；二是可比性差。当实际业务量与预计业务量相差较大，各相关预算项目的实际数与预计数就失去了可比的基础。

固定预算法一般适用于经营业务稳定的企业或非营利性组织编制预算，也可适用于编制固定费用预算。

【例 3-1】佳润乳业公司 2022 年预计销售甜牛奶乳饮料产品 2 000 000 件，预计单位售价 26 元，单位变动成本 16 元，固定制造费用 4 500 000 元，固定销售费用 600 000 元，固定管理费用 3 500 000 元，固定财务费用 1 100 000 元。实际实现的销售量为 2 050 000 元，固定制造费用 460 000 元，固定销售费用 600 000 元，固定管理费用 3 700 000 元，固定财务费用 1 100 000 元。根据上述资料，编制佳润乳业公司 2022 年甜牛奶乳饮料产品税前利润固定预算表如表 3-1 所示。

表 3-1　佳润乳业公司 2022 年甜牛奶乳饮料产品税前利润固定预算表

金额单位：元

项目	固定预算情况	实际执行情况	差异（实际 - 预算）
销售量 / 件	2 000 000	2 050 000	50 000（有利差异）
单价	26	26	0
销售收入	52 000 000	53 300 000	1 300 000（有利差异）
变动成本	32 000 000	32 800 000	800 000（不利差异）

续表

项目	固定预算情况	实际执行情况	差异（实际 – 预算）
固定制造费用	4 500 000	4 600 000	100 000（不利差异）
固定销售费用	600 000	600 000	0
固定管理费用	3 500 000	3 700 000	200 000（不利差异）
固定财务费用	1 100 000	1 100 000	0
税前利润	10 300 000	10 500 000	200 000（有利差异）

由表 3–1 可知，佳润乳业公司 2022 年甜牛奶乳饮料产品实际税前利润超过预算 20 万元，为有利差异，说明预算执行情况良好。从差异分析中可以看出，在单价和单位变动成本不变的情况下，200 000 元（税前利润差异）=1 300 000（收入差异）– 800 000（变动成本差异）– 100 000（固定制造费用差异）– 200 000（固定管理费用差异）。

2. 弹性预算法

弹性预算法又称变动预算法或滑动预算法，是指企业在分析业务量与预算项目之间数量依存关系的基础上，分别确定不同业务量及相对应的预算项目所耗资源，进而形成企业整体预算的预算编制方法。业务量可以是销售量、产量、机器工时、直接人工工时等与预算项目相关的弹性变量。

与固定预算法相比，弹性预算法的预算范围宽、可比性强。但弹性预算法工作量大，且企业很难对市场及其变动趋势做出准确预测。在实务中，弹性预算法主要用于编制成本预算和利润预算。

弹性预算法主要适用于业务量存在较大不确定性的企业，具体编制方法包括公式法和列表法。

（1）公式法。公式法是指将业务量与预算项目的变动关系，通过数学公式表达出来。通常是在成本性态的基础上，来表达二者之间的数量关系。公式法下弹性预算的基本公式为：

预算项目的弹性预算 = 固定基数 + ∑（与业务量相关的弹性定额 × 预计业务量）

即：

$$y = a + bx$$

式中：y 表示预算项目的弹性预算。

a 表示固定基数。

b 表示与业务量相关的弹性定额。

x 表示预计业务量。

采用公式法的优点是一定范围内不受业务量波动影响，可比性和操作性强，且工作量小。缺点是超出业务量范围时，难以查出相关预算项目的预算情况；涉及成本性态分析，逐项甚至按细目分解成本比较麻烦；不能直接查出特定业务量下的总成本预算额，且有一定误差。

【例 3–2】佳润乳业公司采用公式法编制 2022 年度 UHT 系统灭菌车间制造费用预算表如 3–2 所示。其中，直接机器工时变动范围为 7 900~8 600 小时，较大的混合成本项目已被分解。

表 3–2　2022 年度 UHT 系统灭菌车间制造费用预算表

费用项目	固定成本 a/ 元	单位变动成本 b/（元 / 机器工时）
折旧	360 000	
水电费		200
辅助材料		15
保险费	150 000	
生产工人工资	500 000	5
维修费	65 000	2
合计	1 075 000	222

由表 3–2 可知，UHT 系统灭菌车间制造费用预算公式如下：

成本性态模型 $y=a+bx=1\ 075\ 000+222x$

利用该模型可以预测机器工时 x 在 7 900~8 600 小时之间，即生产能力利用率为 90%~100% 之间任意一点上，可以通过成本性态模型计算得到 UHT 系统灭菌车间 2022 年度的预计制造费用。

（2）列表法。列表法是指企业通过列表的方式，将确定的业务量变化区间划分为若干个水平段，分别编制不同业务量水平下相关项目预算情况的弹性预算编制方法。

采用列表法的优点是可以直接从表中查到各种业务量下的预算情况，克服了公式法的弱点，直观且易于理解。缺点是工作量大，且不能涵盖所有业务量条件下的预算情况，适用面窄。

【例 3–3】续【例 3–1】，为了更加合理地预算佳润乳业公司 2022 年甜牛奶乳饮料产品税前利润，进一步编制销售量 200 万~250 万件水平下的税前利润弹性预算表（见表 3–3）。假设销售量间隔为 10 万件。

表 3-3　佳润乳业公司 2022 年甜牛奶乳饮料产品税前利润弹性预算表

金额单位：元

项目	销量变动范围					
销售量 / 件	2 000 000	2 100 000	2 200 000	2 300 000	2 400 000	2 500 000
单价	26	26	26	26	26	26
销售收入	52 000 000	54 600 000	57 200 000	59 800 000	62 400 000	65 000 000
变动成本	32 000 000	33 600 000	35 200 000	36 800 000	38 400 000	40 000 000
固定制造费用	4 500 000	4 500 000	4 500 000	4 500 000	4 500 000	4 500 000
固定销售费用	600 000	600 000	600 000	600 000	600 000	600 000
固定管理费用	3 500 000	3 500 000	3 500 000	3 500 000	3 500 000	3 500 000
固定财务费用	1 100 000	1 100 000	1 100 000	1 100 000	1 100 000	1 100 000
税前利润	10 300 000	11 300 000	12 300 000	13 300 000	14 300 000	15 300 000

（二）增量预算法与零基预算法

按预算编制出发点的特征不同，可分为增量预算法和零基预算法。

1. 增量预算法

增量预算法，又称调整预算法，是以企业基期收入、成本、费用水平为基础，结合预算期业务量水平及有关影响收入、成本、费用因素的未来变动情况，通过调整原有相关项目而编制预算的一种方法。

在进行增量预算时，需遵守三个假设条件：① 现有的业务流动是合理的、必需的，无须进行调整；② 原有的各项开支都是合理的，应当予以保留；③ 未来各预算项目的变动是在现有基础上调整的结果。

增量预算法易于理解，操作简单，工作量小，主要适用于业务相对稳定、满足三个假设条件的预算项目。但是缺点也很明显：一是受原有费用项目限制，可能使原来不合理的项目继续存在，导致保护落后；二是不利于调动各部门降低成本费用的积极性，不利于企业发展。

【例 3-4】根据佳润乳业公司 2021 年发酵型含乳饮料实际税前利润表，采用增量预算法编制 2022 年发酵型含乳饮料税前利润预算表，预测相关项目变化为：销量增加 50 000 件，价格上涨 3 元 / 件，单位变动成本增加 2 元 / 件，固定制造费用和固定财务费用保持不变，固定管理费用增加 3 万元，固定销售费用增加 4.5 万元，如表 3-4 所示。

表 3-4　佳润乳业公司 2022 年发酵型含乳饮料税前利润预算表

金额单位：元

项目	2022 年实际	2022 年预计
销售量 / 件	450 000	500 000（450 000 + 50 000）
单价	19	22（19 + 3）
销售收入	8 550 000	11 000 000
单位变动成本	10	12（10 + 2）
变动成本	4 500 000	6 000 000
固定制造费用	650 000	650 000
固定销售费用	260 000	305 000（260 000 + 45 000）
固定管理费用	350 000	380 000（350 000 + 30 000）
固定财务费用	50 000	50 000
税前利润	2 740 000	3 615 000

2. 零基预算法

零基预算法全称为“以零为基础编制计划和预算的方法”，指企业不考虑往期预算及实际经济活动的项目和金额，从零出发，按实际需要分析预算期经济活动的合理性，在综合平衡的基础上形成预算的编制方法。

零基预算法的编制程序为：

（1）动员与讨论，确定本部门的费用项目与预算额；

（2）划分不可避免项目和可避免项目，不可避免项目要保证资金供应，可避免项目要确定优先顺序；

（3）划分不可延缓项目和可延缓项目，优先保证不可延缓项目的开支，按照轻重缓急确定可延缓项目的开支标准。

零基预算法一般用于不经常发生的预算项目或者预算编制基础变化波动较大的项目，特别适用于产出较难辨认的服务性部门费用预算的编制。

零基预算法的优点：① 不受现有项目的限制，有利于企业合理配置资源；② 能够调动各部门降低费用的积极性，提高资金使用效率。

零基预算法的缺点：① 从零出发，工作量大，成本较高；② 预算编制的准确性受企业管理水平和相关数据标准准确性影响较大。

【例 3-5】佳润乳业公司采用零基预算法编制 2022 年销售及管理费用预算，根据年度的目标利润及各部门的具体工作任务，认为下一年度将发生以下各项费用：

（1）工资及五险一金 220 万元；

（2）办公费 25 万元；

（3）咨询、审计费 14 万元；

（4）通信费 8 万元；

（5）差旅费 35 万元；

（6）职工培训费 16 万元；

（7）广告和宣传费 180 万元；

（8）销售佣金 108 万元；

（9）业务招待费 46 万元。

因此，该企业下一年度可用于销售及管理费用的资金预计为 652 万元。

经管理层充分论证，得出以下结论：上述费用中除广告和宣传费、业务招待费外其他都不能再压缩，必须全额保证。根据历史资料对广告和宣传费、业务招待费进行成本效益分析，如表 3-5 所示。

表 3-5　佳润乳业公司 2022 年度费用项目成本效益分析表

单位：万元

费用项目	费用金额	收益金额
广告和宣传费	1	5
业务招待费	1	3

分析上述费用中，权衡各项费用的轻重缓急层次和顺序，（1）、（2）、（3）、（4）、（5）、（6）、（8）这七项费用属于约束性固定成本，是下一年度不可避免的开支项目，必须全额保证，应列第一层次；广告和宣传费、业务招待费属于酌量性固定成本，应列第二层次。

由于公司下一年度销售及管理费用的预算总额度为 610 万元，根据以上排序和层次分配资源，最终预算金额分配如下：

（1）不可避免项目的金额 $=220+25+14+8+35+16+108=426$（万元）。

（2）可分配的金额 $=610-426=184$（万元）。

（3）对广告和宣传费、业务招待费项目进行预算费用分配：

广告和宣传费可分配的资金 $=\dfrac{5}{5+3}\times 184=115$（万元）。

业务招待费可分配的资金 $=\dfrac{3}{5+3}\times 184=69$（万元）。

根据上述分析过程，可编制佳润乳业公司 2022 年销售及管理费用预算表，见

表 3-6。

表 3-6 佳润乳业公司 2022 年销售及管理费用预算表

金额单位：万元

费用项目	预算金额
工资及五险一金	220
办公费	25
咨询、审计费	14
通信费	8
差旅费	35
职工培训费	16
广告和宣传费	115
销售佣金	108
业务招待费	69

（三）定期预算法与滚动预算法

按编制预算期的时间特征不同，可分为定期预算法和滚动预算法。

1. 定期预算法

定期预算法是指以固定不变的会计期间（如日历年度）作为预算期的一种预算编制方法。它的优点是预算期间与会计年度配合，便于考核和评价预算的执行结果。缺点是具有盲目性、缺乏灵活性和间断性，即年初编制缺乏远期指导，对预算期内的各种变化不能及时作出调整，不便于前后各个期间的预算衔接。

2. 滚动预算法

滚动预算法是指企业根据上一期预算执行情况和新的预测结果，按既定的预算编制周期和滚动频率，对原有的预算方案进行调整和补充，逐期滚动、持续推进的预算编制方法。预算编制周期是指每次预算编制所涵盖的时间跨度。滚动频率是指调整和补充预算的时间间隔，一般可以为月度、季度和年度等。

滚动预算一般由中期滚动预算和短期滚动预算组成。中期滚动预算的编制周期通常为 3 年或 5 年，以年度作为预算滚动频率。短期滚动预算通常以 1 年为编制周期，以月度、季度作为预算滚动频率。

相对于定期预算，滚动预算的优点有：① 透明度高，通过滚动预算与企业日常管理的紧密联系，使企业相关人员动态地详细理解企业的规划目标和战略布局。② 连续性强。预算期不再受日历年度的限制，能够连续不断地保持一段期限。

③ 及时性强。能够及时根据前期预算的实际执行情况进行对比分析，及时调整和修订预算，更加能够反映实际变化情况。④ 完整性和稳定性突出。滚动预算便于预算形成一个更加完整的体系，有利于企业长远和稳定的发展。滚动预算的缺点是：① 工作量较大。企业应用滚动预算方法时，预算滚动的频率越高，对预算沟通的要求越高，预算编制的工作量越大。② 过高的滚动频率容易增加企业管理层的不稳定感，从而导致预算执行者难以适应。

【例 3-6】佳润乳业公司采用滚动预算法（按月滚动）编制制造费用预算，详细操作示意图，如图 3-1 所示。

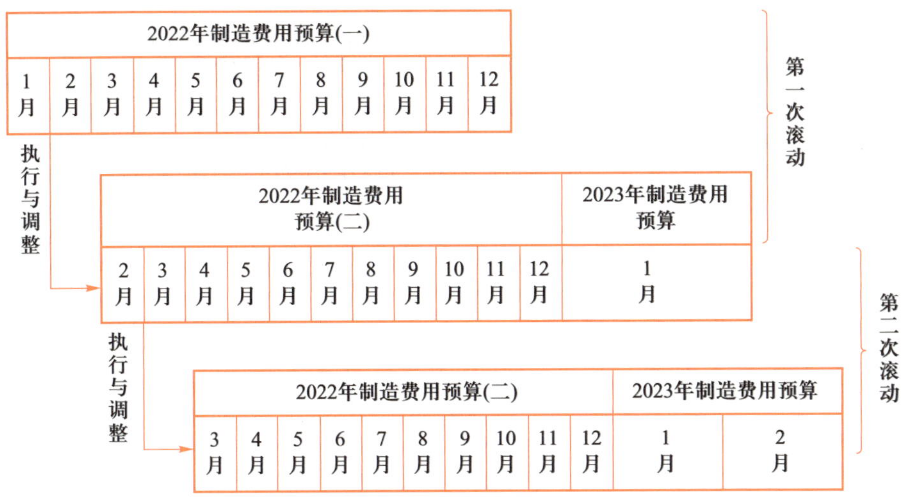

图 3-1　制造费用逐月滚动示意图

四、预算管理的应用环境

企业应用预算管理，应当充分了解企业内外部的应用环境，包括股权结构、战略目标、业务规划、组织架构、管理层意愿、信息系统和绩效考核体系等。

预算管理的组织体系包括预算决策机构、预算管理机构、预算执行机构、预算监督机构和预算考核机构。预算决策机构一般由企业股东大会或董事会组成，拥有企业预算方案的决策权和监督权。预算管理机构一般为企业董事会或预算委员会，承担预算目标制定、预算管理具体措施实施、审议平衡预算、组织下达预算、协调预算编制和执行中的问题。预算执行机构一般为企业内部各单位、部门，负责各自预算的编制与执行。预算监督机构主要是财务部门承担或者多部门组成的监督机构，主要对企业预算的编制与执行过程实施监测。预算考核机构主要由预算管理部门或者总经理办公室牵头各部门负责，考核各单位、部门的预算完成情况。

企业预算编制一般按照分级编制、逐级汇总的方式，采用自上而下、自下而上、上下结合或多种维度相结合的流程编制预算。预算编制流程的制定应当与企业规模、业务范围相适应，通常情况下，企业预算编制程序如图 3-2 所示。

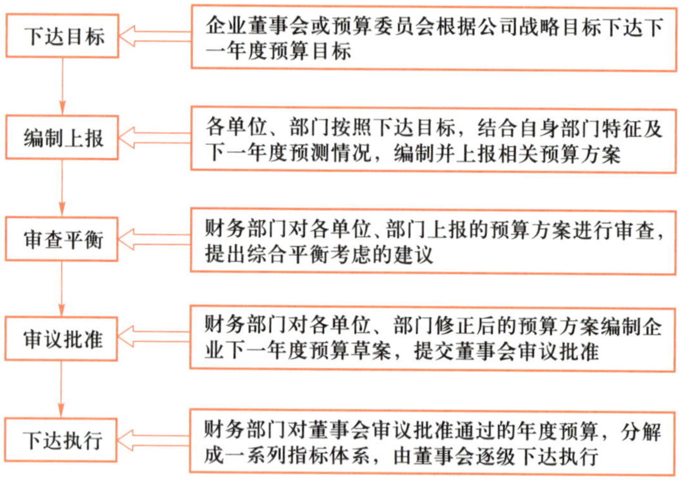

图 3-2　企业预算编制程序

小组讨论

预算组织体系和预算制度在全面预算的实施过程中发挥什么作用？对于企业增强风险意识和抗风险能力是否会发生正向作用？

岗课赛证融通训练

一、单项选择题

1. 预算编制方法中，与固定预算法相对应的编制方法是（　　）。

A. 弹性预算法　　B. 增量预算法

C. 滚动预算法　　D. 概率预算法

2. 短期滚动预算法的特点是预算期连续不断，通常以（　　）为预算编制周期。

A. 1 个月　　B. 1 个季度　　C. 6 个月　　D. 12 个月

3. 零基预算在编制时，对所有的预算支出均（　　）为基础。

A. 以原始资料　　B. 以往年预算

C. 以实际需要　　D. 以生产预算

4.（　　）能够克服固定预算法的缺点。

A. 零基预算法　　B. 弹性预算法

C. 增量预算法　　　　D. 滚动预算法

5. 下列各项中，对企业预算管理工作负总责的组织是（　　）。

A. 财务部　　B. 董事会　　C. 监事会　　D. 股东大会

二、多项选择题

1. 下列关于财务预算的表述中，正确的有（　　）。

A. 财务预算多为长期预算

B. 财务预算又被称作总预算

C. 财务预算是全面预算体系的最后环节

D. 财务预算主要包括现金预算和预计财务报表

2. 滚动预算法的优点是（　　）。

A. 连续性强　　B. 完整性突出　　C. 及时性强　　D. 工作量小

3. 下列关于全面预算的表述中，正确的有（　　）。

A. 全面预算包括经营预算、专门决策预算和财务预算三部分

B. 资本支出预算属于辅助预算

C. 财务预算和资本支出预算是经营预算的基础

D. 财务预算通常属于短期预算

三、判断题

1. 客观性和可执行性是预算最主要的特征，预算是实现企业活动导向预定目标的有力工具。（　　）

2. 弹性预算法中业务量是一个变动范围，具有一定的伸缩性和灵活性。（　　）

3.《中华人民共和国公司法》规定：公司的年度财务预算方案、决算方案由公司董事会制定，经股东会审议批准后方可执行。（　　）

四、岗位技能实操题

岗位技能实操题 1

实训目的：熟练掌握弹性预算编制方法的知识点及具体应用操作技能。

实训资料：小牛汽车配件制造有限公司（简称小牛公司）是一家生产和销售汽车玻璃的小型企业。公司已经编制完成的 2022 年度制造费用预算明细项目如下：间接人工中的基本工资及福利费为 100 000 元、奖金津贴为 10 元 / 工时；机物料消耗费为 3 元 / 工时、折旧费为 150 000 元、固定修理维护费为 120 000 元、变动修理维护费为 12 元 / 工时，固定水电费为 250 000 元、单位变动水电费为 20 元 / 工时。

实训要求：根据上述资料采用列表法为小牛公司编制一套能适应多种业务量

水平的制造费用弹性预算表（产能的相关范围为 3 000~5 000 工时，弹性间隔为 1 000 工时），如表 3-7 所示。

表 3-7　小牛公司 2022 年制造费用弹性预算表

单位：元

项目	3 000	4 000	5 000
变动制造费用：			
奖金津贴			
机物料消耗费			
变动修理维护费			
变动水电费			
小计			
固定制造费用：			
基本工资及福利费			
折旧费			
固定修理维护费			
固定水电费			
小计			
制造费用合计			

岗位技能实操题 2

实训目的：熟练掌握零基预算编制方法的知识点及具体应用操作技能。

实训资料：滴嘟出行科技有限公司（简称滴嘟公司）是涵盖出租车、网约车、代驾、大巴和货运等多项业务在内的一站式出行平台。随着公司规模的快速扩张，公司的治理模式也更加制度化、标准化和科学化。公司 2022 年度全力推行全面预算，以预算为切入点，推动财务与业务的深度融合，尤其是在成本费用的管控上。企业管理部门拟采用零基预算法编制管理费用预算，根据企业经营目标，在多次调研、讨论和协商的基础上，初步提出了 2022 年管理费用预算表，如表 3-8 所示。

表 3-8　滴嘟公司 2022 年管理费用预算表

单位：元

费用项目	金额
办公费	360 000
房屋租金	680 000
工资及五险一金	2 600 000
职工培训费	180 000
业务招待费	1 260 000
专家技术服务费	680 000
总计	5 760 000

预算委员会经过讨论，认为公司 2022 年管理费用预算资金为 5 000 000 元，管理部门应当对 2022 年管理费用预算进行调整修改。经过管理层充分论证，得出以下结论：上述费用中除业务招待费、专家技术服务费外，其他项目都不能再压缩，必须全额保证。根据历史资料对业务招待费、专家技术服务费进行成本效益分析，如表 3-9 所示。

表 3-9　业务招待费和专家技术服务费的成本效益分析表

单位：元

费用项目	费用金额	收益金额
业务招待费	1	4
专家技术服务费	1	6

实训要求：根据上述资料，采用零基预算法重新编制滴嘟公司 2022 年管理费用预算表。

任务二　全面预算编制

全面预算概述

一、全面预算的含义

全面预算是关于企业在一定的时期内（一般为一年或一个既定期间内）各项业务活动、财务表现等方面的总体预测。全面预算反映的是企业未来某一特定期间，服务企业战略实施，以实现目标利润为目的，以销售预测为起点，进而对生产、成本及现金收支等进行预测并编制预计资产负债表、预计利润表和预计现金流量表，反映企业在未来期间的财务状况和经营成果。

二、全面预算体系

全面预算体系如图 3-3 所示。

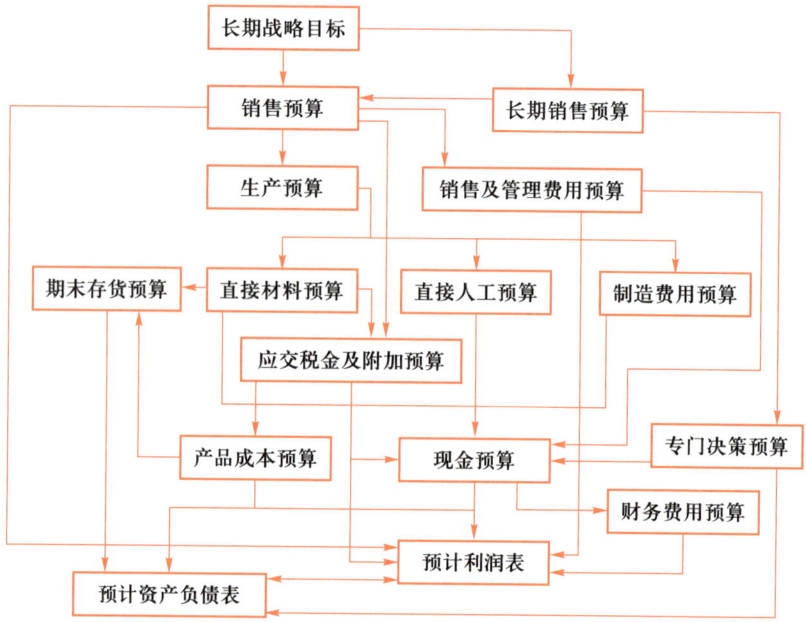

图 3-3 全面预算体系

小组讨论

假如你是公司预算委员会的负责人，是否需要每一位员工参与全面预算体系的实施？如何调动员工参与预算的积极性？

三、经营预算的编制

（一）销售预算

销售预算是一个正式的财务计划，根据销售预测规划公司预算期内的因销售活动而发生的预计销售收入，从而保证公司销售利润的实现。

销售预测是依照以往经营业绩、经济形势、季节性因素、定价原则及市场调查而进行的销售量预测，它是公司编制销售预算的基础。全面预算编制的起点是销售预算，其他预算的编制都以销售预算为基础。

销售预算的主要内容包括各产品的预计销售量、预计销售单价和销售收入等。

预计销售量是根据市场预测或者销售合同并结合企业生产能力确定的；预计销售单价是通过价格决策确定的；预计销售收入为预计销售量和预计销售单价的乘积。计算公式如下：

预计销售收入 = 预计销售量 × 预计销售单价

大部分企业为了扩大销售，会采用赊销政策，预计销售收入一般不等于现金收入。因此，销售收入预算还包括现金收入预算。计算公式如下：

预计现金收入 = 本期预计现金收入 + 本期预计收回前期应收账款

【例 3–7】佳润乳业公司 2022 年生产甜牛奶乳饮料和发酵型含乳饮料两种产品，预计销售单价分别为 26 元和 22 元，甜牛奶乳饮料各季度销量为 60 万件、55 万件、60 万件和 50 万件，发酵型含乳饮料各季度销量为 18 万件、15 万件、15 万件和 12 万件。预计每季度销售收入中 60% 可于当季度收回现金，其余 40% 于下季度收回。年初 316 万元应收账款将于 2022 年第一季度全额收回现金。根据以上资料，编制佳润乳业公司 2022 年销售预算表，如表 3–10 所示。

表 3–10　佳润乳业公司 2022 年销售预算表

<table>
<tr><th colspan="2">项目</th><th>第一季度</th><th>第二季度</th><th>第三季度</th><th>第四季度</th><th>全年</th></tr>
<tr><td rowspan="2">预计销售量 / 万件</td><td>甜牛奶乳饮料</td><td>60</td><td>55</td><td>60</td><td>50</td><td>225</td></tr>
<tr><td>发酵型含乳饮料</td><td>18</td><td>15</td><td>15</td><td>12</td><td>60</td></tr>
<tr><td rowspan="2">预计销售单价 /（元 / 件）</td><td>甜牛奶乳饮料</td><td>26</td><td>26</td><td>26</td><td>26</td><td>26</td></tr>
<tr><td>发酵型含乳饮料</td><td>22</td><td>22</td><td>22</td><td>22</td><td>22</td></tr>
<tr><td rowspan="3">预计销售收入 / 万元</td><td>甜牛奶乳饮料</td><td>1 560</td><td>1 430</td><td>1 560</td><td>1 300</td><td>5 850</td></tr>
<tr><td>发酵型含乳饮料</td><td>396</td><td>330</td><td>330</td><td>264</td><td>1320</td></tr>
<tr><td>合计</td><td>1 956</td><td>1 760</td><td>1 890</td><td>1 564</td><td>7 170</td></tr>
<tr><td rowspan="6">预计现金收入 / 万元</td><td>期初应收账款</td><td>315</td><td></td><td></td><td></td><td>315</td></tr>
<tr><td>第一季度销售收入</td><td>1 173.6</td><td>782.4</td><td></td><td></td><td>1 956</td></tr>
<tr><td>第二季度销售收入</td><td></td><td>1 056</td><td>704</td><td></td><td>1 760</td></tr>
<tr><td>第三季度销售收入</td><td></td><td></td><td>1 134</td><td>756</td><td>1 890</td></tr>
<tr><td>第四季度销售收入</td><td></td><td></td><td></td><td>938.4</td><td>938.4</td></tr>
<tr><td>现金收入合计</td><td>1 488.6</td><td>1 838.4</td><td>1 838</td><td>1 694.4</td><td>6 859.4</td></tr>
</table>

第一季度甜牛奶乳饮料预计销售收入 = 26 × 60 = 1560（万元）。

第一季度发酵型含乳饮料预计销售收入 = 22 × 18 = 396（万元）。

第一季度预计现金收入 = 期初应收账款 + 第一季度销售收入 × 当季度回款比例
= 315 +（1 560 + 396）× 60% = 1 488.6（万元）。

第二季度预计现金收入 = 期初应收账款 + 第一季度销售收入 × 当季度回款比例
=（1 560 + 396）× 40% +（1 430 + 330）× 60%
= 1 838.4（万元）。

第三、第四季度预计现金收入计算方法同上。

（二）生产预算

生产预算是一种根据预计销售量和预计期末存货，为规划一定预算期内预计生产量而编制的预算。如果没有生产预算，公司将有可能无法满足预计的销售量或者会生产不必要的产品。该预算是所有经营预算中唯一使用实物量计量单位的预算。由于大部分企业的生产和销售很难做到“同步同量”，必须储备一定的存货，保证生产的可持续性。因此，公司必须同时对总产量及期末库存都进行预测，要完成该预测就必须涉及期初库存。计算公式如下：

预计生产量 = 总需求量 − 预计期初存货
= 预计销售量 + 预计期末存货 − 预计期初存货

在编制全面预算时，应保持生产量、销售量和存货量之间合理的比例关系，避免出现产销脱节、存货或产品储备不足以及产品积压严重等现象，造成资金的积压、浪费或成本费用上升，影响生产销售活动的正常开展。

以生产预算为基础，进而编制直接材料预算、直接人工预算、制造费用预算。

【例 3-8】承【例 3-7】资料，佳润乳业公司预计每季度末存货量为下一季度预计销售量的 15%，年末预计甜牛奶乳饮料 7 万件和发酵型含乳饮料 2 万件，年初甜牛奶乳饮料 6 万件和发酵型含乳饮料 1.8 万件。根据以上资料，编制佳润乳业公司 2022 年生产预算表，如表 3-11 所示。

表 3-11　佳润乳业公司 2022 年生产预算表

单位：万件

项目		第一季度	第二季度	第三季度	第四季度	全年
甜牛奶乳饮料	预计销售量（见表 3-10）	60	55	60	50	225
	加：预计期末存货量	8.25	9	7.5	7	7
	减：期初存货量	6	8.25	9	7.5	6
	预计生产量	62.25	55.75	58.5	49.5	226

续表

项目		第一季度	第二季度	第三季度	第四季度	全年
发酵型含乳饮料	预计销售量（见表 3-10）	18	15	15	12	60
	加：预计期末存货量	2.25	2.25	1.8	2	2
	减：期初存货量	1.8	2.25	2.25	1.8	1.8
	预计生产量	18.45	15	14.55	12.2	60.2

每季度预计期末存货量 = 下季度预计销售量 ×15%。

第一季度末甜牛奶乳饮料存货量 = 55×15% = 8.25（万件）。

每季度预计期初存货量 = 上一季度预计期末存货量。

第二季度期初存货量 = 第一季度预计期末存货量 = 8.25（万件）。

全年年初甜牛奶乳饮料存货量 = 第一季度初甜牛奶乳饮料存货量 = 6（万件）。

全年年末甜牛奶乳饮料存货量 = 第四季度末甜牛奶乳饮料存货量 = 7（万件）。

（三）直接材料预算

直接材料预算是指为了满足预计生产量和预计直接材料库存的需要而对未来一定时期内原材料采购数量和采购成本而编制的一种经营预算。直接材料预算以生产预算、材料消耗定额和预计材料采购单价等为基础，并考虑期初、期末材料存货水平。计算公式如下：

预计生产需要量 = 预计生产量 × 单位产品材料耗用量

预计采购量 = 预计生产需要量 + 预计期末库存量 − 预计期初库存量

预计材料采购金额 = 预计采购量 × 预计材料采购单价

式中，预计生产量来自生产预算，单位产品材料耗用量根据标准成本资料或材料消耗定额预计，预计材料采购单价根据材料市场预计。

实务中，大部分企业的材料采购付款具有一定周期，不是马上进行现结支付的。因此，存在材料采购应付款项，直接材料预算应包括材料采购现金支出预算。

【例 3-9】承【例 3-8】资料，佳润乳业公司甜牛奶乳饮料和发酵型含乳饮料两种产品耗用的原材料及辅料相同，只是生产工艺流程存在差异，两种产品耗用的原材料及辅料主要有四种：生牛乳、奶粉、白糖及其他辅料、包装材料，两种产品2022 年需用的各种直接材料消耗定额及采购单价资料如表 3-12 所示；预计每季度末各种材料库存量为下一季度生产需用量的 20%，2022 年年初各种材料库存量为：生牛乳 40 000 千克、奶粉 96 000 千克、白糖及其他辅料 64 000 千克、包装材料 80 000 个。2022 年年末各种材料库存量预计为：生牛乳 43 000 千克、奶粉 98 000

千克、白糖及其他辅料 66 000 千克、包装材料 84 000 个。根据以上资料，编制佳润乳业公司 2022 年直接材料需用量预算表、直接材料采购预算表和直接材料采购现金支出预算表。

表 3-12　佳润乳业公司 2022 年直接材料消耗定额及采购单价资料

产品品种	原材料及辅料	第一季度	第二季度	第三季度	第四季度
甜牛奶乳饮料直接材料消耗定额	生牛乳 / 千克	860	860	860	860
	奶粉 / 千克	3 100	3 100	3 100	3100
	白糖及其他辅料 / 千克	1 800	1 800	1 800	1 800
	包装材料 / 个	2 900	2 900	2 900	2 900
发酵型含乳饮料直接材料消耗定额	生牛乳 / 千克	700	700	700	700
	奶粉 / 千克	2 800	2 800	2 800	2 800
	白糖及其他辅料 / 千克	1 800	1 800	1 800	1 800
	包装材料 / 个	2 900	2 900	2 900	2 900
采购材料单价	生牛乳 /（元 / 千克）	4	4	4	4
	奶粉 /（元 / 千克）	24	24	24	24
	白糖及其他辅料 /（元 / 千克）	5	5	5	5
	包装材料 /（元 / 个）	8	8	8	8

由表内数据可计算出。

甜牛奶乳饮料单位产品直接材料成本 =（860×4＋3 100×24＋1 800×5＋2 900×8）/10 000＝11（元 / 件）。

发酵型含乳饮料单位产品直接材料成本 =（700×4＋2 800×24＋1 800×5＋2 900×8）/10 000＝10.22（元 / 件）。

根据已经给出的资料，编制直接材料需用量预算表，如表 3-13 所示。

表 3-13　佳润乳业公司 2022 年直接材料需用量预算表

产品品种	项目		第一季度	第二季度	第三季度	第四季度
甜牛奶乳饮料产品	甜牛奶乳饮料直接材料消耗定额	生牛乳 / 千克	860	860	860	860

续表

<table>
<tr><th>产品品种</th><th colspan="2">项目</th><th>第一季度</th><th>第二季度</th><th>第三季度</th><th>第四季度</th></tr>
<tr><td rowspan="9">甜牛奶乳饮料产品</td><td rowspan="3">甜牛奶乳饮料直接材料消耗定额</td><td>奶粉 / 千克</td><td>3 100</td><td>3 100</td><td>3 100</td><td>3 100</td></tr>
<tr><td>白糖及其他辅料 / 千克</td><td>1 800</td><td>1 800</td><td>1 800</td><td>1 800</td></tr>
<tr><td>包装材料 / 个</td><td>2 900</td><td>2 900</td><td>2 900</td><td>2 900</td></tr>
<tr><td colspan="2">预计生产量 / 万件（见表 3-11）</td><td>62.25</td><td>55.75</td><td>58.5</td><td>49.5</td></tr>
<tr><td rowspan="4">预计生产需要量</td><td>生牛乳 / 千克</td><td>53 535</td><td>47 945</td><td>50 310</td><td>42 570</td></tr>
<tr><td>奶粉 / 千克</td><td>192 975</td><td>172 825</td><td>181 350</td><td>153 450</td></tr>
<tr><td>白糖及其他辅料 / 千克</td><td>112 050</td><td>100 350</td><td>105 300</td><td>89 100</td></tr>
<tr><td>包装材料 / 个</td><td>180 525</td><td>161 675</td><td>169 650</td><td>143 550</td></tr>
<tr><td rowspan="9">发酵型含乳饮料产品</td><td rowspan="4">发酵型含乳饮料直接材料消耗定额</td><td>生牛乳 / 千克</td><td>700</td><td>700</td><td>700</td><td>700</td></tr>
<tr><td>奶粉 / 千克</td><td>2 800</td><td>2 800</td><td>2 800</td><td>2 800</td></tr>
<tr><td>白糖及其他辅料 / 千克</td><td>1 800</td><td>1 800</td><td>1 800</td><td>1 800</td></tr>
<tr><td>包装材料 / 个</td><td>2 900</td><td>2 900</td><td>2 900</td><td>2 900</td></tr>
<tr><td colspan="2">预计生产量 / 万件（见表 3-11）</td><td>18.45</td><td>15</td><td>14.55</td><td>12.2</td></tr>
<tr><td rowspan="4">预计生产需要量</td><td>生牛乳 / 千克</td><td>12 915</td><td>10 500</td><td>10 185</td><td>8 540</td></tr>
<tr><td>奶粉 / 千克</td><td>51 660</td><td>42 000</td><td>40 740</td><td>34 160</td></tr>
<tr><td>白糖及其他辅料 / 千克</td><td>33 210</td><td>27 000</td><td>26 190</td><td>21 960</td></tr>
<tr><td>包装材料 / 个</td><td>53 505</td><td>43 500</td><td>42 195</td><td>35 380</td></tr>
</table>

（1）甜牛奶乳饮料产品：

第一季度生牛乳预计生产需要量 = 第一季度甜牛奶乳饮料产品预计生产量 × 甜牛奶乳饮料生牛乳定额消耗量 = 62.25 × 860 = 53 535（千克）。

第一季度奶粉预计生产需要量 = 第一季度甜牛奶乳饮料产品预计生产量 × 甜牛奶乳饮料奶粉定额消耗量 = 62.25 × 3 100 = 192 975（千克）。

第一季度白糖及其他辅料预计生产需要量 = 第一季度甜牛奶乳饮料产品预计生产量 × 甜牛奶乳饮料白糖及其他辅料定额消耗量 = 62.25 × 1 800 = 112 050（千克）。

第一季度包装材料预计生产需要量＝第一季度甜牛奶乳饮料产品预计生产量 × 甜牛奶乳饮料包装材料定额消耗量＝62.25 × 2 900＝180 525（个）。

第二、三、四季度的计算方法同上。

（2）发酵型含乳饮料产品：

第一季度生牛乳预计生产需要量＝第一季度甜牛奶乳饮料产品预计生产量 × 甜牛奶乳饮料生牛乳定额消耗量＝18.45 × 700＝12 915（千克）。

第一季度奶粉预计生产需要量＝第一季度甜牛奶乳饮料产品预计生产量 × 甜牛奶乳饮料奶粉定额消耗量＝18.45 × 2 800＝51 660（千克）。

第一季度白糖及其他辅料预计生产需要量＝第一季度甜牛奶乳饮料产品预计生产量 × 甜牛奶乳饮料白糖及其他辅料定额消耗量＝18.45 × 1 800＝33 210（千克）。

第一季度包装材料预计生产需要量＝第一季度甜牛奶乳饮料产品预计生产量 × 甜牛奶乳饮料包装材料定额消耗量＝18.45 × 2 900＝53 505（个）。

第二、三、四季度的计算方法同上。

根据直接材料需用量预算表编制直接材料采购预算表，如表 3-14 所示。

表 3-14　佳润乳业公司 2022 年直接材料采购预算表

金额单位：元

材料品种	项目	第一季度	第二季度	第三季度	第四季度
生牛乳/千克	材料采购单价	4	4	4	4
	甜牛奶乳饮料产品需用量（见表 3-13）	53 535	47 945	50 310	42 570
	发酵型含乳饮料产品需用量（见表 3-13）	12 915	10 500	10 185	8 540
	材料总需用量	66 450	58 445	60 495	51 110
	加：期末材料库存量	11 689	12 099	10 222	43 000
	减：期初材料库存量	40 000	11 689	12 099	10 222
	本期采购量	38 139	58 855	58 618	83 888
	材料采购成本	152 556	235 420	234 472	335 552
奶粉/千克	材料采购单价	24	24	24	24
	甜牛奶乳饮料产品需用量（见表 3-13）	192 975	172 825	181 350	153 450
	发酵型含乳饮料产品需用量（见表 3-13）	51 660	42 000	40 740	34 160

续表

材料品种	项目	第一季度	第二季度	第三季度	第四季度
奶粉/千克	材料总需用量	244 635	214 825	222 090	187 610
	加：期末材料库存量	42 965	44 418	37 522	98 000
	减：期初材料库存量	96 000	42 965	44 418	37 522
	本期采购量	191 600	216 278	215 194	248 088
	材料采购成本	4 598 400	5 190 672	5 164 656	5 954 112
白糖及其他辅料/千克	材料采购单价	5	5	5	5
	甜牛奶乳饮料产品需用量（见表 3-13）	112 050	100 350	105 300	89 100
	发酵型含乳饮料产品需用量（见表 3-13）	33 210	27 000	26 190	21 960
	材料总需用量	145 260	127 350	131 490	111 060
	加：期末材料库存量	25 470	26 298	22 212	66 000
	减：期初材料库存量	64 000	25 470	26 298	22 212
	本期采购量	106 730	128 178	127 404	154 848
	材料采购成本	533 650	640 890	637 020	774 240
包装材料/个	材料采购单价	8	8	8	8
	甜牛奶乳饮料产品需用量（见表 3-13）	180 525	161 675	169 650	143 550
	发酵型含乳饮料产品需用量（见表 3-13）	53 505	43 500	42 195	35 380
	材料总需用量	234 030	205 175	211 845	178 930
	加：期末材料库存量	41 035	42 369	35 786	84 000
	减：期初材料库存量	80 000	41 035	42 369	35 786
	本期采购量	195 065	206 509	205 262	227 144
	材料采购成本	1 560 520	1 652 072	1 642 096	1 817 152

（1）生牛乳第一季度期末库存量＝第二季度生牛乳总需用量 ×20%＝58 445×20%＝11 689（千克）。

生牛乳第二季度期末库存量＝第三季度生牛乳总需用量 ×20%＝60 495×20%＝12 099（千克）。

生牛乳第三季度期末库存量＝第四季度生牛乳总需用量×20%＝51 110×20%＝10 222（千克）。

生牛乳第四季度期末库存量＝43 000（千克）。

奶粉、白糖及其他辅料和包装材料各季度期末库存量计算方法同生牛乳。

（2）生牛乳第一季度期初库存量＝40 000（千克）。

生牛乳第二季度期初库存量＝生牛乳第二季度期末库存量＝11 689（千克）。

生牛乳第三季度期初库存量＝生牛乳第三季度期末库存量＝12 099（千克）。

生牛乳第四季度期初库存量＝生牛乳第三季度期末库存量＝10 222（千克）。

奶粉、白糖及其他辅料和包装材料各季度期末库存量计算方法同生牛乳。

（3）生牛乳第一季度采购量＝生牛乳材料第一季度总需用量＋生牛乳第一季度期末材料库存量－生牛乳第一季度期初材料库存量＝66 450＋11 689－40 000＝38 139（千克）。

生牛乳第一季度采购成本＝生牛乳第一季度采购量×生牛乳采购单价＝38 139×4＝152 556（元）。

第二、三、四季度的计算方法同第一季度。

奶粉、白糖及其他辅料和包装材料各季度的采购量及采购成本计算方法同生牛乳。

佳润乳业公司预计2022年每季度直接材料采购款的70%可于当季度支付，其余30%于下季度支付。年初262万元应付账款将于2022年第一季度全额支付现金。根据直接材料采购预算表，编制直接材料采购现金支出预算表，如表3-15所示。

表3-15　佳润乳业公司2022年直接材料采购现金支出预算表

单位：元

项目	第一季度	第二季度	第三季度	第四季度	全年
生牛乳采购成本（见表3-14）	152 556	235 420	234 472	335 552	958 000
奶粉采购成本（见表3-14）	4 598 400	5 190 672	5 164 656	5 954 112	20 907 840
白糖及其他辅料采购成本（见表3-14）	533 650	640 890	637 020	774 240	2 585 800
包装材料采购成本（见表3-14）	1 560 520	1 652 072	1 642 096	1 817 152	6 671 840
材料采购成本合计	6 845 126	7 719 054	7 678 244	8 881 056	31 123 480

续表

项目	第一季度	第二季度	第三季度	第四季度	全年
期初应付款	2 620 000				2 620 000
第一季度购料	4 791 588.2	2 053 537.8			6 845 126
第二季度购料		5 403 337.8	2 315 716.2		7 719 054
第三季度购料			5 374 770.8	2 303 473.2	7 678 244
第四季度购料				6 216 739.2	6 216 739.2
现金支出合计	7 411 588.2	7 456 875.6	7 690 487	8 520 212.4	31 079 163.2

第一季度材料采购现金支出＝期初应付款＋第一季度材料采购成本 ×70%＝2 620 000＋6 845 126×70%＝7 411 588.2（元）。

第二季度材料采购现金支出＝第一季度材料采购成本 ×30%＋第二季度材料采购成本 ×70%＝6 845 126×30%＋7 719 054×70%＝7 456 875.6（元）。

第三季度材料采购现金支出＝第二季度材料采购成本 ×30%＋第三季度材料采购成本 ×70%＝7 719 054×30%＋7 678 244×70%＝7 690 487（元）。

第四季度材料采购现金支出＝第三季度材料采购成本 ×30%＋第四季度材料采购成本 ×70%＝7 678 244×30%＋8 881 056×70%＝8 520 212.4（元）。

（四）直接人工预算

直接人工预算是指规划预算期内直接生产产品人工工时的消耗水平和人工成本支出而编制的一种经营预算。编制直接人工预算的主要依据是已知的标准工资率（每小时人工成本）、标准单位直接人工工时和预计生产量。标准工资率和标准单位直接人工工时数据来自标准成本资料，预计生产量来自生产预算表。计算公式如下：

预计直接人工总工时＝预计生产量 × 标准单位直接人工工时

预计直接人工总成本＝预计直接人工总工时 × 标准工资率（每小时人工成本）

在实务中，绝大部分企业的人工工资按照每个月约定的日期支付给职工。因此，不需要另外编制直接人工现金支出预算。

【例 3-10】承【例 3-8】资料，佳润乳业公司预计 2022 年直接人工标准工资率为 12 元 / 小时，甜牛奶乳饮料和发酵型含乳饮料单位产品直接人工工时定额都为每件 0.3 小时，直接人工工资当月全额支付。根据以上资料，编制佳润乳业公司 2022 年直接人工预算表，如表 3-16 所示。

表 3-16　佳润乳业公司 2022 年直接人工预算表

金额单位：元

项目		第一季度	第二季度	第三季度	第四季度	全年
预计产量 / 件	甜牛奶乳饮料产品（见表 3-11）	622 500	557 500	585 000	495 000	2 260 000
	发酵型含乳饮料产品（见表 3-11）	184 500	150 000	145 500	122 000	602 000
	产量合计	807 000	707 500	730 500	617 000	2 862 000
单位产品直接人工工时定额 /（小时 / 件）		0.3	0.3	0.3	0.3	0.3
预计直接人工总工时 / 工时		242 100	212 250	219 150	185 100	858 600
标准工资率 /（元 / 小时）		12	12	12	12	12
预计人工总成本		2 905 200	2 547 000	2 629 800	2 221 200	10 303 200

甜牛奶乳饮料单位产品直接人工成本＝甜牛奶乳饮料单位产品直接人工工时定额 × 标准工资率＝0.3×12＝3.6（元 / 件）。

发酵型含乳饮料单位产品直接人工成本＝发酵型含乳饮料单位产品直接人工工时定额 × 标准工资率＝0.3×12＝3.6（元 / 件）。

（五）制造费用预算

制造费用预算是指预算期内除直接材料、直接人工预算外预计发生的所有应计入产成品成本的间接费用而编制的预算。制造费用预算通常分为变动制造费用和固定制造费用两部分，其中：变动制造费用以生产预算为基础进行编制，用单位产品的标准成本与生产量相乘，即可得到相应的预算金额；固定制造费用可在上年的基础上根据预算期内生产经营情况加以适当修正进行预计。

在编制制造费用预算时，应当编制制造费用现金支出预算，为编制现金预算提供资料。制造费用中，除折旧摊销费用外都需支付现金。因此，根据每个季度制造费用数额扣除折旧摊销费用后，即可得到现金支出的制造费用。

【例 3-11】承【例 3-8】资料，佳润乳业公司预计 2022 年甜牛奶乳饮料和发酵型含乳饮料单位产品耗费机器工时定额分别为每件 0.1 小时、每件 0.15 小时。变动制造费用分配率为 11 元 / 工时，其中：水费为 1 元 / 工时，电费为 5 元 / 工时，蒸汽费为 4 元 / 工时，机物料消耗为 1 元 / 工时。全年固定制造费用为 3 163 000 元，其中：车间管理人员工资 1 000 000 元、折旧 800 000 元、保险费 400 000 元、修理费 563 000 元、其他费用 400 000 元。全年各项固定制造费用各季度均匀分配。除当期计提的固定资产折旧外，制造费用均为现金支付。根据以上资料，编制佳润乳业公司 2022 年机器工时预算表和制造费用预算表，如表 3-17、表 3-18 所示。

表 3-17　佳润乳业公司 2022 年机器工时预算表

项目		第一季度	第二季度	第三季度	第四季度	全年
预计产量 / 件	甜牛奶乳饮料产品（见表 3-11）	622 500	557 500	585 000	495 000	2 260 000
	发酵型含乳饮料产品（见表 3-11）	184 500	150 000	145 500	122 000	602 000
标准产品消耗机器工时 /（件 / 工时）	甜牛奶乳饮料产品	0.1	0.1	0.1	0.1	0.1
	发酵型含乳饮料产品	0.15	0.15	0.15	0.15	0.15
机器工时 / 工时	甜牛奶乳饮料产品	62 250	55 750	58 500	49 500	226 000
	发酵型含乳饮料产品	27 675	22 500	21 825	18 300	90 300
机器总工时		89 925	78 250	80 325	67 800	316 300

第一季度甜牛奶乳饮料产品机器工时 = 622 500 × 0.1 = 62 250（小时）。

第一季度发酵型含乳饮料产品机器工时 = 184 500 × 0.15 = 27 675（小时）。

第二、三、四季度的计算方法同第一季度。

表 3-18　佳润乳业公司 2022 年制造费用预算表

金额单位：元

项目		工时费用率 /（元 / 工时）	第一季度	第二季度	第三季度	第四季度	全年
机器总工时（见表 3-17）			89 925	78 250	80 325	67 800	316 300
变动制造费用	水	1	89 925	78 250	80 325	67 800	316 300
	电	5	449 625	391 250	401 625	339 000	1 581 500

续表

项目		工时费用率/（元/工时）	第一季度	第二季度	第三季度	第四季度	全年
变动制造费用	蒸汽	4	359 700	313 000	321 300	271 200	1 265 200
	机物料消耗	1	89 925	78 250	80 325	67 800	316 300
	小计	11	989 175	860 750	883 575	745 800	3 479 300
固定制造费用	车间管理人员工资		250 000	250 000	250 000	250 000	1 000 000
	折旧		200 000	200 000	200 000	200 000	800 000
	保险费		100 000	100 000	100 000	100 000	400 000
	修理费		140 750	140 750	140 750	140 750	563 000
	其他费用		100 000	100 000	100 000	100 000	400 000
	小计		790 750	790 750	790 750	790 750	3 163 000
制造费用合计			1 779 925	1 651 500	1 674 325	1 536 550	6 642 300
减：折旧			200 000	200 000	200 000	200 000	800 000
制造费用现金支出			1 579 925	1 451 500	1 474 325	1 336 550	5 842 300

水费＝机器总工时 × 水费工时费用率

电费＝机器总工时 × 电费工时费用率

蒸汽费＝机器总工时 × 蒸汽费工时费用率

机物料消耗＝机器总工时 × 机物料消耗工时费用率

固定制造费用分配率＝固定制造费用总额/机器总工时＝3 163 000/3 163 000＝1（元/工时）。

甜牛奶乳饮料单位产品固定制造费用＝固定制造费用分配率 × 甜牛奶乳饮料单位产品耗用工时＝1×0.1＝0.1（元/件）。

发酵型含乳饮料单位产品固定制造费用＝固定制造费用分配率 × 发酵型含乳饮料单位产品耗用工时＝1×0.15＝0.15（元/件）。

甜牛奶乳饮料单位产品变动制造费用＝变动制造费用率 × 甜牛奶乳饮料单位产品耗用工时＝11×0.1＝1.1（元/件）。

发酵型含乳饮料单位产品变动制造费用＝变动制造费用率 × 发酵型含乳饮料单位产品耗用工时＝11×0.15＝1.65（元/件）。

甜牛奶乳饮料产品单位制造费用＝0.1＋1.1＝1.2（元/件）。

发酵型含乳饮料单位产品制造费用 = 0.15 + 1.65 = 1.8（元 / 件）。

（六）产成品预算

产成品预算是指规划预算期内根据产品的单位成本、生产成本、销售成本等内容而编制的预算。产成品预算及期末存货成本预算的编制依据是销售预算、生产预算、直接材料预算、直接人工预算和制造费用预算。产品成本预算的主要内容是产品的总成本与单位成本，总成本又分为生产成本、销售成本和期末产品库存成本。

预计单位产品成本 = 单位产品直接材料成本 + 单位产品直接人工成本
+ 单位产品制造费用

期末产成品存货成本 = 期初产成品存货成本
+ 本期产成品存货成本 − 本期销售成本

【例 3−12】承【例 3−8】至【例 3−11】资料，2021 年甜牛奶乳饮料产品和发酵型含乳饮料单位生产成本分别为 15.2 元、15 元。为了简便计算，期末材料采购成本等于期末材料存库量乘以当期材料采购单价。根据以上资料，编制佳润乳业公司 2022 年单位生产成本、材料期末成本、生产成本和销售成本，如表 3−19 至表 3−21 所示。

表 3−19　佳润乳业公司 2022 年单位生产成本预算表

项目		甜牛奶乳饮料产品	发酵型含乳饮料产品
单位产品定额消耗 /（元 / 件）	直接材料（见例 3−9）	11	10.22
	直接人工（见例 3−10）	3.6	3.6
	制造费用（见例 3−11）	1.2	1.8
	合计	15.8	15.62

表 3−20　佳润乳业公司 2022 年材料期末成本预算表

材料品种	数量 /（千克 / 个）（见表 3−14）	单价 / 元（见表 3−14）	金额 / 元
生牛乳	43 000	4	172 000
奶粉	98 000	24	2 352 000
白糖及其他辅料	66 000	5	330 000
包装材料	84 000	8	672 000
合计	—	—	3 526 000

表 3-21　佳润乳业公司 2021 年生产成本和销售成本预算表

单位：元

项目		第一季度	第二季度	第三季度	第四季度	全年
直接材料（见表 3-15）		6 845 126	7 719 054	7 678 244	8 881 056	31 123 480
直接人工（见表 3-16）		2 905 200	2 547 000	2 629 800	2 221 200	10 303 200
制造费用（见表 3-18）		1 779 925	1 651 500	1 674 325	1 536 550	6 642 300
生产成本合计		11 530 251	11 917 554	11 982 369	12 638 806	48 068 980
加：期初存货成本	甜牛奶乳饮料产品（见表 3-11）	912 000	1 303 500	1 422 000	1 185 000	912 000
	发酵型含乳饮料产品（见表 3-11）	270 000	351 450	351 450	281 160	270 000
	小计	1 182 000	1 654 950	1 773 450	1 466 160	1 182 000
减：期末存货成本	甜牛奶乳饮料产品（见表 3-11）	1 303 500	1 422 000	1 185 000	1 106 000	1 106 000
	发酵型含乳饮料产品（见表 3-11）	351 450	351 450	281 160	312 400	312 400
	小计	1 654 950	1 773 450	1 466 160	1 418 400	1 418 400
销售成本合计		11 057 301	11 799 054	12 289 659	12 686 566	47 832 580

（1）第一季度甜牛奶乳饮料产品期初存货成本＝第一季度甜牛奶乳饮料产品期初库存量 ×2021 年甜牛奶乳饮料产品单位生产成本＝60 000×15.2＝912 000（元）。

第一季度发酵型含乳饮料产品期初存货成本＝第一季度发酵型含乳饮料产品期初库存量 ×2021 年甜牛奶乳饮料产品单位生产成本＝18 000×15＝270 000（元）。

（2）第一季度甜牛奶乳饮料产品期末存货成本＝第一季度甜牛奶乳饮料产品期末库存量 ×2022 年甜牛奶乳饮料产品单位生产成本＝82 500×15.8＝1 303 500（元）。

第一季度发酵型含乳饮料产品期末存货成本＝第一季度发酵型含乳饮料产品期末库存量 ×2022 年发酵型含乳饮料产品单位生产成本＝22 500×15.62＝351 450（元）。

第二、三、四季度的计算方法同第一季度。

（3）第二季度甜牛奶乳饮料产品期初存货成本＝第一季度甜牛奶乳饮料产品期末存货成本＝1 303 500（元）。

第二季度发酵型含乳饮料产品期初存货成本＝第一季度发酵型含乳饮料产品期末存货成本＝351 450（元）。第三、四季度的计算方法同第二季度。

（七）销售及管理费用预算

销售费用预算是指为了实现销售预算所需支付的费用预算。编制销售费用预算主要以销售预算为依据，综合分析销售收入、销售费用和产品利润之间的关系，实现销售费用的高效利用。通常情况下，办公费、销售人员基本工资和销售部门折旧等费用为固定费用，差旅费、广告和宣传费、销售佣金等费用为变动费用。

管理费用预算是指企业日常生产经营中开展一般行政管理活动所必需的费用。编制管理费用可以在历年经验的基础上，结合预算期可能出现的变化进行调整。通常情况下，办公费、管理人员工资和管理部门折旧等费用为固定费用，差旅费、业务招待费等费用为变动费用。

为了编制现金预算，在编制销售及管理费用预算时，还需要编制销售及管理费用现金支出预算。

【例 3–13】承【例 3–5】资料，佳润乳业公司预计 2022 年单位变动销售费用（含差旅费、广告和宣传费、销售佣金等）为 1.5 元，单位变动管理费用（含差旅费、业务招待费等）为 1 元。固定销售及管理费用为 480 万元（含工资及五险一金利费，办公费，咨询、审计费，通信费，职工培训费、折旧等），其中固定销售费用 120 万元、固定管理费用 360 万元（含折旧 200 000 元）。固定销售及管理费用各季度均匀分配，各季度费用当季度支付（除折旧外）。根据以上资料，编制佳润乳业公司 2022 年销售及管理费用预算表，如表 3–22 所示。

表 3–22　佳润乳业公司 2022 年销售及管理费用预算表

金额单位：元

项目	第一季度	第二季度	第三季度	第四季度	全年
预计销售量 / 件（见表 3–10）	780 000	700 000	750 000	620 000	2 850 000
单位变动销售费用	1.5	1.5	1.5	1.5	1.5
变动销售费用小计	1 170 000	1 050 000	1 125 000	930 000	4 275 000
单位变动管理费用	1	1	1	1	1
变动管理费用小计	780 000	700 000	750 000	620 000	2 850 000
固定销售费用	300 000	300 000	300 000	300 000	1 200 000
固定管理费用	900 000	900 000	900 000	900 000	3 600 000
销售及管理费用合计	3 150 000	2 950 000	3 075 000	2 750 000	11 925 000
减：折旧	50 000	50 000	50 000	50 000	200 000
现金支出	3 100 000	2 900 000	3 025 000	2 700 000	11 725 000

第一季度预计销售量＝第一季度甜牛奶乳饮料预计销售量＋第一季度发酵型含乳饮料预计销售量＝600 000＋180 000＝780 000（件）。

第二、三、四季度预计销售量计算同第一季度。

（八）预计其他经营支出预算

企业除了上述销售、生产、成本、费用等方面的预算外，还包括利息支出、股利分配、税费缴纳等方面的支出预算。

【例 3-14】佳润乳业公司预计 2022 年每季度预缴所得税费用 50 万元，第四季度每股支付 0.5 元现金股利，截至 2022 年发行在外的普通股股数为 300 万股，两项支出均为现金支出。编制佳润乳业公司 2022 年其他经营支出预算表，如表 3-23 所示。

表 3-23　佳润乳业公司 2022 年其他经营支出预算表

单位：元

项目	第一季度	第二季度	第三季度	第四季度	全年
所得税费用	500 000	500 000	500 000	500 000	2 000 000
应付股利	—	—	—	1 500 000	1 500 000

四、专门决策预算的编制

专门决策预算包括经营决策预算和投资决策预算。经营决策预算是指与短期经营决策密切相关的专门决策预算，通过制定最优生产经营决策和存货控制决策来合理利用企业经营活动所需的资源。投资决策预算是指与项目决策密切相关的专门决策预算，又称资本支出预算，这类预算涉及长期建设项目的资金投放和筹集，并经常跨年度。专门决策预算是编制现金预算和预计资产负债表的依据。

【例 3-15】佳润乳业公司预计 2022 年投资计划如下：① 投资 660 万元购置一条生产线，其中第一季度投资 350 万元、第二季度投资 310 万元；② 第二季度投资 50 万元对厂房进行修缮维护；③ 第三季度投资 160 万元对旧设备进行改造升级。根据上述资料，编制佳润乳业公司 2022 年专门决策预算表，如表 3-24 所示。

表 3-24　佳润乳业公司 2022 年专门决策预算表

单位：元

项目	第一季度	第二季度	第三季度	第四季度	全年
购置生产线	3 500 000	3 100 000	—	—	6 600 000
厂房修缮维护	—	500 000	—	—	500 000
旧设备升级改造	—	—	1 600 000	—	1 600 000
合计	3 500 000	3 600 000	1 600 000	0	8 700 000

五、财务预算的编制

（一）现金预算

现金预算也称现金收支预算或现金收支计划，是用来反映企业预算期内现金收支情况的预算，以经营预算和专门决策预算为基础进行编制。现金预算是由现金收入（可使用现金）、现金支出、现金余缺、现金筹措与运用四个部分组成。

（1）“现金收入”部分包括期初现金余额和预算期现金收入，现金收入的主要来源是销货收入。年初的“现金余额”是上一期期末现金余额；“销货现金收入”的数据来自销售预算。可供使用现金计算公式如下：

可供使用现金＝期初现金余额＋本期销货现金收入

（2）“现金支出”部分包括预算的各项现金支出。“直接材料”“直接人工”“制造费用”“销售及管理费用”“相关税费”的数据，分别来自前述有关预算；“购置设备”等现金支出的数据来自专门决策预算。

（3）“现金余缺”是现金收入合计与现金支出合计的差额。差额为正，则收入大于支出，现金有多余，可用于偿还借款或用于短期投资。差额为负，则支出大于收入，现金不足需要向银行借款或发行有价证券等。

（4）“现金筹措与运用”是指预算期内因资金不足而采用向银行借款、发行债券或股票、收回投资等方式增加现金收入，资金多余时采用归还借款本息、购买有价证券等方式引进现金支出。期末现金余额计算公式如下：

期末现金余额＝现金余缺＋现金筹措－现金运用

【例 3-16】佳润乳业公司 2022 年年初现金余额为 256 万元，每季末最低现金余额为 200 万～300 万元。当现金余额不足最低限额时，应向银行借款筹集资金，取得款项是 10 万元的整倍数；当现金余额高于最高限额时，应当归还借款或购买有价证券，从而使现金余额降至最低限额。2022 年年初银行短期借款余额 200 万元，全部借款都来自浙商银行。公司与浙商银行达成 2022 年贷款协议：资金不足时，借入长期借款，借款时间为每季度初，每季度末偿还，借款年利率为 8% 且每季度末支付；公司优先偿还短期借款，银行本金归还额度为 10 万元的整倍数。

根据上述资料，以及【例 3–7】至【例 3–15】资料，编制佳润乳业公司 2022 年现金预算表，如表 3–25 所示。

表 3–25　佳润乳业公司 2022 年现金预算表

单位：元

项目	第一季度	第二季度	第三季度	第四季度	全年
期初现金余额	2 560 000	2 035 286.8	2 045 911.2	2 088 299.2	2 560 000
加：销货现金收入（见表 3–10）	14 886 000	18 384 000	18 380 000	16 944 000	68 594 000
可使用现金	17 446 000	20 419 286.8	20 425 911.2	19 032 299.2	71 154 000
减：各项支出					
直接材料（见表 3–15）	7 411 588.2	7 456 875.6	7 690 487	8 520 212.4	31 079 163.2
直接人工（见表 3–16）	2 905 200	2 547 000	2 629 800	2 221 200	10 303 200
制造费用（见表 3–18）	1 579 925	1 451 500	1 474 325	1 336 550	5 842 300
销售及管理费用（见表 3–22）	3 100 000	2 900 000	3 025 000	2 700 000	11 725 000
所得税费用（见表 3–23）	500 000	500 000	500 000	500 000	2 000 000
应付股利（见表 3–23）				1 500 000	1 500 000
购置、改造设备及厂房维修等投资支出（见表 3–24）	3 500 000	3 600 000	1 600 000		8 700 000
现金支出合计	18 996 713.2	18 455 375.6	16 919 612	16 777 962.4	71 149 663.2
现金余缺	–1 550 713.2	1 963 911.2	3 506 299.2	2 254 336.8	4 336.8
现金筹措与运用：					
向银行借入长期借款	3 700 000	200 000			3 900 000
归还银行短期借款			1 300 000	100 000	1 400 000
归还银行借款利息	114 000	118 000	118 000	92 000	442 000
期末现金余额	2 035 286.8	2 045 911.2	2 088 299.2	2 062 336.8	2 062 336.8

（1）第一季度银行借款借入额及其利息计算如下：

设预计银行借款额为 x。

则 $-1\ 550\ 713.2-2\ 000\ 000\times 8\%/4+x-x\times 8\%/4\geqslant 2\ 000\ 000$。

计算得出：$x\geqslant 3\ 663\ 993.061$，按 10 万元整数倍，第一季度银行借款借入额为 3 700 000 元。第一季度银行借款利息 =（3 700 000 + 2 000 000）× 8%/4 = 114 000（元）。

（2）第二季度银行借款借入额及其利息计算如下：

设预计银行借款额为 x。

则 $1\ 963\ 911.2-(3\ 700\ 000+2\ 000\ 000)\times 8\%/4+x-x\times 8\%/4\geqslant 2\ 000\ 000$。

计算得出：$x\geqslant 153\ 151.84$，按 10 万元整数倍，第二季度银行借款借入额为 200 000 元。第二季度银行借款利息 =（3 700 000 + 2 000 000 + 200 000）× 8%/4 = 118 000（元）。

（3）第三季度银行借款归还额如下：

设预计银行借款归还额为 y。

则 $3\ 056\ 299.2-y-118\ 000\geqslant 2\ 000\ 000$。

计算得出：$y\leqslant 1\ 388\ 299.2$，按 10 万元整数倍，第三季度银行借款归还额为 1 300 000 元。

（4）第四季度银行借款利息以及归还额如下：

第四季度银行借款利息 =（2 000 000 + 3 700 000 + 200 000 − 1 300 000）× 8%/4 = 92 000（元）。

设预计银行借款归还额为 y。

则 $2\ 254\ 336.8-y-92\ 000\geqslant 2\ 000\ 000$。

计算得出：$y\leqslant 165\ 649.80$，按 10 万元整数倍，第四季度银行借款归还额为 100 000 元。

（二）预计利润表

预计利润表是指以货币形式综合反映预算期内企业经营活动计划水平的预算，是一段时间内公司经营业绩的财务记录，反映了预算期内的企业销售收入、销售成本、销售费用及税收状况，为公司预期实现的利润或形成的亏损。

该预算需要在销售预算、产成品预算、制造费用预算、销售及管理费用预算等基础上进行，按照变动成本法的原理进行编制。

【例 3−17】为了简便计算，便于理解，假设佳润乳业公司 2022 年借款利息支出全部费用化，税金及附加、其他收益、投资收益项目为 0。承【例 3−7】至【例 3−16】资料，编制佳润乳业公司 2022 年预计利润表，如表 3−26 所示。

表 3-26　佳润乳业公司 2022 年预计利润表

单位：元

项目	第一季度	第二季度	第三季度	第四季度	全年
一、营业收入（见表 3-10）	19 560 000	17 600 000	18 900 000	15 640 000	71 700 000
减：营业成本（见表 3-21）	11 057 301	11 799 054	12 289 659	12 686 566	47 832 580
税金及附加	0	0	0	0	0
销售费用（见表 3-22）	1 470 000	1 350 000	1 425 000	1 230 000	5 475 000
管理费用（见表 3-22）	1 680 000	1 600 000	1 650 000	1 520 000	6 450 000
财务费用（见表 3-25）	114 000	118 000	118 000	92 000	442 000
加：其他收益	0	0	0	0	0
投资收益	0	0	0	0	0
二、营业利润	5 238 699	2 732 946	3 417 341	111 434	11 500 420
加：营业外收入	0	0	0	0	0
减：营业外支出	0	0	0	0	0
三、利润总额	5 238 699	2 732 946	3 417 341	111 434	11 500 420
减：所得税费用（见表 3-25）	500 000	500 000	500 000	500 000	2 000 000
四、净利润	4 738 699	2 232 946	2 917 341	−388 566	9 500 420

利润分配预算表是在预计利润表的基础上，根据企业实现利润的情况下进行分配。此表也是编制预计资产负债表的依据。

【例 3-18】承【例 3-17】资料，佳润乳业公司 2022 年年初未分配利润为 7 399 580 元。法定盈余公积的提取比例为 10%，任意盈余公积的提取比例为 5%。根据上述资料，编制佳润乳业公司 2022 年利润分配预算表，如表 3-27 所示。

表 3-27　佳润乳业公司 2022 年利润分配预算表

单位：元

项目	金额
一、净利润（见表 3-26）	9 500 420
加：年初未分配利润	7 399 580
二、可供分配的利润	16 900 000

续表

项目	金额
减：提取法定盈余公积	950 042
提取任意盈余公积	475 021
三、可供投资者分配的利润	15 474 937
减：向投资者分配的股利（见表 3-25）	1 500 000
四、年末未分配利润	13 974 937

提取法定盈余公积 = 净利润 ×10% = 9 500 420×10% = 950 042（元）。

提取任意盈余公积 = 净利润 ×5% = 9 500 420×5% = 475 021（元）。

（三）预计资产负债表

预计资产负债表是企业预算期期末财务状况的一种财务预算。预计资产负债表以公司年初的资产负债表为基础，结合预算期内的经营预算、现金预算、专门决策预算、预计利润表、预计利润分配表等进行编制，是全面预算编制的终点。

【例 3-19】承【例 3-7】至【例 3-18】资料，佳润乳业公司 2022 年预计资产负债表年初余额已给出，编制佳润乳业公司 2022 年预计资产负债表，如表 3-28 所示。

表 3-28　佳润乳业公司 2022 年预计资产负债表

单位：元

资产	年初余额	年末余额	年末余额栏金额来源及计算过程
流动资产：			
货币资金	2 560 000	2 062 336.8	见表 3-25，全年期初现金余额和期末现金余额
应收账款	3 150 000	6 256 000	见表 3-10，第四季度销售收入 15 640 000×40% = 6 256 000
存货	4 708 000	4 944 400	见表 3-20 和表 3-21，期末存货 = 期末材料存货 + 期初产成品存货 = 3 526 000 + 1 418 400 = 4 944 400
流动资产合计	10 418 000	13 262 736.8	
非流动资产：			
固定资产原值	9 000 000	17 700 000	见表 3-24，9 000 000 + 8 700 000 = 17 700 000

续表

资产	年初余额	年末余额	年末余额栏金额来源及计算过程
减：累计折旧	3 500 000	4 500 000	见表 3–18、表 3–22， 800 000＋200 000＋3 500 000＝4 500 000
固定资产净值	5 500 000	13 200 000	
非流动资产合计	5 500 000	13 200 000	
资产总计	15 918 000	26 462 736.8	
负债及所有者权益	年初余额	年末余额	年末余额栏金额来源及计算过程
流动负债：			
短期借款	2 000 000	6 000 000	见表 3–25， 2 000 000–1 300 000–100 000＝ 600 000
应付账款	2 620 000	2 664 316.8	见表 3–15， 8 881 056×30% =2 664 316.8
流动负债合计	4 620 000	3 264 316.8	
非流动负债：			
长期借款	0	3 900 000	见表 3–25
长期负债合计	0	3 900 000	
负债合计	4 620 000	7 164 316.8	
所有者权益：			
实收资本	2 000 000	2 000 000	
资本公积	1 200 000	1 200 000	
盈余公积	698 420	2 123 483	见表 3–27， 698 420＋950 042＋475 021＝2 123 483
未分配利润	7 399 580	13 974 937	见表 3–27
所有者权益合计	11 298 000	19 298 420	
负债和所有者权益合计	15 918 000	26 462 736.8	

小组讨论

全面预算体系涉及公司经营管理的哪些环节？从企业整体层面和部门层面出发，应如何制定全面预算？各部门能否单独制定自身预算？

岗课赛证融通训练 >>>

一、单项选择题

1. 制造费用预算的编制主要由（ ）负责。

A. 财务部门　B. 生产部门

C. 审计部门　D. 人力资源部门

2. 直接材料预算、直接人工预算和制造费用预算都是以（ ）为基础编制的。

A. 生产预算　B. 销售预算　C. 现金预算　D. 预计资产负债表

3. 经营预算与财务预算的编制期间通常是（ ）。

A. 1个月　B. 3个月　C. 1年　D. 半年

4. 编制制造费用预算时，计算现金支出应予以剔除的项目是（ ）。

A. 折旧摊销费　B. 间接材料

C. 车间管理人员工资　D. 间接人工

5. 下列项目中，可以总括反映企业在预算期间盈利能力的预算是（ ）。

A. 经营预算　B. 销售预算

C. 预计利润表　D. 预计资产负债表

6. 某企业预计第四季度材料期初存量500千克，本季度生产需用量为2 000千克，预计期末材料库存量为600千克，材料单价为20元/千克，若材料采购货款有60%在本季度内付清、余额下季度付清，则该企业年末预计资产负债表“应付账款”项目为（ ）元。

A. 16 800　B. 20 520　C. 25 200　D. 22 500

7. 编制生产预算的基础是（ ）。

A. 销售预算　B. 制造费用预算

C. 直接材料预算　D. 产成品预算

8. 下列各项中，（ ）不是以生产预算为基础编制的预算。

A. 销售预算　B. 制造费用预算

C. 直接材料预算　D. 直接人工预算

9. 在编制现金预算时，计算某期现金支出无须考虑的因素是（ ）。

A. 销货收入　B. 直接材料支出预算

C. 直接人工支出预算　D. 销售费用支出预算

10. 下列各项中，不会对预计资产负债表中存货金额产生影响的是（ ）。

A. 生产预算　B. 直接材料预算

C. 销售费用预算　　D. 产品成本预算

二、多项选择题

1. 编制直接人工预算的主要依据有（　　）。

A. 单位工时定额　　B. 标准工资率

C. 预计生产量　　D. 预计销售量

2. 编制生产预算的主要依据是（　　）。

A. 预计生产量　　B. 预计销售量

C. 期初存货量　　D. 期末存货量

3. 资金主管黄小小负责公司2022年现金预算的编制，下列各项中属于现金预算编制基础的是（　　）。

A. 现金收入　　B. 现金支出　　C. 现金余缺　　D. 预计利润表

4. 属于专门决策预算内容的有（　　）。

A. 销售预算　　B. 经营决策预算

C. 投资决策预算　　D. 预计资产负债表

5. 在管理会计中，构成全面预算内容的有（　　）。

A. 业务预算　　B. 预计利润表

C. 专门决策预算　　D. 现金预算表

E. 滚动预算

6. 在下列各项中，属于经营预算的有（　　）。

A. 利润表预算　　B. 资本支出预算

C. 生产预算　　D. 直接人工预算

三、判断题

1. 全面预算主要通过货币度量的形式反映企业的总体规划。（　　）

2. 在编制生产预算时，应考虑产品预计期初存货和预计期末存货、预计销售量。（　　）

3. 现金预算是全年预算编制的最终环节，因此被称为总预算。（　　）

4. 销售预算是全面预算编制的起点，但不是其他预算的编制基础。（　　）

5. 预计资产负债表、预计利润表、专门决策预算构成了整个财务预算。（　　）

四、岗位技能实操题

实训目的：

1. 熟练掌握全面预算体系的知识点。

2. 能够运用所学技能进行经营预算的编制。

3. 能够运用所学技能进行专门决策预算的编制。

4. 能够运用所学技能进行财务预算的编制。

实训资料：聚龙科技公司主要从事新型、高效节能洗衣机减速离合器研发、生产和销售，成功开发并推广了直驱电机减速离合器一体化装置产品。

公司为加强管理制度建设，提升内部流程运作效率，重点推行全面预算体系建设，以预算为抓手，推动公司业财深度融合，提升公司经营效率。立足聚龙科技公司未来五年发展战略和经营目标，编制 2022 年全面预算，相关资料如下：

（1）预计 2022 年销售直驱电机减速离合器产品 300 000 件，第一至四季度分别销售 74 000 件、76 000 件、78 000 件和 72 000 件，销售单价为 200 元 / 件。收款条件为当季度销售额，当季度收款 60%，余款在后两个季度分别为 30% 和 10%。不考虑坏账因素，2022 年年初应收账款余额为 580 万元。

（2）预计 2022 年每季度末直驱电机减速离合器产品库存量为下一季度销售量的 25%（延续 2021 年度的政策），2021 年年末直驱电机减速离合器产品库存量为 2022 年第一季度销售量的 25%，2021 年直驱电机减速离合器产品单位成本为 115 元 / 件。预计 2023 年第一季度销售量为 75 000 件。

（3）假定生产直驱电机减速离合器产品只耗用一种钢材料，预计 2022 年年初钢材料库存量为 60 000 千克。单位产品的材料消耗定额为 2 千克 / 件，材料单价为 15 元 / 千克。预计每季度末钢材料库存量为下一季度生产需用量的 30%。预计 2022 年年末钢材料库存量为 46 000 千克。预计 2022 年每季度材料采购款的 70% 可于当季度支付，其余 30% 于下季度支付。年初 110 万元应付账款将于 2022 年第一季度全额支付现金。

（4）直接人工的计算以人工工时为标准，直接人工工资率 20 元 / 小时，单位产品人工工时定额为 1 小时 / 件。直接人工工资当月全额支付。

（5）变动制造费用的计算与分配以机器工时为标准，单位产品机器工时定额为 3 小时 / 件。直接人工工资当月全额支付。变动制造费用分配率为 15 元 / 小时，其中：间接人工 1 元 / 小时，间接材料为 2 元 / 小时，水电费为 8 元 / 小时，维修费为 2 元 / 小时，其他费用 2 元 / 小时。全年固定制造费用为 3 000 000 元，其中：车间管理人员工资 800 000 元、折旧 1 000 000 元、保险费 300 000 元、修理费 400 000 元、其他费用 500 000 元。全年各项固定制造费用各季度均匀分配。除当期计提的固定资产折旧外，制造费用均为现金支付。

（6）采用完全成本法计算产成品单位成本和总成本。单位产品固定制造费用计算结果保留整数。

（7）预计 2022 年单位变动销售费用（含差旅费、广告和宣传费、业务招待费等）为 10 元 / 件，单位变动管理费用（含差旅费、业务招待费等）为 5 元 / 件。固定销售及管理费用为 360 万元（含工资及五险一金，办公费，咨询、审计费，通信费，职工培训费和折旧等），其中固定销售费用 120 万元、固定管理费用 240 万元（含折旧 300 000 元）。固定销售及管理费用各季度均匀分配，各季度费用当季度支付（除折旧外）。

（8）2022 年投资计划如下：① 第一季度初投资 260 万元购置生产设备一套；② 第三季度初投资 120 万元对生产线进行改造升级。③ 第四季度初以现金 600 万元对外投资杭州雄力公司，占 35% 股份。

（9）2022 年年初现金余额为 420 万元，每季度末最低现金余额为 400 万 ~500 万元。当现金余额不足最低限额时，应采用银行借款筹集资金，取得款项是 10 万元的整倍数；当现金余额高于最高限额时，应当归还借款或购买有价证券，从而使现金余额降至最低限额。2022 年年初银行短期借款余额 400 万元，利率为 6%，全部借款都来自杭州银行。公司与杭州银行达成 2022 年贷款协议：资金不足时，借入长期借款，借款时间为每季度初，借款年利率为 10% 且每季度末支付。若可使用现金超出最低现金余额，公司每季度末优先偿还短期借款，若还有超出额度则购买短期理财产品，银行本金归还或购买短期理财产品的额度为 10 万元整倍数。除日常经营活动外，公司将在 2022 年第三季度末向股东派发 2022 年的现金股利 300 万元。预计公司每个季度需要预缴所得税税款 1 000 000 元。

实训要求：请根据所给资料，编制聚龙科技公司 2022 年度销售预算表、生产预算表、直接材料预算表、直接人工预算表、制造费用预算表、单位生产成本预算表、生产成本和销售成本预算表、销售及管理费用预算表、现金预算表，以及预计利润表，见表 3-29 至表 3-38。

表 3-29　聚龙科技公司 2022 年销售预算表

项目		第一季度	第二季度	第三季度	第四季度	全年
预计销售量 / 件						
预计销售单价 /（元 / 件）						
预计销售收入 / 元						
预计现金收入 / 万元	期初应收账款					
	第一季度销售收入					
	第二季度销售收入					
	第三季度销售收入					
	第四季度销售收入					
	现金收入合计					

表 3-30　聚龙科技公司 2022 年生产预算表

单位：件

项目	第一季度	第二季度	第三季度	第四季度	全年
预计销售量					
加：预计期末存货量					
减：期初存货量					
预计生产量					

表 3-31　聚龙科技公司 2022 年直接材料预算表

项目	第一季度	第二季度	第三季度	第四季度	全年
预计生产量 / 件					
单位产品材料消耗定额 / 千克					
材料总需用量 / 千克					
加：期末材料库存量 / 千克					
减：期初材料库存量 / 千克					
本期材料采购量 / 千克					
单价 / 元					
材料采购金额 / 元					
期初应付款 / 元					
第一季度购料 / 元					
第二季度购料 / 元					
第三季度购料 / 元					
第四季度购料 / 元					
现金支出合计 / 元					

表 3-32　聚龙科技公司 2022 年直接人工预算表

项目	第一季度	第二季度	第三季度	第四季度	全年
预计产量 / 件					
单位产品人工工时定额 /（小时 / 件）					
预计直接人工总工时 / 小时					
直接人工工资率 /（小时 / 元）					
预计人工总成本 / 元					

表 3-33　聚龙科技公司 2022 年制造费用预算表

金额单位：元

项目		小时费用率	第一季度	第二季度	第三季度	第四季度	全年
预计产量 / 件		—					
单位产品机器工时定额 /（小时 / 件）		—					
预计机器总工时 / 小时		—					
变动制造费用	间接人工	1					
	间接材料	2					
	水电费	8					
	维修费	2					
	其他费用	2					
	小计	15					
固定制造费用	车间管理人员工资						
	折旧						
	保险费						
	修理费						
	其他费用						
	小计						
总计							
减：折旧							
制造费用现金支出							

表 3-34　聚龙科技公司 2022 年单位生产成本预算表

项目	标准定额 / 千克或小时	单价 /（元 / 千克或小时）	成本小计 / 元
直接材料			
直接人工			
变动制造费用			
单位产品固定制造费用	—	—	
总计	—	—	

表 3-35　聚龙科技公司 2022 年生产成本和销售成本预算表

单位：元

项目	第一季度	第二季度	第三季度	第四季度	全年
直接材料					
直接人工					
制造费用					
生产成本合计					
加：期初库存产品成本					
减：期末库存产品成本					
销售成本合计					

表 3-36　聚龙科技公司 2022 年销售及管理费用预算表

项目	第一季度	第二季度	第三季度	第四季度	全年
预计销售量 / 件					
单位变动销售费用 /（元 / 件）					
变动销售费用小计 / 元					
单位变动管理费用 /（元 / 件）					
变动管理费用小计 / 元					
固定销售及管理费用 / 元					
销售及管理费用合计 / 元					
减：折旧 / 元					
现金支出 / 元					

表 3-37　聚龙科技公司 2022 年现金预算表

单位：元

项目	第一季度	第二季度	第三季度	第四季度	全年
期初现金余额					
加：销货现金收入					
可使用现金					
减：各项支出					
直接材料					
直接人工					
制造费用					

续表

项目	第一季度	第二季度	第三季度	第四季度	全年
销售及管理费用					
预缴所得税费用					
应付股利					
对外投资					
购置设备及厂房改造等支出					
现金支出合计					
现金余缺					
现金筹措与运用：					
向银行借入长期借款					
归还银行短期借款					
归还银行借款利息					
购买短期银行理财产品					
期末现金余额					

表 3-38　聚龙科技公司 2022 年预计利润表

单位：元

项目	第一季度	第二季度	第三季度	第四季度	全年
一、营业收入					
减：营业成本					
税金及附加	0	0	0	0	0
销售费用					
管理费用					
财务费用					
加：其他收益	0	0	0	0	0
投资收益	0	0	0	0	0
二、营业利润					
加：营业外收入	0	0	0	0	0
减：营业外支出	0	0	0	0	0
三、利润总额					
减：所得税费用					
四、净利润					

任务三　预算的执行、分析与考核

预算的执行与考核

一、预算执行

预算编制完成后，由财务部门或预算委员会按照相关法律法规及企业章程的规定，报经企业预算管理决策机构审议批准，并以文件形式下达执行。

预算执行是指经法定程序审查和批准预算的具体实施过程，是把预算由计划变为现实的具体实施步骤。预算执行是实现预算收支任务的关键步骤，也是整个预算管理工作的中心环节。

企业应当建立预算执行管理制度，加强预算执行的过程管理，主要包括以下五个方面：一是明确预算指标分解方式，与企业绩效考评相结合，建立科学合理的指标体系；二是规范预算执行审批权限和要求，明确各预算执行的审批流程；三是实施预算执行情况报告制度，落实预算执行责任，严格预算执行，提高预算执行的效率；四是针对业务特点，在各相关业务风险点建立相应的预算控制措施；五是严格规范预算调整程序，对于预算调整应当结合企业实际情况，科学合理地进行。企业预算一经批准下达，各预算执行单位应认真组织实施，将上一级预算指标层层分解，落实到各部门、各环节和各岗位，提高企业全员的预算执行责任意识，从而形成全方位的预算执行责任体系。

预算执行由预算控制和预算调整构成。

（一）预算控制

预算控制是企业根据预算规定的收入、支出预算标准和审批执行程序检查和监督各个部门的企业活动的控制。其作用是保证各种活动或各个部门在充分达成既定目标、实现利润的过程中对经营资源的利用，使费用支出受到严格有效的约束。预算控制是包括事前控制、事中控制和事后控制的全过程控制。

事前控制，是指通过规范的预算编制流程，制定符合企业战略目标、可量化和合理的预算控制目标。事中控制，是指对费用、采购和资本性支出等涉及现金支出的事项，按照预算额度和企业内部相关流程进行逐级审批并执行。事后控制，是指对销售、回款和存货等不涉及现金支出的预算，以预算分析报告的方式进行监控。

企业通过建立健全授权控制制度，明确各项预算的审批权限、预算执行情况分析与报告等内容，树立预算执行意识，严格控制预算。预算审批包括预算内审批、预算外审批和超预算审批等。企业可以结合信息管理系统，将预算模块与费用系统、总账系统和供应链系统等相链接，通过计算机、手机等终端设备实现预算控制的高效化和信息化。

【例 3-20】佳润乳业公司根据业务风险点分阶段制定预算执行报告流程与风险控制图，如图 3-4 所示，规范预算执行报告流程，明确董事会、预算委员会、财务部和各预算执行部门的职责。

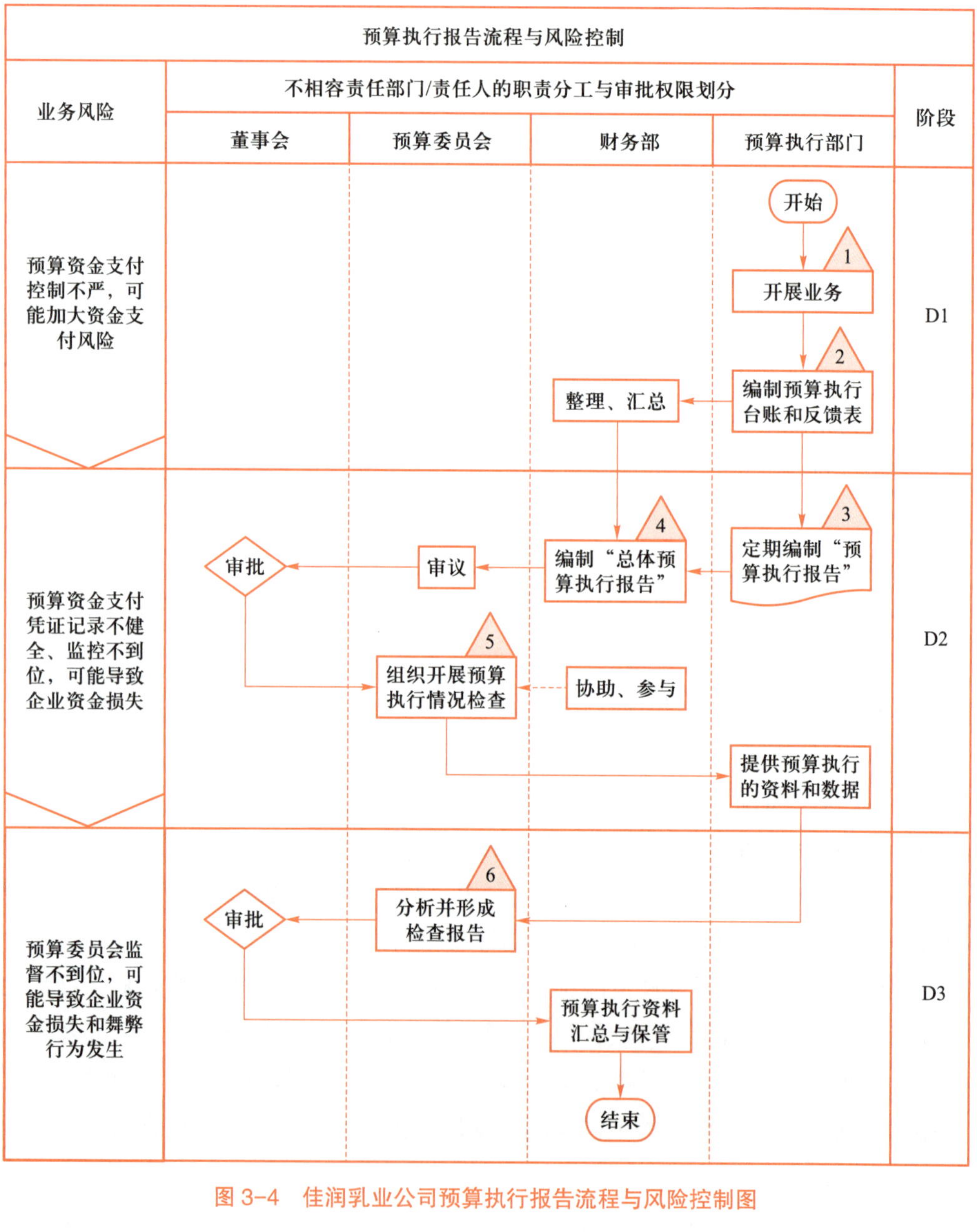

图 3-4　佳润乳业公司预算执行报告流程与风险控制图

由上图发现，佳润乳业公司分三个阶段来规范预算执行报告流程与风险控制：

第一阶段：企业各预算执行部门办理采购与付款、成本费用、对外投资与筹资等业务应当严格执行预算标准，并及时编制预算执行台账和反馈表，做好记录。

第二阶段：预算各执行部门定期编制“预算执行报告”，提交财务部；财务部整理、汇总各部门的预算执行情况，编制企业“总体预算执行报告”，提交预算委员会审议，董事会审批；预算委员会组织财务部相关人员进行预算执行情况检查。

第三阶段：预算委员会分析各预算执行部门提交的数据和相关资料，形成“预算执行检查报告”，提交董事会审批；最后由财务部相关人员对预算执行资料进行汇总与保管。

（二）预算调整

预算调整是指在预算执行过程中，各预算执行主体根据经营管理需要、市场环境或政策变化等因素，提出相应项目预算目标调整的申请，预算管理部门经讨论审批后，对相应项目预算目标进行修订的过程。

企业批准下达的预算应保持稳定，一般不予调整。企业应当在预算管理制度中明确预算调整的条件、主体、审批程序和审批权限等事宜，当企业经营的内外部环境发生重大变化而导致预算难以满足现有条件，可进行预算调整。

预算执行单位需要预算调整时，逐级向预算管理部门提交“预算调整申请报告”，报告当中应当阐述调整前预算执行的具体情况、预算调整的原因，以及预算指标的调整幅度。

企业财务管理部门对预算执行部门的预算调整报告进行审核分析，结合实际经营变化情况等因素提出预算调整方案，逐级提交至董事会审议批准，审批后再下达执行。

预算调整程序主要包括分析、申请、审议和批准等程序。企业预算调整一般按以下程序进行：① 预算执行部门分析需要调整的预算事项；② 经预算执行部门主管领导（企业分管部门副总）审批同意后向预算管理部门提出预算调整申请；③ 预算管理部门组织审议并上报预算调整申请；④ 董事会审批同意后下达；⑤ 预算管理部门给预算执行部门下达调整通知。

【例 3-21】佳润乳业公司根据预算管理制度，制定预算调整审批流程与风险控制图，如图 3-5 所示，明确股东大会、董事会、预算委员会和各预算执行部门的职责。

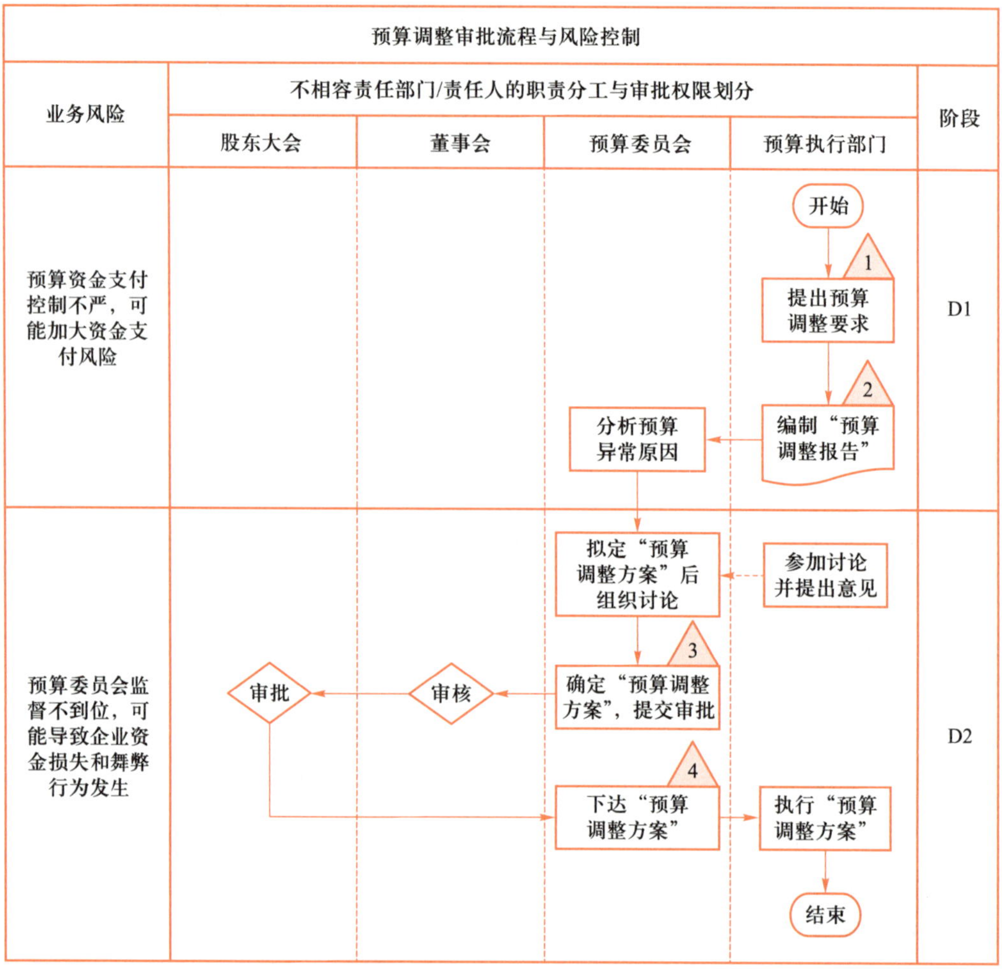

图 3-5　佳润乳业公司预算调整审批流程与风险控制图

由上图可以发现，佳润乳业公司分两阶段来规范预算调整与风险控制：

第一阶段：根据市场环境变化和实际工作需要，预算执行部门负责人组织讨论预算调整原因、预算调整范围等内容，编制“预算调整报告”，提出预算调整要求，经企业部门分管副总签字确认后提交预算委员会。

第二阶段：预算委员会对预算执行部门提交的“预算调整报告”进行讨论后，确定“预算调整方案”，提交董事会审核，股东大会审批。预算委员会负责下达股东大会审批的“预算调整方案”，各预算执行部门按照调整后的预算方案进行执行。

二、预算分析

预算分析是指各预算主体在预算制定、预算执行和预算完成后，对预算指标与目标值确定、预算执行情况、预算考核结果进行差异比较和影响分析。

预算分析的目的是更好地分析生产经营状况，对企业短期生产经营决策、成本控制和投融资决策提供辅助决策支持，是业财融合的一种重要体现。

预算分析的步骤一般为：第一步，各预算执行单位定期分析本部门预算执行情况；第二步，财务部门汇总各执行单位预算执行情况，同预算目标进行差异比较和影响分析，编制“预算分析报告”并提交预算委员会；第三步，预算委员会对预算分析报告进行审定并提交董事会。

【例 3-22】结合佳润乳业公司 2022 年 1—6 月收入费用预算与实际情况结果及分析表，如表 3-39 所示，对预算执行情况、收入费用同比变化进行分析，并对企业的经营状况提出相应的建议。

表 3-39　佳润乳业公司 2022 年 1—6 月收入费用预算与实际情况结果及分析表

金额单位：元

项目	2022 年 1—6 月预算金额	2022 年 1—6 月实际金额	2022 年 1—6 月预算执行率 /%	2022 年 1—6 月实际金额	2022 年 1—6 月每百元收入费用	2021 年 1—6 月每百元收入费用	每百元收入费用同比增长 /%
收入	36 000 000	30 000 000	83.33	32 000 000	—	—	—
销售费用：	3 100 000	2 800 000	90.32	2 900 000	9.33	9.06	2.99
工资及五险一金	1 100 000	1 100 000	100.00	1 000 000	3.67	3.13	17.33
广告和宣传费	800 000	700 000	87.50	750 000	2.33	2.34	−0.44
销售佣金	1 150 000	900 000	78.26	1 105 000	3.00	3.45	−13.12
折旧	50 000	50 000	100.00	45 000	0.17	0.14	18.52
管理费用：	3 200 000	2 900 000	90.63	3 100 000	9.67	9.69	−0.22
工资及五险一金	1 470 000	1 470 000	100.00	1 380 000	4.90	4.31	13.62
办公费	60 000	60 000	100.00	55 000	0.20	0.17	16.36
折旧	50 000	50 000	100.00	45 000	0.17	0.14	18.52
咨询、审计费	120 000	120 000	100.00	120 000	0.40	0.38	6.67
通信费	40 000	30 000	75.00	38 000	0.10	0.12	−15.79
差旅费	500 000	350 000	70.00	460 000	1.17	1.44	−18.84
职工培训费	160 000	120 000	75.00	140 000	0.40	0.44	−8.57
业务招待费	800 000	700 000	87.50	862 000	2.33	2.69	−13.38

从上表可以发现，2022 年 1—6 月收入费用预算与实际情况存在以下三个主要方面的变化：

（1）收入预算执行率为 83.33%、销售费用预算执行率为 90.32%、管理费用预算执行率为 90.63%，均没有完成预算执行率 100%，主要原因是 2022 年上半年企业外部环境发生重大变化。销售费用、管理费用执行率高于收入执行率，导致企业利润下降明显，企业管理层业绩压力加大。预算委员会应当重新考虑根据市场环境的变化，调整 2022 年下半年预算方案。

（2）2022 年 1—6 月每百元收入费用同比增长 2.99%，销售费用所产生的收入效益同比下降，主要原因是 2022 年 1—6 月每百元收入工资及五险一金同比增长了 17.33%。经过与人力资源部门沟通讨论，2022 年企业生产经营遭受到重大影响，虽然收入同比下降，但企业员工数量保持稳定，人工成本没有下降，反而略有提升。建议公司适当加大广告和宣传费用支出、增加线上宣传力度和渠道投入等措施，提升企业销售业绩。

（3）2022 年 1—6 月每百元收入管理费用同比下降 0.22%，但每百元收入工资及五险一金、每百元收入办公费和每百元收入折旧费用相比 2021 年增长都在 10% 以上，主要是由于这部分费用为固定费用，2022 年上半年由于外部环境原因收入下降导致的。

小组讨论

企业在生产经营过程中，外部环境随时处于不断变化的过程，尤其是市场环境的变化。假如你是公司预算委员会负责人，如何进行高效和精准的预算分析并提出对应的改进措施？

三、预算考核

预算考核是指企业对各级预算责任单位或责任中心执行结果进行的考核和评价，是通过预算管理体系对执行者实行的一种有效的激励和约束形式。预算考核具有两层含义：一是对预算管理体系的考评，即对企业经营业绩的考评，包括生产能力、销售能力、盈利能力、市场开拓能力、资金运作能力等各种指标的考评；二是对预算执行者的考核，即对员工的考核，目的在于根据业绩完成程度对员工进行奖惩的一种员工激励制度。预算考核是一种动态的综合考核，贯穿在整个预算执行过程中和预算执行完成后。

（一）预算考核主体和对象

按照企业预算管理组织结构，预算主体可以分为两个层次：第一层次的考核主体是指预算委员会组织的预算考核小组，主要由董事会秘书、财务、内部审计、销售、生产和人力资源等相关部门的专业人员构成，属于最高级别的考核小组；第二层次的考核主体是企业内部各部门对下级组织或人员进行逐级考核。

预算考核的对象为各预算执行单位及各执行单位的员工。

（二）预算考核的内容和原则

预算考核的内容通常包括预算执行结果、预算编制与预算执行分析报告的及时性和准确性、预算执行与预算调整的规范性、预算分析的价值性等。

预算考核应当遵循以下五大原则：

1. 目标性原则

在企业预算考核体系的设计中，应遵循目标性原则，以考核并引导各预算执行单位的行为，服务企业战略目标的实现。

2. 可控性原则

各预算执行单位以其权责范围为限，对其可以控制的预算差异负责，利益分配也以此为基础，做到“责、权、利”相统一。

3. 动态性原则

预算考核讲究时效性，企业可根据管理基础、内外部环境变化，以及经营需要来选择合适的考核时点，如季度考核、半年度考核和不定期考核等。

4. 例外性原则

企业受到一些不可控的例外事件，如市场的变化、产业环境的变化、相关政策的改变、重大自然灾害和意外损失等因素的影响后，应及时按程序调整预算，考核也应该按调整后的预算指标进行。

5. 公平公开原则

考核标准、考核程序和考核结果应当及时公开，公平公正。

小组讨论

预算考核纳入企业绩效考核，预算考核指标体系的选择和考核实施的过程应秉持哪些原则，才能够更好地激发部门和员工的工作积极性？

岗课赛证融通训练

一、单项选择题

1. 企业预算管理组织结构中，预算考核主体一般分为两个层次，第一层次的考核主体是（　　）。

A. 预算委员会　　　　B. 财务部门

C. 审计部门　　D. 利润中心

2. 下列有关预算作用的表述中，不正确的是（　　）。

A. 通过规划、控制和引导经济活动，使企业经营达到预期目标

B. 预算是业绩考核的重要依据

C. 预算可以核算实际成本的执行结果

D. 预算可以实现企业内部各个部门之间的协调

3. 关于预算的分析与考核，下列说法中不正确的是（　　）。

A. 企业应当建立预算分析制度

B. 针对预算的执行偏差，企业财务部门及各预算执行单位应当充分、客观地分析产生的原因，提出相应的解决措施或建议，提交董事会或经理办公会研究决定

C. 企业预算考核是企业绩效评价的主要内容

D. 预算审计应该采用全面审计

4. 下列各项中，具体负责企业预算的跟踪管理，监督预算的执行情况，分析预算与实际执行的差异及原因，提出改进管理的意见与建议的是（　　）。

A. 董事会　　B. 预算委员会

C. 财务管理部门　　D. 生产部门

5. 在编制企业预算时应采用的编制程序是（　　）。

A. 编制上报、下达目标、审议批准、审查平衡、下达执行

B. 下达目标、编制上报、审查平衡、审议批准、下达执行

C. 下达目标、编制上报、审议批准、审查平衡、下达执行

D. 编制上报、下达目标、审查平衡、审议批准、下达执行

二、多项选择题

1. 一般情况下，预算执行分为（　　）程序。

A. 预算分析　　B. 预算控制

C. 预算考核　　D. 预算调整

2. 在预算执行过程中，可能导致预算调整的情形有（　　）。

A. 主要产品市场需求大幅下降

B. 税收优惠政策导致公司税负大幅下降

C. 原材料价格大幅度上涨

D. 公司进行重点资产重组

3. 对于预算执行单位提出的预算调整事项，企业进行决策时，一般应当遵循的要求有（　　）。

A. 预算调整事项不能偏离企业发展战略

B. 正式下达的预算方案可以随时调整

C. 预算调整方案应当在经济上能够实现最优化

D. 预算调整重点应当放在预算执行中出现的重要的、非正常的、不符合常规的关键性差异方面

4. 预算执行分析的方法包括（　　）。

A. 比率分析　　B. 比较分析　　C. 影响分析　　D. 平衡分析

三、判断题

1. 企业正式下达执行的预算，执行部门一般不可以调整，如果遇到市场行情、经营状况出现重大变化，可以申请进行预算调整。（　　）

2. 企业一般按照分级编制、逐级汇总的方式，采用自下而上的流程编制预算。（　　）

3. 企业财务部门负责企业预算的编制、执行、分析和考核等工作，并对预算执行结果承担直接责任。（　　）

4. 企业预算委员会具体负责企业预算的跟踪管理，监督预算的执行情况，分析预算与实际执行的差异及原因，提出改进管理的意见与建议。（　　）

5. 企业应通过信息系统展示、会议、报告、调研等多种途径及形式，及时监督、分析预算执行情况，分析预算执行差异的原因，提出对策建议。（　　）

四、岗位技能实操题

实训目的：能够运用多种分析方法对预算数据和实际数据进行分析。

实训资料：杭州大海饮料公司创建于2006年，在创始人的带领下，不断开拓，企业规模和效益连续多年位于华东地区前列。公司强于内部控制建设管理，成立专门的预算委员会负责公司全面预算的推行，提升公司运营效率。财务部李某现将公司2022年销售收入和销售费用预算及执行结果汇总整理，如表3-40和表3-41所示。

表3-40　2022年销售收入预算及执行结果情况表

金额单位：万元

产品名称	单位	预算销售额			本年销售额		
		数量	单价	金额	数量	单价	金额
甲产品	台	880	5	4 400	910	5.1	4 641
乙产品	台	500	2	1 000	450	1.9	855
丙产品	台	200	3	600	220	3.2	704
合计				6 000			6 200

表 3-41　2022 年销售费用预算及执行结果情况表

金额单位：万元

项目	销售费用		销售费用率 /%	
	预算	本年	预算	本年
销售收入	6 000	6 200	1	1
变动销售费用：				
销售工资	60	65	1.00	1.05
运杂费	90	85	1.50	1.37
广告宣传费	100	110	1.67	1.77
差旅费	30	38	0.50	0.61
业务招待费	20	18	0.33	0.29
小计	300	316	5.00	5.10
固定销售费用：				
折旧费	30	32	0.50	0.52
管理工资	20	21	0.33	0.34
办公费	8	8	0.13	0.13
其他	2	3	0.03	0.05
小计	60	64	1.00	1.03
销售费用合计	360	380	1.50	1.55

实训要求：

（1）根据上述资料，完成 2022 年销售收入预算及执行结果分析表，如表 3-42 所示，并对销售收入预算与实际情况进行总体分析和产品结构分析，产品结构分析从销售价格差异和销售数量差异进行分析。

（2）根据上述资料，完成 2022 年销售费用预算及执行结果分析表，如表 3-43 所示，并对销售费用预算与实际情况进行分析，分析 2022 年销售费用的管控情况。

表 3-42　2022 年销售收入预算及执行结果分析表

金额单位：万元

产品名称	单位	预算销售额			本年销售额			差异分析		
		数量	单价	金额	数量	单价	金额	数量变动	价格变动	合计
计算关系		①	②	③	④	⑤	⑥	⑦=（④－①）×②	⑧=（⑤－②）×④	⑨ = ⑦ +⑧
甲产品	台	880	5	4 400	910	5.1	4 641			
乙产品	台	500	2	1 000	450	1.9	855			
丙产品	台	200	3	600	220	3.2	704			
合计				6 000			6 200			

表 3-43　2022 年销售费用预算及执行结果分析表

金额单位：万元

项目	销售费用		销售费用率 /%		差异	
	预算	本年	预算	本年	数额	销售费用率 /%
销售收入	6 000	6 200	1	1		
变动销售费用：						
销售工资	60	65	1.00	1.05		
运杂费	90	85	1.50	1.37		
广告宣传费	100	110	1.67	1.77		
差旅费	30	38	0.50	0.61		
业务招待费	20	18	0.33	0.29		
小计	300	316	5.00	5.10		
固定销售费用：						
折旧费	30	32	0.50	0.52		
管理工资	20	21	0.33	0.34		
办公费	8	8	0.13	0.13		
其他	2	3	0.03	0.05		
小计	60	64	1.00	1.03		
销售费用合计	360	380	1.50	1.55		

实训提示：

销售数量差异 =（本年数量 − 预算数量）× 预算价格

销售价格差异 =（本年价格 − 预算价格）× 本年数量

销售差异合计 = 销售数量差异 + 销售价格差异

价值引领 >>>

基于政府管制下的余杭水务全面预算管理应用案例

杭州余杭水务有限公司（简称余杭水务）经营范围为自来水的生产与供应管理、城市污水收集处理运营管理、供排水设施安装、基础设施建设管理、供排水设备和物资供应、水质检验和供排水计量检测等服务。

一、全面预算实施流程

1. 建立预算管理的前期控制机制，强化控制基础

项目组重新审查现有的组织架构，梳理了各岗位的权利与责任，并在人力资源

部门的配合下进行了定岗定编，明确各岗位职责与权限，为预算目标的分解与考核打下制度基础。

2. 建立以预算为主导的公司整体控制框架

第一步，将公司战略愿景进行分解，形成经营目标和年度计划以后按部门和水厂进行责任分解，按水厂制定费用预算和投资预算，按管理职能部门制定费用预算，完成责任中心的基本界定，以公司 KPI、部门财务 KPI 和非财务 KPI 等指标考核。第二步，制定公司计划与预算目标之后便要下达执行，此时需要按照预算责任书确保部门乃至个人履行职责。第三步，按照执行的情况形成预算管理报告，与个人绩效挂钩，按月形成经营分析报告并向部门领导和公司领导汇报，对本部门的预算执行情况和绩效考核结果进行总结分析。

3. 建立系列预算管理制度，支撑企业管理控制系统

在预算实施过程中，制定了基于内部管控的预算管理制度、实施细则、细则说明、编制流程、责任分工和考核说明，并对绩效考评制度进行适当的修整。

4. 制定成本费用定额标准，分别落实责任

为使预算成为管理控制的主线，余杭水务从采购、管网检修、投资管理和办公费用等多个方面入手规范成本开支，设定定额标准，以落实预算责任，并将管网检修成本、管网改造成本和巡检成本纳入定额成本管理的范围。

5. 加速构建企业资源计划系统，实现预算管理与其他管理的对接

通过完善 ERP，将其与智慧水务结合，智慧水务主要面向外部服务和内部办公，而 ERP 则负责内部管理效率的提升。

二、实施全面预算管理的成效

1. 预算编制精细化

细化了预算内容，在预算的精细化方面有了很大提升，主要表现在以下方面：一是预算的程序，以前预算的程序是“三上三下”；二是预算编制的时间，项目实施后的下一年度预算是从本年度 10 月份开始，经历了三个月完成。

2. 预算执行规范化

预算下达后需严格执行。对于不符合预算的内容要制止，对于超预算或预算外事项，实行严格的审批程序。余杭水务对各类成本费用进行了细致的预算管控，尽可能杜绝费用先发生、后补充上报的情况；对资金使用严管严控，及时检查资金使用情况，使预算资金与实际执行相匹配。

3. 成本控制成效显现

企业管理者已经逐步认识到了社会效益不仅有水质，也包括居民水费的降低（或不提价）。实施全面预算管理以来，公司在药耗成本、电耗成本和管理费用等方

面均比以前有了较为显著的降低。可见，实施全面预算管理达到了降低成本和减亏增效的目的。

（资料来源：浙江省财政厅. 浙江省管理会计案例集（第二辑）[M]. 杭州：浙江工商大学出版社）

思考与启示：

余杭水务在全面预算体系的建设过程中，从以下四个方面需要重点着手：

第一，建立预算组织机构和相关预算制度，明晰权责分配，防止滥用权力及违规违法行为的产生。作为一名财会类专业的大学生，应当遵守制度，服从组织机构的安排，形成按照制度办事的意识。

第二，全面预算的实行，需要每位员工具有集体荣誉感、企业主人翁的意识。全面预算需要人人参与，将企业的战略和愿景化身为自身的具体工作，在预算的执行过程中执行到位。

第三，每个企业全面预算的建立应当坚持两点论和重点论，具体问题具体分析。全面预算涉及销售、生产、采购、库存和财务预算等环节，但不同类型企业规模和环节，应当具体问题具体分析，抓住重点环节和问题，余杭水务全面预算的重要环节是成本费用管控，提高经营效率。

第四，企业应当具有公平意识，推行正确的利益观、价值观。将预算与绩效考核相融合，绩效考核标准的制定和执行应当公平、公正、公开，做到赏罚分明，提倡多劳多得和公平合理，杜绝任人唯亲。

项目四 营运管理

4

学习目标

知识目标

1. 理解营运管理的概念，熟悉营运管理领域应用的管理会计工具方法与程序
2. 理解成本性态的概念，掌握成本性态的分类
3. 理解本量利分析的概念
4. 掌握本量利分析的基本公式
5. 掌握保本分析和保利分析的基本知识
6. 掌握利润敏感性分析和边际分析的基本知识

技能目标

1. 能够熟练掌握营运计划的编制
2. 能够运用成本性态分析进行成本的划分
3. 能够运用保本点和保利点等相关指标进行本量利分析
4. 能够运用敏感分析原理对利润敏感性进行分析
5. 能够运用边际分析进行生产决策

素养目标

1. 通过成本性态的学习，增强理性消费、崇尚节约的意识
2. 培养诚信为本的素养，让诚信理念深入人心

思维导图

- 营运管理
  - 营运管理认知
    - 营运管理的概念
    - 营运管理的应用环境
    - 营运管理领域应用的管理会计工具方法与程序
  - 成本性态分析
    - 成本性态的概念
    - 成本按其性态的分类
    - 成本性态分析
    - 总成本模型
  - 本量利分析
    - 本量利分析的概念
    - 盈亏平衡分析
    - 目标利润分析
  - 敏感性分析
    - 敏感性分析的概念
    - 各因素对利润的影响程度
    - 目标利润要求变化时允许各因素的升降幅度
  - 边际分析
    - 安全边际与安全边际率
    - 盈亏平衡作业率

引导案例

佳润乳业公司主要生产甜牛奶乳饮料和发酵型含乳饮料两种产品，企业现有生产线有部分闲置，可以加工生产果奶饮料。为了增加产量，公司要求销售部门向客户宣传果奶饮料，企业产品将实现多元化。由于企业具有固定客户渠道，许多客户增加了果奶饮料的订单，其中大多数订单订购量很少。一年后，产品销量只是略有增加，而企业利润反而减少了。通过深入分析发现：

（1）一些新产品的订单实际上只是原有客户订购新产品代替原产品。

（2）市场战略的变化增加了辅助部门的成本，特别是订单处理和设备调整准备部门，这些部门需要增加人手来处理大量的小批量、特殊产品的订单，从而带来工作量的增加。

分析与启示

（1）新产品生产前，需要进行必要的市场调研与分析，了解消费者对新产品的接受程度，以及对企业原产品的影响。

（2）能够准确分析和核算由于市场战略变化带来的辅助部门增加的成本费用。

（3）在科学合理分析新产品生产新增成本费用的基础上，通过对新产品进行本量利分析，计算出新产品对企业利润的贡献程度，使得经营决策科学、合理地实施。

任务一　营运管理认知

一、营运管理的概念

营运管理认知

营运管理，是指为了实现企业战略和营运目标，各级管理者通过计划、组织、指挥、协调、控制、激励等活动，实现对企业生产经营过程中的物料供应、产品生产和销售等环节的价值增值管理。

企业进行营运管理，应区分计划（Plan）、实施（Do）、检查（Check）、处理（Act）四个阶段（简称PDCA管理原则），形成闭环管理，使营运管理工作更加条理化、系统化和科学化。PDCA管理原则图如图4-1所示。

图4-1　PDCA管理原则图

二、营运管理的应用环境

营运管理的应用环境包括组织架构、管理制度和流程、信息系统，以及相关外部环境等。

为确保营运管理的有序开展，企业应营造良好的营运管理环境：

（1）建立健全营运管理组织架构，明确各管理层级或管理部门在营运管理中的职责，有效组织开展营运计划的制定审批、分解下达、执行监控、分析报告、绩效管理等日常营运管理工作。

（2）建立健全营运管理的制度体系，明确营运管理各环节的工作目标、职责分工、工作程序、工具方法和信息报告等内容。

（3）建立完整的业务信息系统，规范信息的收集、整理、传递和使用等，有效支持管理者决策。

三、营运管理领域应用的管理会计工具方法与程序

营运管理领域应用的管理会计工具方法，一般包括本量利分析、敏感性分析、边际分析和标杆管理等。企业应根据自身业务特点和管理需要等，选择单独或综合

运用营运管理工具方法，以更好地实现营运管理目标。

企业应用营运管理工具方法，一般按照营运计划制定、营运计划执行、营运计划调整、营运监控分析与报告、营运绩效管理等程序进行。

（一）营运计划制定

营运计划，是指企业根据战略决策和营运目标的要求，从时间和空间上对营运过程中各种资源所做出的统筹安排，主要作用是分解营运目标、分配企业资源、安排营运过程中的各项活动。

营运计划按计划的时间可分为长期营运计划、中期营运计划和短期营运计划；按计划的内容可分为销售、生产、供应、财务、人力资源、产品开发、技术改造和设备投资等营运计划。

企业在制定营运计划时，应以战略目标和年度营运目标为指引，充分分析宏观经济形势、行业发展规律，以及竞争对手情况等内外部环境变化，同时还应评估企业自身研发、生产、供应和销售等环节的营运能力，客观评估自身的优势和劣势以及面临的风险和机会等。

企业应用多种工具方法制定营运计划的，应根据自身实际情况，选择单独或综合应用预算管理领域、平衡计分卡、标杆管理等管理会计工具方法；同时，应充分应用本量利分析、敏感性分析、边际分析和标杆管理等管理会计工具方法，为营运计划的制定提供具体量化的数据分析，有效支持决策。

（二）营运计划执行

经审批的营运计划应以正式文件的形式下达执行。企业应逐级分解营运计划，按照横向到边、纵向到底的要求分解落实到各所属企业、部门、岗位或员工，确保营运计划得到充分落实。经审批的营运计划应分解到季度、月度，形成月度的营运计划，逐月下达与执行。

在营运计划执行过程中，企业应建立配套的监督控制机制，及时记录营运计划执行情况，进行差异分析与纠偏，持续优化业务流程，确保营运计划有效执行。

（三）营运计划调整

营运计划一旦批准下达，一般不予调整。宏观经济形势、市场竞争形势等发生重大变化，导致企业营运状况与预期出现较大偏差的，企业可以适时对营运计划做出调整，使营运目标更加切合实际。

企业应建立营运计划调整的流程和机制，规范营运计划的调整。营运计划的调整应由具体执行的所属企业或部门提出调整申请，经批准后下达正式文件。

（四）营运监控分析与报告

企业的营运监控分析，是指以本期财务和管理指标为起点，通过指标分析查找异常，并进一步揭示差异所反映的营运缺陷，追踪缺陷成因，提出并落实改进措施，不断提高企业营运管理水平。

为了强化营运监控，确保企业营运目标的顺利完成，企业应结合自身实际情况，按照日、周、月、季和年等频率建立营运监控体系，并按照PDCA管理原则，不断优化营运监控体系的各项机制，做好营运监控分析工作。

营运监控的基本任务是发现偏差、分析偏差和纠正偏差。

（1）发现偏差。企业通过各类手段和方法，分析营运计划的执行情况，发现计划执行中的问题。

（2）分析偏差。企业对营运计划执行过程中出现的问题和偏差原因进行研究，采取针对性的措施。

（3）纠正偏差。企业根据偏差产生的原因采取针对性的纠偏对策，使企业营运过程中的活动按既定的营运计划进行，或者按照《管理会计应用指引第400号——营运管理》第五章对营运计划进行必要的调整。

企业应将营运监控分析的对象、目的、程序、评价及改进建议形成书面分析报告。分析报告按照分析的范围及内容可以分为综合分析报告、专题分析报告和简要分析报告；按照分析的时间分为定期分析报告和不定期分析报告。

（五）营运绩效管理

企业可以开展营运绩效管理，激励员工为实现营运管理目标做出贡献。绩效管理指标应以企业营运管理指标为基础，做到无缝衔接、层层分解，确保企业营运管理目标的落实。

企业可以建立营运绩效管理委员会、营运绩效管理办公室等不同层级的绩效管理组织，明确绩效管理流程和审批权限，制定绩效管理制度。

企业可以以营运计划为基础，制定绩效管理指标体系，明确绩效指标的定义、计算口径、统计范围、绩效目标、评价标准、评价周期、评价流程等内容，确保绩效指标具体、可衡量、可实现、相关，以及具有明确期限。

岗课赛证融通训练 >>>

一、单项选择题

1. 在营运计划执行过程中，企业应建立配套的（　　）。

A. 计划执行机制　　B. 监督控制机制

C. 人工成本机制　　D. 监控分析机制

2. 企业的营运监控分析，是指以本期（　　）指标为起点，通过指标分析查找异常，并进一步揭示差异所反映的营运缺陷，追踪缺陷成因，提出落实改进措施的过程。

A. 财务和管理　　B. 财务和会计

C. 管理和会计　　D. 财务和税收

3. 下列不属于营运监控基本任务的是（　　）。

A. 发现偏差　　B. 分析偏差　　C. 纠正偏差　　D. 上报偏差

二、多项选择题

1. 企业 PDCA 管理原则包括（　　）。

A. 计划　　B. 实施　　C. 检查　　D. 处理

2. 营运管理领域应用的管理会计工具方法，一般包括（　　）。

A. 本量利分析　　B. 边际分析　　C. 敏感性分析　　D. 标杆管理

3. 企业营运管理一般按照（　　）等程序进行。

A. 营运计划制定与执行　　B. 营运计划调整

C. 营运监控分析与报告　　D. 营运绩效管理

三、判断题

1. PDCA 管理原则中的 P 是指实施。（　　）

2. 营运计划可以随时调整。（　　）

3. 营运绩效管理是指各级管理者和员工为了达到营运管理目标，共同参与营运绩效计划制定、沟通、评价、结果应用、目标提升的持续循环过程。（　　）

4. PDCA 原则是提高企业营运管理的重要原则，也是全面质量管理体系运转的基本方式。（　　）

任务二　成本性态分析

一、成本性态的概念

成本性态，又称成本习性，是指一定条件下成本与业务量之间的依存关系。按照成本与产量的依存关系，成本可分为固定成本、变动成本和混合成本三大类。一定条件是指能够使固定成本保持稳定的特定业务量范围，这一业务量范围称为相关范围。

由于相关范围的存在，成本性态具有相对性、暂时性和可能转化性的特点。

（1）成本性态的相对性，是指在同一时期内同一成本项目在不同企业之间可能具有不同的性态。

（2）成本性态的暂时性，是指就同一企业而言，同一成本项目在不同时期可能有不同的性态。

（3）成本性态的可能转化性，是指在同一时空条件下，某些成本项目可以在固定成本和变动成本之间实现相互转化。

二、成本按其性态的分类

（一）固定成本

固定成本是指在特定的业务量范围内不受业务量变动影响，一定期间的总额能保持相对稳定的成本。例如，直线法计提固定折旧费、房屋租金、广告费和行政管理人员工资等。

固定成本的基本特征：固定成本总额不因业务量的变动而变动，但单位固定成本（单位业务量承担的固定成本）会与业务量的增减呈反向变动。固定成本习性模型如图 4-2 所示。

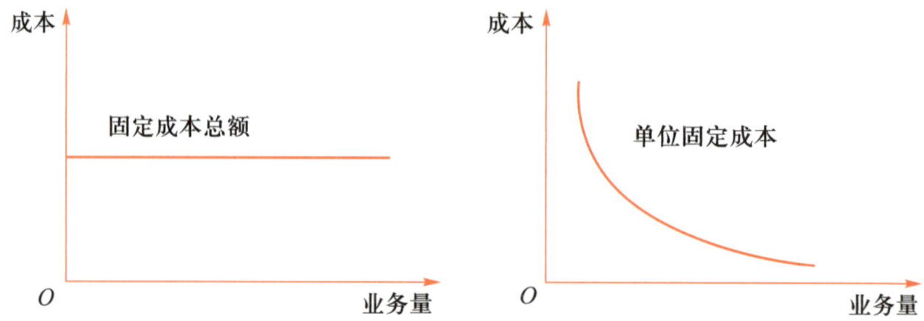

图 4-2　固定成本习性模型

【例 4-1】佳润乳业公司只生产乳饮料，其业务量与固定管理费用的关系如表 4-1 所示。固定管理费用的业务量相关范围为 100 万～600 万件。

表 4-1　业务量与固定管理费用的关系

业务量 / 万件	固定管理费用总额 / 元	单位固定管理费用 / 元
100	900 000	0.90
200	900 000	0.45
300	900 000	0.30
400	900 000	0.225
500	900 000	0.18
600	900 000	0.15

固定成本按是否受管理当局短期决策行为的影响，可以进一步细分为约束性固定成本和酌量性固定成本。

（1）约束性固定成本是指管理当局的短期经营决策行动不能改变其具体数额的固定成本。例如，保险费、房屋租金、固定资产折旧费和管理人员的基本工资等。这些固定成本是企业的生产能力一经形成就必然要发生的最低支出，即便生产中断也仍然要发生。降低约束性固定成本的基本途径，只能是合理利用企业现有的生产能力，提高生产效率，以取得更大的经济效益。

（2）酌量性固定成本是指管理当局的短期经营决策行动能改变其数额的固定成本。例如，广告费、职工培训费、研发费等。这些费用发生额的大小取决于管理当局的决策行动。酌量性固定成本并非可有可无，它关系到企业的竞争能力，因此，要想降低酌量性固定成本，只有厉行节约、精打细算，编制出积极可行的费用预算并严格执行，防止浪费和过度投资等。

（二）变动成本

变动成本是指在特定的业务量范围内，其总额会随业务量的变动而呈正比例变动的成本，如直接材料、直接人工等。

变动成本的基本特征：变动成本总额因业务量的变动而呈正比例变动，但单位变动成本（单位业务量承担的变动成本）不变。变动成本习性模型如图 4–3 所示。

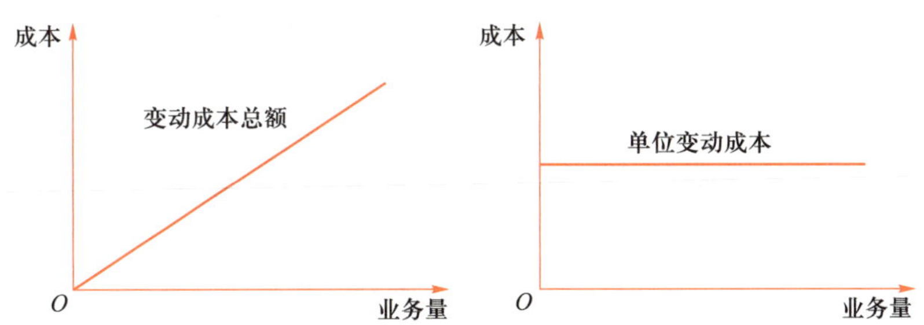

图 4–3　变动成本习性模型

【例 4–2】佳润乳业公司生产甜牛奶乳饮料，单位产品耗用的直接材料为 11 元，最大生产能力为 600 万件。在一定范围内产量变动与直接材料费用的关系如表 4–2 所示。

表 4–2　甜牛奶乳饮料产量与直接材料费用的关系

产量 / 万件	直接材料费用总额 / 万元	单位产品负担的直接材料费用 / 元
100	1 100	11
200	2 200	11
300	3 300	11

续表

产量 / 万件	直接材料费用总额 / 万元	单位产品负担的直接材料费用 / 元
400	4 400	11
500	5 500	11
600	6 600	11

根据管理当局是否能决定发生额，变动成本可以进一步细分为技术性变动成本和酌量性变动成本。

（1）技术性变动成本也称约束性变动成本，是指由于技术或设计关系所决定的变动成本。如生产一辆汽车需要耗用一台引擎、一个底盘等，这种成本只要生产就必然会发生，如果不生产，则不会发生。管理当局不能决定技术性变动成本的发生额。

（2）酌量性变动成本是指通过管理当局的决策行为可以改变的变动成本。如按销售收入的一定百分比支付的销售佣金、技术转让费等。这类成本的特点是其单位变动成本的发生额可由企业最高管理层决定。

（三）混合成本

混合成本是指总额随业务量变动但不呈正比例变动的成本。混合成本“混合”了固定成本和变动成本两种不同性质的成本，可进一步将其细分为半变动成本、半固定成本、延期变动成本和曲线变动成本。

1. 半变动成本

半变动成本是指在有一定初始量的基础上，随着业务量的变化而呈正比例变动的成本。其特点是通常有一个初始的固定基数，在此基数内与业务量的变化无关，在此基数之上的其余部分，则随着业务量的增加呈正比例增加。如固定电话费、水电费等。半变动成本的成本习性模型如图 4-4 所示。

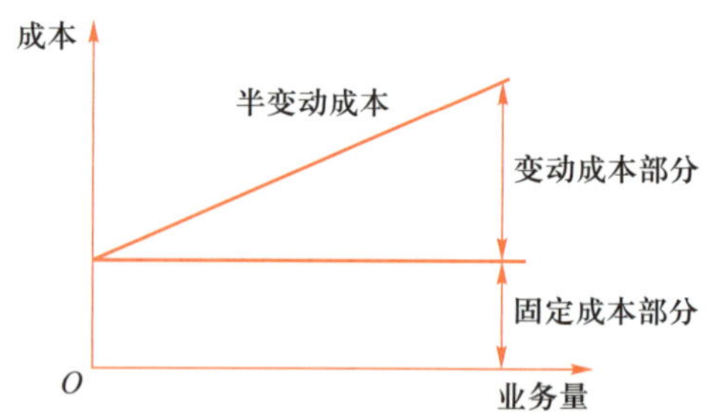

图 4-4　半变动成本习性模型

2. 半固定成本

半固定成本也称为阶梯式变动成本，是指在一定业务量范围内的发生额是固定的，但当业务量增长到一定限度，其发生额就突然跳跃到一个新的水平，然后在业务量增长的一定限度内，发生额又保持不变，直到另一个新的跳跃。如企业的管理员、检验员的工资等属于此类成本。半固定成本的成本习性模型如图 4-5 所示。

3. 延期变动成本

延期变动成本是指在一定的业务量范围内有一个固定不变的基数，当业务量增长超出了这个范围，与业务量的增长呈正比例变动。例如，职工的基本工资，在正常工作时间情况下是不变的，但当工作时间超出正常标准，则需按加班时间的长短成比例地支付加班薪金。延期变动成本的成本习性模型如图 4–6 所示。

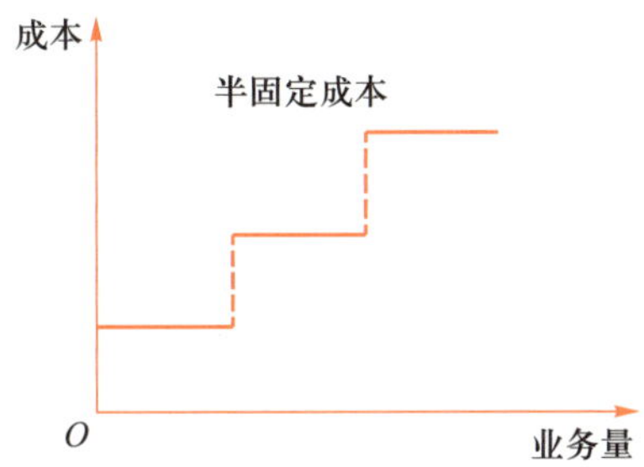

图 4–5　半固定成本习性模型

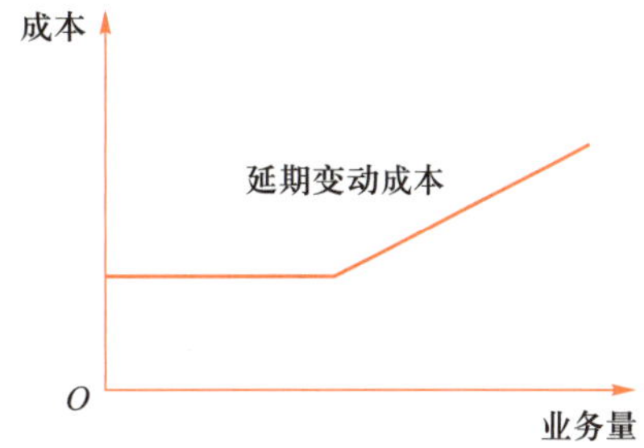

图 4–6　延期变动成本习性模型

4. 曲线变动成本

曲线变动成本通常有一个不变的初始量，相当于固定成本，在这个初始量的基础上，随着业务量的增加，成本也逐步变化，但它与业务量的关系是非线性的。这种曲线变动成本又可以分为递增曲线变动成本和递减曲线变动成本。递增曲线变动成本和递减曲线变动成本的成本习性模型如图 4–7 所示。

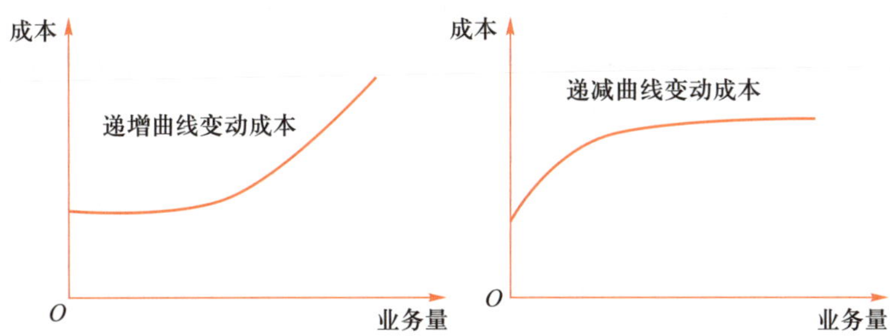

图 4–7　曲线变动成本习性模型

三、成本性态分析

成本性态分析是对成本与业务量之间的依存关系进行分析，从而在数量上具体掌握成本与业务量之间关系的规律性，以便为企业正确地进行最优管理决策和改善经营管理提供有价值的资料。

混合成本分解是决定特定成本性态的过程。如果特定的成本是一项混合成本，就需要运用一定的方法估计成本与业务量之间的关系，并建立相应的成本函数模型。混合成本的分解主要有高低点法、回归分析法、账户分析法、技术测定法和合同确认法等。

（一）高低点法

高低点法是以过去某一会计期间的总成本和业务量资料为依据，从中选取业务量最高点和业务量最低点，将总成本进行分解，得出成本性态的模型。

采用高低点法分解混合成本，需要利用混合成本公式，即 $y=a+bx$ 来表示。其中，y 表示混合成本总额，a 表示混合成本中的固定成本，b 表示单位变动成本，x 表示业务量。

高低点法应用的基本步骤：

（1）选择业务量最高点（x_1，y_1）和业务量最低点（x_2，y_2）坐标；

（2）将业务量最高点、业务量最低点代入混合成本公式，计算 b 值；

（3）根据业务量最高点或最低点以及求得的 b 值，计算 a 值；

（4）建立混合成本模型。

其计算公式为：

$$\text{单位变动成本}(b)=\frac{\text{最高点业务量成本}-\text{最低点业务量成本}}{\text{最高点业务量}-\text{最低点业务量}}$$

$$\text{固定成本总额}(a)=\text{最高点业务量成本}-b\times\text{最高点业务量}$$

或者：

$$\text{固定成本总额}(a)=\text{最低点业务量成本}-b\times\text{最低点业务量}$$

【例 4–3】佳润乳业公司的业务量以直接人工小时为单位，2022 年 7—12 月的业务量在 2 万~4 万小时之间变化，维修成本与业务量之间的关系如表 4–3 所示。

表 4–3　佳润乳业公司维修成本与业务量之间的关系

月份	业务量 / 万小时	维修成本 / 万元
7	2.0	3.5
8	2.5	4.5
9	3.5	5.9
10	3.0	5.2
11	2.8	4.6
12	2.2	3.3

要求：（1）采用高低点法对佳润乳业公司的维修成本进行分解并建立混合成本模型。

（2）假设 2023 年 1 月业务量为 3.8 万小时，预测维修成本为多少？

解：（1）本例中，最高点在 9 月份，业务量为 3.5 万小时，维修成本 5.9 万元；

最低点在 7 月份，业务量为 2.0 万小时，维修成本为 3.5 万元。因此：

单位变动成本（b）$=\dfrac{5.9-3.5}{3.5-2}=1.6$（元 / 小时）。

固定成本总额（a）$=5.9-1.6\times3.5=0.3$（万元）。

或：　　　　　　$=3.5-1.6\times2=0.3$（万元）。

将 a，b 值代入，建立混合成本模型：$y=0.3+1.6x$

（2）将 2023 年 1 月业务量 3.8 万小时代入混合成本模型：$y=0.3+1.6\times3.8=6.38$（万元）。

采用高低点法计算较简单，便于理解和操作，但它只采用了历史成本资料中的最高点和最低点两组数据，因此，代表性较差。

（二）回归分析法

回归分析法是指根据过去一定期间的业务量和混合成本的历史资料，应用最小二乘法原理，算出最能代表业务量与混合成本关系的回归直线（$y=a+bx$），借以确定混合成本中固定成本和变动成本的方法。其常数项 a 和系数 b 的计算公式为：

$$b=\frac{n\sum xy-\sum x\sum y}{n\sum x^2-(\sum x)^2}$$

$$a=\frac{\sum y-b\sum x}{n}$$

待求出 a、b 的值后，代入 $y=a+bx$，结合自变量 x 的取值，即可求得预测对象 y。

（三）账户分析法

账户分析法，又称会计分析法，是指根据有关成本账户及其明细账的内容，结合其与业务量的依存关系，判断其比较接近哪一类成本，就视为哪一类成本。这种方法简便易行，但比较粗糙且带有主观判断。

（四）技术测定法

技术测定法，又称工业工程法，是指根据生产过程中各种材料和人工成本消耗量的技术测定来划分固定成本和变动成本的方法。该方法通常只适用于投入成本与产出数量之间有规律性联系的成本分解。

（五）合同确认法

合同确认法，是根据企业订立的经济合同或协议中关于支付费用的规定，来确认并估算哪些项目属于变动成本，哪些项目属于固定成本的方法。合同确认法要配合账户分析法使用。

小组讨论

结合自己的日常生活和学习开支，比如学费、住宿费和生活费等，谈谈哪些花销属于固定成本、变动成本和混合成本，树立理性消费、崇尚节约的理念。

四、总成本模型

将混合成本按照一定的方法区分为固定成本和变动成本之后，根据成本性态，企业的总成本计算公式如下：

$$\text{总成本} = \text{固定成本总额} + \text{变动成本总额}$$
$$= \text{固定成本总额} + \text{单位变动成本} \times \text{业务量}$$

这个公式在变动成本计算、本量利分析、正确制定经营决策和评价各部门工作业绩等方面具有不可或缺的重要作用。

岗课赛证融通训练 >>>

一、单项选择题

1. 将全部成本分为固定成本、变动成本和混合成本所采用的分类标志是（　　）。

A. 成本的目标　　B. 成本的可辨认性

C. 成本的经济用途　　D. 成本的性态

2. 在 $y=a+(\quad)x$ 中，y 表示总成本，a 表示固定成本，x 表示销售量，则 x 的系数应是（　　）。

A. 单位变动成本　　B. 单位边际贡献

C. 变动成本率　　D. 边际贡献率

3. 下列费用中属于约束性固定成本的是（　　）。

A. 广告费　　B. 职工教育培训费

C. 照明费　　D. 业务招待费

4. 高低点法中“高”“低”是指（　　）。

A. 最高或最低的成本　　B. 最高或最低的成本或业务量

C. 最高或最低的成本和业务量　　D. 最高或最低的业务量

5. 某企业实行一周 5 天工作制，正常工作时间每天 8 小时，但是某生产零件的车间经常会因为订单多而加班加点，工人在正常工作时间的基本工资是每月 5 000 元，如果超过正常工作时间，加班费按每小时 50 元计算。那么此车间的人工成本是（　　）。

A. 延期变动成本　　B. 半变动成本

C. 阶梯式成本　　D. 非线性成本

二、多项选择题

1. 下列有关成本的特点表述正确的有（　　）。

A. 在相关范围内，固定成本总额随业务量呈反比例变动

B. 在相关范围内，单位固定成本随业务量呈反方向变动

C. 在相关范围内，固定成本总额不变

D. 在相关范围内，单位变动成本随业务量呈正比例变动

2. 在相关范围内，变动成本应当具备的特征有（　　）。

A. 总额的不变性　　B. 总额的变动性

C. 单位额的不变性　　D. 单位额的变动性

3. 下列项目中，属于酌量性固定成本的有（　　）。

A. 研究开发费　　B. 广告费

C. 职工培训费　　D. 保险费

4. 下列各项中，属于约束性固定成本的有（　　）。

A. 保险费　　B. 房屋租金　　C. 设备折旧　　D. 职工培训费

5. 下列关于总成本的表达式中，正确的有（　　）。

A. 总成本 = 固定成本总额 + 变动成本总额

B. 总成本 = 固定成本总额 × 变动成本总额

C. 总成本 = 固定成本总额 × 业务量 + 单位变动成本

D. 总成本 = 固定成本总额 + 单位变动成本 × 业务量

三、判断题

1. 不论是固定成本总额还是单位固定成本均具有不变性。（　　）

2. 半变动成本有一个固定的起始量，当业务量增加时，成本总额随着业务量的变化而呈正比例变动。（　　）

3. 混合成本就是“混合”了固定成本和变动成本两种不同性质的成本，它随业务量的变化而呈正比例变化。（　　）

4. 某公司业务员小王的固定工资为 4 000 元 / 月，另外，他还可以按业务收入的 1.5% 提成，则他的工资对公司来讲属于半变动成本。（　　）

5. 账户分析法的运用受到会计人员主观判断的影响。（　　）

四、岗位技能实操题

实训目的：能够熟练运用高低点法对混合成本进行分解并建立成本模型。

实训资料：宏达公司的业务量以直接人工小时为计量单位，其业务量在 7 万～14 万小时范围内变化，公司 2022 年 1—12 月直接人工小时与设备维修成本的历史数据资料如表 4-4 所示。

表 4-4　直接人工小时与设备维修成本的历史数据资料

月份	直接人工 / 小时	维修成本 / 元	月份	直接人工 / 小时	维修成本 / 元
1	120 000	90 000	7	70 000	72 000
2	130 000	91 000	8	80 000	78 000
3	115 000	84 000	9	95 000	75 000
4	105 000	87 000	10	111 000	89 000
5	90 000	82 000	11	125 000	95 000
6	79 000	73 000	12	140 000	93 000

实训要求：

（1）采用高低点法对该公司设备维修成本进行分解并建立混合成本模型。

（2）若该公司预计 2023 年 1 月的直接人工为 131 000 小时，预测 1 月设备维修成本是多少？

任务三　本量利分析

一、本量利分析的概念

本量利分析

（一）本量利分析的含义

本量利分析（cost-volume-profit analysis，CPV 分析），是指以成本性态和变动成本法为基础，运用数学模型和图式，对成本、利润、业务量和单价等因素之间的依存关系进行分析，发现变动的规律性，为企业进行预测、决策、计划和控制等活动提供支持的一种方法。其中，“本”是指成本，包括固定成本和变动成本；“量”是指业务量，一般指销售量；“利”是指利润，一般指营业利润。

本量利分析作为一种完整的方法体系，在企业经营管理工作中应用十分广泛。运用本量利分析可以预测在盈亏平衡、保利条件下应实现的销售量或销售额；与风险分析相结合，可以为企业提供降低经营风险的方法和手段，以保证企业实现既定目标；与决策分析相联系，可以用于企业进行有关的生产决策、定价决策和投资项目的可行性分析，为全面预算、成本控制和责任会计应用等提供理论准备。

（二）本量利分析的基本假设

1. 按成本性态划分成本

该假设要求企业所发生的全部成本可以按其性态分为变动成本和固定成本，并且变动成本总额与业务量呈正比例关系，固定成本总额保持不变。在进行本量利分析时，通常是依据业务量来规划目标利润，因为影响利润的诸多因素中，除业务量外，销售单价通常受市场供求关系的影响，而成本则是企业内部可以控制的因素。在相关范围内，固定成本总额和单位变动成本通常与业务量大小无关。因此，按成本性态划分成本是本量利分析的基本前提条件，否则，便无法判断成本的升降是由于业务量规模变动引起的，还是由于成本水平本身升降引起的。

2. 销售收入与业务量呈完全线性关系

该假设要求销售收入必须随业务量的变化而变化，两者之间应保持完全线性关系。因此，当销售量在相关范围内变化时，产品的单价不会发生变化。而在实际工作中，销售收入是随着销售量的增长而增长的，但是随着销售量的进一步增长，销售收入的增长速度会放慢。这主要是因为扩大销售量，通常需要通过降价才能实现。

3. 产销平衡

假设当期产品的生产量与业务量相一致，不考虑存货变动对利润的影响，即假定每期生产的产品总量总是能在当期全部售出，产销平衡。假设产销平衡，主要是在盈亏平衡分析时不考虑存货的影响。因为盈亏平衡分析是一种短期决策，仅仅考虑特定时期全部成本的收回，而存货中包含了以前时期的成本，所以不在考虑范围之内。

4. 产品产销结构稳定

假设同时生产销售多种产品的企业，其销售产品的品种结构不变，即一个生产与销售多种产品的企业，以价值形式表现的产品的产销总量发生变化时，原来各产品的产销额在全部产品的产销额中所占的比重不会发生变化。这是因为在产销多种产品的情况下，盈亏平衡点会受到多种产品贡献和产销结构的影响，只有在产销结构不变的基础上进行的盈亏平衡分析才是有效的。

（三）本量利分析的基本公式

本量利分析所考虑的相关因素主要包括销售量、单价、销售收入、单位变动成本、固定成本和利润等。这些因素之间的关系可以用下列基本公式来反映：

$$
\begin{aligned}
\text{利润} &= \text{销售收入} - \text{总成本} \\
&= \text{销售收入} - (\text{变动成本} + \text{固定成本}) \\
&= \text{销售量} \times \text{单价} - \text{销售量} \times \text{单位变动成本} - \text{固定成本} \\
&= \text{销售量} \times (\text{单价} - \text{单位变动成本}) - \text{固定成本}
\end{aligned}
$$

这个公式是明确表达本量利之间数量关系的基本关系式，它含有五个相互联系的变量，给定其中四个变量，便可求出另外一个变量的值。

二、盈亏平衡分析

盈亏平衡分析，也称保本分析，是指分析、测定盈亏平衡点，以及有关因素变动对盈亏平衡点的影响等，是本量利分析的核心内容。盈亏平衡分析的原理是，通过计算企业在利润为零时处于盈亏平衡的业务量，分析项目对市场需求变化的适应能力等。通常，盈亏平衡分析包括单一产品的盈亏平衡分析和多种产品的盈亏平衡分析。

（一）单一产品的盈亏平衡分析

1. 盈亏平衡点

盈亏平衡点，又称保本点，是指企业达到盈亏平衡状态的业务量（销售量）或销售额，即企业一定时期的总收入等于总成本且利润为零时的业务量或销售额。

单一产品的盈亏平衡点有两种表现形式：一种是以实物量来表现，称为盈亏平衡点的业务量（也称保本销售量）；另一种是以货币单位表示，称为盈亏平衡点的销售额（也称保本销售额）。根据本量利分析基本关系式：

$$利润=销售量\times单价-销售量\times单位变动成本-固定成本$$

当利润为零时，求出的销售量即盈亏平衡点的业务量，即：

$$盈亏平衡点的业务量=\frac{固定成本}{单价-单位变动成本}=\frac{固定成本}{单位边际贡献}$$

若用销售额来表示，则盈亏平衡点的销售额计算公式为：

$$盈亏平衡点的销售额=盈亏平衡点的业务量\times单价$$

或

$$盈亏平衡点的销售额=\frac{固定成本}{1-变动成本率}=\frac{固定成本}{边际贡献率}$$

当企业的业务量等于盈亏平衡点的业务量时，企业处于盈亏平衡状态；当企业的业务量高于盈亏平衡点的业务量时，企业处于盈利状态；当企业的业务量低于盈亏平衡点的业务量时，企业处于亏损状态。

【例4-4】佳润乳业公司A分厂只生产甜牛奶乳饮料，预计单价为26元，单位变动成本为18.3元，固定成本总额为6 160 000元，预计销售量为1 800 000件。

要求：计算佳润乳业公司A分厂生产的甜牛奶乳饮料的盈亏平衡点的业务量和盈亏平衡点的销售额。

$$盈亏平衡点的业务量=\frac{6\,160\,000}{26-18.3}=800\,000（件）$$

$$盈亏平衡点的销售额=800\,000\times26=20\,800\,000（元）$$

2. 本量利关系图

在进行本量利分析时，不仅可以通过数据计算出达到盈亏平衡状态时的销售量与销售额，还可以通过绘制本量利关系图的方法进行分析。在本量利关系图上，可以描绘出影响利润的因素：单价、销售量、单位变动成本和固定成本。因此，借助本量利关系图不仅可以得出达到盈亏平衡状态的销售量和销售额，还可以一目了然地观察到相关因素变动对利润的影响，从而有助于管理者进行各种短期经营决策。本量利关系图按照数据的特征和目的，可以分为传统式、边际贡献式和利量式三种图形。

（1）传统式本量利关系图。传统式本量利关系图是最基本、最常见的本量利关系图形。在直角坐标系中，以横轴表示销售量，以纵轴表示销售收入或成本，在纵轴上找出固定成本数值，即以 a（固定成本数值）为起点，绘制一条与横轴平行的固定成本线，以 a（固定成本数值）为起点，以单位变动成本为斜率，绘制总成本线；总成本线和销售收入线的交点便是盈亏平衡点（保本点），传统式本量利关系图如图 4-8 所示。

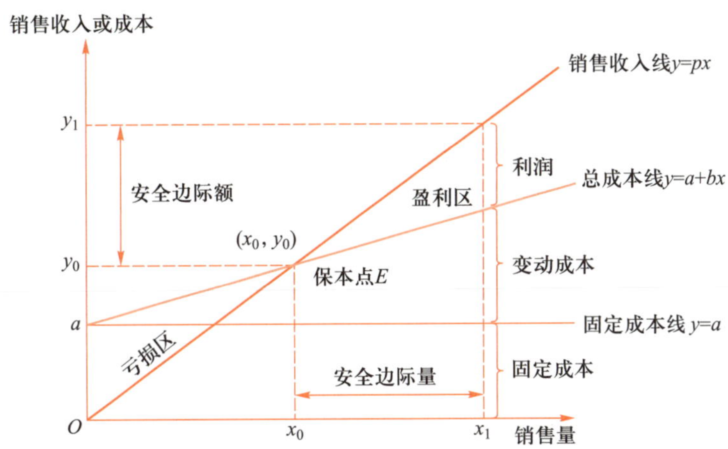

图 4-8　传统式本量利关系图

（2）边际贡献式本量利关系图。边际贡献式本量利关系图主要反映销售收入减去变动成本后形成的边际贡献，而边际贡献在弥补固定成本后形成利润。此图的主要优点是可以表示边际贡献的数值。边际贡献随销售量增加而扩大，当其达到固定成本值时（即盈亏平衡点），企业处于盈亏平衡状态；当边际贡献超过固定成本后企业进入盈利状态。边际贡献式本量利关系图如图 4-9 所示。

（3）利量式本量利关系图。利量式本量利关系图是反映利润与销售量之间依存关系的图形。在直角坐标系中，以横轴代表销售量，以纵轴代表利润（或亏损）。在纵轴原点以下部分找到与固定成本总额相等的点 $-a$（固定成本数值），该点表示销售量等于零时，亏损额等于固定成本；从点 $-a$（固定成本数值）出发画出利润线，该线的斜率是单位边际贡献；利润线与横轴的交点即为盈亏平衡点的业务量。利量式本量利关系图如表 4-10 所示。

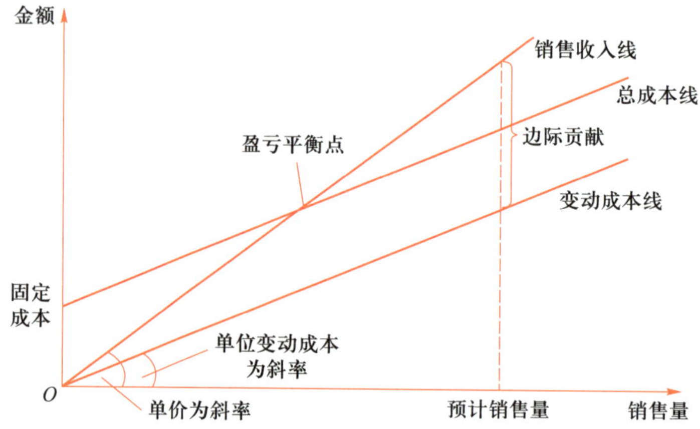

图 4-9　边际贡献式本量利关系图

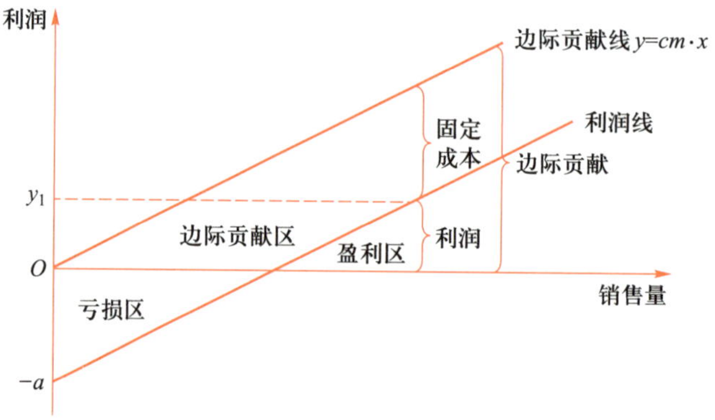

图 4-10　利量式本量利关系图

（二）多种产品的盈亏平衡分析

在市场经济环境下，企业可能有多种产品，大多数企业都同时进行着多种产品的生产和经营。由于各种产品的销售单价、单位变动成本、固定成本不一样，从而造成各种产品的边际贡献或边际贡献率不一致。因此，对多种产品进行盈亏平衡分析，在遵循单一产品的盈亏平衡分析的基础上，应根据不同情况采用相应的具体方法来确定。目前，多种产品的盈亏平衡分析方法主要有加权平均法、联合单位法、分算法、顺序法和主要产品法等。

1. 加权平均法

加权平均法是指在掌握每种单一产品的边际贡献率的基础上，按各种产品销售额的比重进行加权平均，据以计算综合边际贡献率，从而确定多产品组合的盈亏平衡点。加权平均法应用的步骤如下：

第一步，根据各种产品的销售单价、单位变动成本和销售量计算出一个加权平均的边际贡献率；

第二步，根据固定成本总额和加权平均边际贡献率计算出盈亏平衡点的销售额。

其计算公式如下：

$$某种产品的销售权重=\frac{该产品的销售额}{各种产品的销售额合计}$$

$$盈亏平衡点的销售额=\frac{固定成本总额}{加权平均边际贡献率}$$

$$加权平均边际贡献率=\frac{\sum 各种产品边际贡献}{\sum 各种产品销售收入}\times 100\%$$

或　加权平均边际贡献率 =∑（每种产品的边际贡献率 × 每种产品的销售比重）

某种产品盈亏平衡点的销售额 = 盈亏平衡点的销售额 × 某种产品的销售比重

【例 4–5】佳润乳业公司生产销售甜牛奶乳饮料产品和发酵型含乳饮料产品的相关资料如表 4–5 所示。

表 4–5　生产销售甜牛奶乳饮料产品和发酵型含乳饮料产品的相关资料

项目	甜牛奶乳饮料产品	发酵型含乳饮料产品
预计销售量 / 件	2 250 000	600 000
单价 / 元	26	22
单位变动成本 / 元	18.3	18.12
固定成本 / 元	9 593 500	

要求：计算两种产品盈亏平衡点的销售额和盈亏平衡点的销售量。

解：为计算方便，将资料整理如表 4–6 所示。

表 4–6　产品数据资料

项目	销售量 / 件①	单价 / 元②	单位变动成本 / 元③	销售收入 / 元④ = ① × ②	各产品销售比重 /%⑤	边际贡献 / 元⑥ = ① ×（② - ③）	边际贡献率 /%⑦ = ⑥ / ④
甜牛奶乳饮料	2 250 000	26	18.3	58 500 000	81.6	17 325 000	29.62
发酵型含乳饮料	600 000	22	18.12	13 200 000	18.4	2 328 000	17.64
合计	2 850 000			71 700 000	100	19 653 000	27.41

（1）计算加权平均边际贡献率。

① 总额法计算。

$$加权平均边际贡献率=\frac{19\ 653\ 000}{71\ 700\ 000}\times 100\%=27.41\%。$$

② 比重法计算。

加权平均边际贡献率 $=29.62\%\times 81.6\%+17.64\%\times 18.4\%=27.41\%$。

（2）计算盈亏平衡点的销售额。

$$盈亏平衡点的销售额=\frac{9\ 593\ 500}{27.41\%}=35\ 000\ 000（元）。$$

（3）计算两种产品盈亏平衡点的销售额。

甜牛奶乳饮料盈亏平衡点的销售额 $=35\ 000\ 000\times 81.6\%=28\ 560\ 000$（元）。

发酵型含乳饮料盈亏平衡点的销售额 $=35\ 000\ 000\times 18.4\%=6\ 440\ 000$（元）。

（4）计算两种产品盈亏平衡点的销售量。

$$甜牛奶乳饮料盈亏平衡点的销售量=\frac{28\ 560\ 000}{26}=1\ 098\ 462（件）。$$

$$发酵型含乳饮料盈亏平衡点的销售量=\frac{6\ 440\ 000}{22}=292\ 728（件）。$$

企业销售额高于盈亏平衡点时，企业处于盈利状态；企业销售额低于盈亏平衡点时，企业处于亏损状态。企业通常运用产品组合的盈亏平衡点分析优化产品组合，提高获利水平。

2. 联合单位法

联合单位法是指在事先确定各种产品间产销实物量比例的基础上，将各种产品产销实物量的最小化比例作为一个联合单位，确定每一联合单位的单价、单位变动成本，进行本量利分析的一种分析方法。

该方法将多种产品盈亏平衡点的计算问题转换为单一产品盈亏平衡点的计算问题。根据存在稳定比例关系的产销量比，可以计算出每一联合单位的联合单位边际贡献和联合单位变动成本，并以此计算整个企业的联合盈亏平衡点的业务量以及各产品的联合盈亏平衡点的业务量。其计算公式为：

$$联合盈亏平衡点的业务量=\frac{固定成本总额}{联合单价-联合单位变动成本}$$

式中，联合单价等于一个联合单位的全部收入，联合单位变动成本等于一个联合单位的全部变动成本。在此基础上，计算出每种产品的盈亏平衡点的业务量。其计算公式如下：

某产品盈亏平衡点的业务量＝联合盈亏平衡点的业务量
×一个联合单位中包含的该产品的数量

3. 分算法

分算法是在一定条件下，将全部固定成本按一定标准在各种产品之间进行合理分配，确定每种产品应补偿的固定成本数额，然后再对每一种产品按单一品种条件下的情况分别进行本量利分析的方法。

该方法的关键是要合理地进行固定成本的分配。在分配固定成本时，对于专属于某种产品的固定成本应直接计入该产品的固定成本；对于应由多种产品共同负担的公共性固定成本，则应选择适当的分配标准（如销售额、边际贡献、工时、产品重量、长度和体积等）在各产品之间进行分配。

4. 顺序法

顺序法是指按照事先确定的各品种产品销售顺序，依次用各种产品的边际贡献补偿整个企业的全部固定成本，直至全部由产品的边际贡献补偿完为止，从而完成本量利分析的一种方法。

该方法通常以事先掌握的各种产品的边际贡献和销售收入计划数为前提，并按照各种产品边际贡献率的高低来确定各种产品的销售顺序。由于人们对风险的偏好不同，在确定补偿顺序时会导致两种截然不同的结果：一种是乐观的排列，即按照各种产品的边际贡献率由高到低排列，边际贡献率高的产品先销售、先补偿，边际贡献率低的产品后销售、后补偿；另一种是悲观的排列，即假定各品种销售顺序与乐观排列相反。此外，产品的销售顺序也可按照市场实际销路是否顺畅来确定，但这种顺序的确定缺乏统一标准，存在一定的主观性。

5. 主要产品法

在企业产品品种较多的情况下，如果存在一种产品是主要产品，它提供的边际贡献占企业边际贡献总额的比重较大，代表了企业产品的主导方向，则可以按该主要品种的有关资料进行本量利分析，视同单一品种。确定主要品种应以边际贡献为标志，并只能选择一种主要产品。

主要产品法的依据是主要产品是企业营运的重点，因此，固定成本应主要由该产品负担。这样分析的结果往往存在一些误差，但只要在合理的范围内就不会影响决策的正确性。主要产品法的计算方法与单一品种的本量利分析相同。

三、目标利润分析

（一）目标利润分析基本原理

目标利润分析，是指在本量利分析的基础上，计算为实现目标利润所需达到的销售量、收入和成本的一种利润规划方法。该方法应反映市场的变化趋势、企业战略规划目标以及管理层需求等。如果企业在经营活动开始之前，根据有关收支状况确定了目标利润，就可以计算为实现目标利润而必须达到的销售量和销售额。计算公式为：

$$目标利润 = 销售量 \times (单价 - 单位变动成本) - 固定成本$$

$$实现目标利润的销售量 = \frac{固定成本 + 目标利润}{单价 - 单位变动成本}$$

$$实现目标利润的销售额 = \frac{固定成本 + 目标利润}{边际贡献率}$$

或

$$实现目标利润的销售额 = 实现目标利润的销售量 \times 单价$$

应该注意，上述公式中的目标利润一般是指税前利润。其实，从税后利润来进行目标利润的规划和分析，更符合企业营运的需要。如果企业预测的目标利润是税后利润，则上述公式应做如下调整。

由于：

$$税后利润 = 税前利润 \times (1 - 所得税税率)$$

因此，

$$实现目标利润的销售量 = \frac{固定成本 + \dfrac{税后利润}{1 - 所得税税率}}{单位边际贡献}$$

$$实现目标利润的销售额 = \frac{固定成本 + \dfrac{税后利润}{1 - 所得税税率}}{单位边际贡献率}$$

【例 4-6】佳润乳业公司 B 分厂生产销售发酵型含乳饮料产品，产品单价 22 元，单位变动成本 18.12 元，固定成本为 1 164 000 元，如果计划期该产品目标利润为 582 000 元（税前利润）。

要求：计算实现目标利润的销售量和销售额。

解：$实现目标利润的销售量 = \dfrac{1\ 164\ 000 + 582\ 000}{22 - 18.12} = 450\ 000$（件）。

$实现目标利润的销售额 = 450\ 000 \times 22 = 9\ 900\ 000$（元）。

（二）实现目标利润的措施

目标利润是本量利分析的核心要素，既是企业经营管理的动力和目标，也是本量利分析的中心。如果企业在经营中根据实际情况规划了目标利润，那么为了保证目标利润的实现，需要对其他因素做出相应调整。通常情况下，企业要实现目标利润，在其他因素不变时，销售量或销售单价应当提高，而固定成本或单位变动成本则应下降。

【例 4-7】承【例 4-6】资料，现在假定该公司将目标利润定为 853 600 元（税前利润）。

要求：从单个因素来看，影响目标利润的四个基本要素该做怎样的调整。

解：（1）实现目标利润的销售量 $=\dfrac{\text{固定成本}+\text{目标利润}}{\text{单位边际贡献}}$

$$=\frac{1\ 164\ 000+853\ 600}{22-18.12}=520\ 000\text{（件）}$$

（2）实现目标利润的单价 = 单位变动成本 + $\dfrac{\text{固定成本}+\text{目标利润}}{\text{销售量}}$

$$=18.12+\frac{1\ 164\ 000+853\ 600}{450\ 000}=22.60\text{（元）}$$

（3）实现目标利润的固定成本 = 边际贡献 − 目标利润

$$=(22-18.12)\times 450\ 000-853\ 600=892\ 400\text{（元）}$$

（4）实现目标利润的单位变动成本 = 单价 − $\dfrac{\text{固定成本}+\text{目标利润}}{\text{销售量}}$

$$=22-\frac{1\ 164\ 000+853\ 600}{450\ 000}=17.52\text{（元）}$$

计算结果表明，佳润乳业公司 B 分厂目标利润定为 853 600 元，比原来的目标利润增加 271 600 元。为确保现行目标利润的实现，从单个因素分析：销售量应上升到 520 000 件，比原来的销售量增加 70 000 件；或销售单价上升为 22.60 元，比原来的销售单价增加 0.60 元；或固定成本应下降到 892 400 元，比原来的固定成本降低 271 600 元；或单位变动成本下降到 17.52 元，比原来的单位变动成本降低 0.6 元。

岗课赛证融通训练

一、单项选择题

1. 如果产品的单价与单位变动成本上升的百分率相同，且其他因素不变，则保本销售量（　　）。

A. 不变　　B. 上升　　C. 下降　　D. 不确定

2. 在确定产品保本点时，保本点是本量利关系图中（　　）所对应的销售量。

A. 变动成本线与销售收入线的交点

B. 固定成本线与销售收入线的交点

C. 总成本线与销售收入线的交点

D. 变动成本线与总成本线的交点

3. 已知企业某产品的单价为 2 000 元，目标销售量为 3 500 件，固定成本总额为 100 000 元，目标利润为 60 000 元，则企业应将单位变动成本水平控制在（　　）元 / 件。

A. 1 000　　B. 1 500　　C. 1 667　　D. 1 800

4. 在销售量不变的情况下，保本点越高，能实现的利润（　　）。

A. 越多　　B. 越少　　C. 不变　　D. 不确定

5. 某产品的变动成本率为 70%，固定成本 4 000 元，目标净利润 1 500 元，所得税税率为 25%，则实现目标净利润的销售额为（　　）元。

A. 8 571　　B. 17 800　　C. 20 000　　D. 26 869

6.（　　）是本量利分析的基础，也是本量利分析的出发点。

A. 成本性态分析假设

B. 销售收入与业务量呈完全线性关系假设

C. 产销平衡假设

D. 产品产销结构稳定假设

7. 在其他因素不变的情况下，固定成本减少，保本点（　　）。

A. 升高　　B. 降低　　C. 不变　　D. 不确定

8. 生产多种产品的企业测算的综合保本销售额 = 固定成本总额 ÷（　　）。

A. 单位边际贡献　　B. 边际贡献率

C. 单价 − 单位变动成本　　D. 加权平均边际贡献率

9. 在本量利分析中，必须假定产品成本的计算基础是（　　）。

A. 完全成本法　　B. 变动成本法

C. 吸收成本法　　D. 制造成本法

10. 某企业只生产一种产品，月计划销售 1 000 件，单位变动成本 6 元，月固定成本 3 000 元，计划实现利润 1 600 元，则单价应为（　　）元。

A. 16.40　　B. 14.60　　C. 10.60　　D. 10.40

二、多项选择题

1. 在生产单一品种条件下，对保本点、保利点和实现目标税后利润都有影响的因素包括（　　）。

A. 固定成本总额　B. 单位变动成本　　C. 销售单价　　D. 销量

2. 下列各因素单独变化对保本点的影响正确的有（　　）。

A. 销售单价降低，保本点上升

B. 销售量上升，保本点不变

C. 单位变动成本降低，保本点上升

D. 固定成本总额下降，保本点不变

3. 下列各项中，与保本点无关的因素有（　　）。

A. 销售单价　　B. 单位变动成本

C. 销售量　　D. 目标利润

4. 某产品销售单价为 8 元，固定成本总额为 2 000 元，单位变动成本为 5 元，产品销售量为 600 件，要实现 400 元的利润，可采取的措施有（　　）。

A. 减少固定成本总额 600 元　　B. 提高销售单价 1 元

C. 提高产品销售量 200 件　　D. 降低单位变动成本 1 元

5. 下列各项的变动能使综合保本点和综合保利点同时下降的有（　　）。

A. 边际贡献较低的产品所占销售比重上升

B. 边际贡献较高的产品所占销售比重上升

C. 边际贡献较低的产品所占销售比重下降

D. 边际贡献较高的产品所占销售比重下降

三、判断题

1. 若销售单价与单位变动成本呈同方向、同比例变动，则单一品种的产品保本点业务量不变。（　　）

2. 保本点的边际贡献额等于固定成本总额。（　　）

3. 企业生产经营多种产品时，无法使用本量利分析法。（　　）

4. 在其他因素不变的情况下，目标利润变动将使保本点业务量发生变动，但保利点业务量将保持不变。（　　）

5. 销售单价、单位变动成本和固定成本总额变动均会引起保本点、保利点呈同方向变动。（　　）

四、岗位技能实操题

实训目的：能够熟练掌握本量利分析方法的运用。

岗位技能实操题 1

实训资料：宏峰公司只生产一种迷你小音箱，单价 51 元 / 件，2022 年 12 月产销量为 2 000 件，成本资料如表 4-7 所示。

表 4-7　迷你小音箱的成本资料

成本项目	金额 / 元
直接材料	20 000
直接人工	12 000
制造费用	30 000
其中：变动制造费用	8 000
固定制造费用	22 000
销售及管理费用	22 600
其中：变动销售及管理费用	4 000
固定销售及管理费用	18 600

实训要求：

（1）计算 2022 年 12 月该公司的盈亏平衡点销售量和盈亏平衡点的销售额。

（2）计算 2022 年 12 月该公司的安全边际量和安全边际率，并判断该公司的经营安全程度。

（3）假定该公司 2023 年 1 月增加广告费 11 600 元（全为固定费用），则公司盈亏平衡点销售量为多少？

岗位技能实操题 2

实训资料：远诚公司只生产一种产品，单价 500 元，单位变动成本 300 元，每年固定成本为 500 000 元，2022 年销售量为 10 000 件，预计 2023 年销售量将增长 20%，假定其他条件不变。

实训要求：

（1）计算远诚公司 2022 年该产品的盈亏平衡点。

（2）计算远诚公司 2023 年的目标利润。

任务四　敏感性分析

一、敏感性分析的概念

敏感性分析，是指对影响目标实现的因素变化进行量化分析，以确定各因素变化对实现目标的影响及其敏感程度。在实际营运管理中，敏感性分析具有广泛的适用性，有助于识别、控制和防范短期营运决策、长期投资决策等相关风险。

敏感性分析可以分为单因素敏感性分析和多因素敏感性分析。

（一）单因素敏感性分析

单因素敏感性分析，是指每次只变动一个因素而其他因素保持不变时所做的敏感性分析。敏感系数反映的是某一因素值变动对目标值变动的影响程度，有关公式如下：

$$\text{某因素敏感系数}=\frac{\text{目标值变动百分比}}{\text{因素值变动百分比}}$$

在目标利润规划中，目标值为目标利润，变动因素为销售量、单价、单位变动成本和固定成本。敏感系数的绝对值越大，该因素越敏感。

（二）多因素敏感性分析

多因素敏感性分析，是指假定其他因素不变时，分析两种或两种以上不确定性因素同时变化对目标的影响程度所做的敏感性分析。

企业在进行目标利润规划时，通常以利润基准值为基础，测算销售量、单价、单位变动成本和固定成本中两个或两个以上的因素同时发生变动时，对利润基准值的影响程度。

二、各因素对利润的影响程度

利润敏感性分析

各相关因素变化都会引起利润的变化，但其影响程度各不相同。如有些因素虽然只发生了较小的变动，却导致利润很大的变动，利润对这些因素的变化十分敏感，称这些因素为敏感因素。与此相反，有些因素虽然变动幅度很大，却有可能只对利润产生较小的影响，称之为非敏感因素。反映各因素对利润敏感程度的指标为利润的敏感系数，其计算公式为：

$$\text{敏感系数}=\frac{\text{利润变动百分比}}{\text{因素变动百分比}}$$

【例 4-8】佳润乳业公司 A 分厂只生产甜牛奶乳饮料，计划年度内有关数据资料预测如下：销售量为 1 800 000 件，单价为 26 元，单位变动成本为 20 元，固定成本总额为 6 000 000 元。假设销售量、单价、单位变动成本和固定成本分别增长了 10%。

要求：计算各因素的敏感系数。

解：（1）销售量的敏感程度。

预计的目标利润 =（26 − 20）× 1 800 000 − 6 000 000 = 4 800 000（元）

销售量 = 1 800 000 ×（1 + 10%）= 1 980 000（件）

利润 =（26 − 20）× 1 980 000 − 6 000 000 = 5 880 000（元）

$$\text{利润变动百分比}=\frac{5\,880\,000-4\,800\,000}{4\,800\,000}=22.5\%$$

$$销售量的敏感系数 = \frac{22.5\%}{10\%} = 2.25$$

可见，销售量变动10%，利润就会变动22.5%，当销售量增长时，利润会以更大的幅度增长，这是由于企业固定成本的存在而导致的。对销售量进行敏感性分析，实质上就是分析经营杠杆现象，利润对销售量的敏感系数其实就是经营杠杆系数。

（2）单价的敏感程度。

单价 = 26 ×（1 + 10%）= 28.6（元）

利润 =（28.6 − 20）× 1 800 000 − 6 000 000 = 9 480 000（元）

$$利润变动百分比 = \frac{9\ 480\ 000 - 4\ 800\ 000}{4\ 800\ 000} = 97.5\%$$

$$单价的敏感系数 = \frac{97.5\%}{10\%} = 9.75$$

可见，单价对利润的影响很大，单价变动10%，利润则以97.5%的速率随单价变化，涨价是提高盈利的有效手段；反之，价格下降也将对企业构成很大威胁。经营者根据敏感系数分析可知，单价每降低1%，企业将损失9.75%的利润，企业必须对单价格外予以关注。

（3）单位变动成本的敏感程度。

单位变动成本 = 20 ×（1 + 10%）= 22（元）

利润 =（26 − 22）× 1 800 000 − 6 000 000 = 1 200 000（元）

$$利润变动百分比 = \frac{1\ 200\ 000 - 4\ 800\ 000}{4\ 800\ 000} = -75\%$$

$$单位变动成本的敏感系数 = \frac{-75\%}{10\%} = -7.5$$

由此可见，单位变动成本对利润的影响比单价小，单位变动成本每上升1%，利润将减少7.5%。但是，敏感系数绝对值大于1，说明单位变动成本的变化会造成利润更大的变化，仍属于敏感系数。

（4）固定成本的敏感程度。

固定成本 = 6 000 000 ×（1 + 10%）= 6 600 000（元）

利润 =（26 − 20）× 1 800 000 − 6 600 000 = 4 200 000（元）

$$利润变动百分比 = \frac{4\ 200\ 000 - 4\ 800\ 000}{4\ 800\ 000} = -12.5\%$$

$$固定成本的敏感系数 = \frac{-12.5\%}{10\%} = -1.25$$

这说明固定成本每上升 1%，利润将减少 1.25%。

由上例可以看出，将四个因素按敏感系数的绝对值排列，其顺序依次是单价、单位变动成本、销售量、固定成本。也就是说，对利润影响程度最大的因素是单价，然后是单位变动成本、销售量和固定成本。上述各因素敏感系数的排序是在例题所设定的条件下得到的，如果条件发生变化，各因素敏感系数的排序也可能发生变化。

小组讨论

在利润敏感性分析中，利润对单价的敏感程度是最高的，对吗？如果某企业单价对利润的敏感系数为 4，企业利润从盈利下降到保本，在其他因素不变的情况下，单价下降的最大幅度是多少？运用现象与本质的辩证关系原理，谈谈利润敏感性分析对企业经营有何帮助。

三、目标利润要求变化时允许各因素的升降幅度

当目标利润有所变化时，只有通过调整各因素现有水平才能达到目标利润变动的要求。因此，对各因素允许升降幅度的分析，实质上是各因素对利润影响程度分析的反向推算，在计算上表现为敏感系数的倒数。

岗课赛证融通训练 >>>

一、单项选择题

1. 用单因素敏感分析目标利润规划时，目标值是（　　）。

A. 单位变动成本　　B. 内含报酬率

C. 单价　　D. 目标利润

2. 下列关于敏感性分析的表述，正确的是（　　）。

A. 敏感性分析应对项目涉及的全部不确定因素进行分析

B. 敏感性分析的作用在于它能粗略预测项目可能承担的风险

C. 敏感性分析只适用于项目财务评价

D. 敏感性分析可以得知不确定因素对项目效益影响发生的可能性大小

3. 不受销售量变动影响的是（　　）。

A. 目标利润　　B. 安全边际量

C. 安全边际额　　D. 单位边际贡献

4. 在敏感性分析中，可以通过计算（　　）来确定敏感因素。

A. 不确定因素变化率和敏感度系数

B. 指标变化率和敏感度系数

C. 敏感度系数和临界点

D. 指标变化率和临界点

5. 下列关于敏感系数的说法中，不正确的是（　　）。

A. 敏感系数 = 目标值变动百分比 / 参量值变动百分比

B. 敏感系数越小，说明利润对该参数的变化越不敏感

C. 敏感系数绝对值越大，说明利润对该参数的变化越敏感

D. 敏感系数为负值，表明因素的变动方向和目标值的变动方向相反

二、多项选择题

1. 下列各因素单独变动会引起利润增加的有（　　　）。

A. 固定成本增加　　　　B. 单价上升

C. 单位变动成本下降　　D. 销售量增加

2. 在销售量不变的情况下，如果保本点提高，则（　　　）。

A. 盈利区的三角形面积有所扩大　　B. 盈利区的三角形面积有所缩小

C. 亏损区的三角形面积有所扩大　　D. 亏损区的三角形面积有所缩小

3. 关于敏感性分析，下列说法正确的有（　　　）。

A. 敏感度系数是指评价指标变化率与不确定因素变化之比

B. 敏感度系数越大，技术方案抗风险的能力越强

C. 敏感度系数越大，技术方案抗风险的能力越弱

D. 单因素敏感性分析图中，斜率越大的因素越敏感，敏感性分析仅适用于财务评价

三、判断题

1. 敏感性分析是指对影响目标实现的因素变化进行量化分析，以确定各因素变化对实现目标的影响及其敏感程度。（　　）

2. 若单价与单位变动成本同方向、同比例变动，则保本点不变。（　　）

3. 在保本点不变的情况下，如产品销售量超过保本点一个单位的业务量，即可获得一个单位边际贡献盈利。（　　）

四、岗位技能实操题

实训目的：能够熟练掌握本量利分析及敏感性分析方法的运用。

实训资料：大昌公司只生产销售甲产品，预计下一年度甲产品相关资料如

表 4-8 所示。

表 4-8　大昌公司甲产品的相关资料

单位：元

项目	总成本	单位成本
直接材料	200 000	2.00
直接人工	400 000	4.00
变动制造费用	100 000	1.00
固定制造费用	500 000	5.00
销售费用（全部为变动费用）	300 000	3.00
管理费用（全部为固定费用）	1 900 000	19.00

假设公司甲产品生产和销售平衡，预计下一年销售 120 000 件，产品售价为 50 元，公司适用的企业所得税税率为 25%。

实训要求：

（1）计算盈亏平衡点的销售量；

（2）计算下一年实现的目标利润；

（3）计算安全边际率，并判断大昌公司的经营安全程度；

（4）计算大昌公司利润对销售量和单价的敏感系数。

任务五　边际分析

一、安全边际与安全边际率

安全边际分析，是指通过分析正常销售额超过盈亏平衡点销售额的差额，衡量企业在盈亏平衡的前提下，能够承受因销售额下降带来不利影响的程度和企业抵御营运风险的能力。安全边际分析主要包括安全边际和安全边际率两个指标。

（一）安全边际

安全边际，是指实际销售量（额）或预期销售量（额）超过盈亏平衡点的销售量（额）的差量（额），体现企业营运的安全程度。其计算公式如下：

安全边际量 = 实际销售量或预期销售量 − 盈亏平衡点的业务量

安全边际额 = 实际销售额或预期销售额 − 盈亏平衡点的销售额

（二）安全边际率

安全边际率，是指安全边际量与实际销售量或预期销售量的比值。安全边际率为相对指标，便于不同企业或不同行业之间进行比较。安全边际率越高，企业经营的安全程度就越高，发生亏损的可能性就越小；反之，安全边际率越低，企业经营的安全程度也就越低，发生亏损的可能性就越大。其计算公式为：

$$安全边际率=\frac{安全边际量}{实际销售量或预期销售量}\times 100\%$$

安全边际率与评价企业经营安全程度的一般性标准如表 4-9 所示，该标准可以作为企业评价经营安全与否的参考。

表 4-9　评价企业经营安全程度的一般标准

安全边际率	40% 以上	30%～40%	20%～30%	10%～20%	10% 以下
经营安全程度	很安全	安全	较安全	值得注意	危险

【例 4-9】承【例 4-4】资料，计算佳润乳业公司 A 分厂甜牛奶乳饮料的安全边际及安全边际率。

解：安全边际量 = 预期销售量 − 盈亏平衡点的销售量 = 1 800 000 − 800 000 = 1 000 000（件）

安全边际额 = 预期销售额 − 盈亏平衡点的销售额 = 1 800 000 × 26 − 800 000 × 26 = 2 600 000（元）

安全边际率 = 安全边际量 ÷ 预期销售量 × 100%

= 1 000 000 ÷ 1 800 000 × 100% = 55.56%

佳润乳业公司 A 分厂安全边际率大于 40%，经营安全程度为很安全。

二、盈亏平衡作业率

安全边际率为正指标，盈亏平衡作业率为逆指标。盈亏平衡作业率，是指盈亏平衡点的销售量占实际销售量或预期销售量的比值。其指标数值越小，说明企业经营程度越安全；反之，则说明企业的经营程度越危险。其计算公式为：

$$盈亏平衡作业率=\frac{盈亏平衡点的销售量}{实际销售量或预期销售量}\times 100\%$$

实际工作中，大多数企业生产经营能力和正常销售量基本相同，因此，这个比率还表明盈亏平衡状态下的生产经营能力的利用程度。

可以发现，盈亏平衡作业率和安全边际率存在互补关系。其计算公式为：

$$盈亏平衡作业率+安全边际率=1$$

【例 4-10】承【例 4-4】资料，计算佳润乳业公司 A 分厂甜牛奶乳饮料的盈亏平衡作业率。

解：盈亏平衡作业率 = 盈亏平衡点销售量 / 预期销售量 ×100% = 800 000/1 800 000×100% = 44.44%

岗课赛证融通训练 >>>

一、单项选择题

1. 反映企业经营安全程度的指标是（　　）。

A. 保本销售量　　B. 保本销售额

C. 安全边际率　　D. 边际贡献

2. 边际贡献率与变动成本率二者之间的关系是（　　）。

A. 边际贡献率高，则变动成本率也高

B. 边际贡献率高，则变动成本率低

C. 边际贡献率与变动成本率二者没有关系

D. 边际贡献率是变动成本率的倒数

3. 安全边际率与盈亏平衡作业率之间的关系是（　　）。

A. 两者相等　　B. 前者一般大于后者

C. 后者一般大于前者　　D. 两者之和等于 1

4. 下列说法中正确的是（　　）。

A. 安全边际量与安全边际率均是正指标，其值越大，说明企业经营的安全程度越高

B. 安全边际率与盈亏平衡作业率都是越大越好

C. 安全边际率是越小越好，盈亏平衡作业率是越大越好

D. 安全边际率是盈亏平衡作业率的倒数

5. 某企业生产一种产品，单价为 20 元，单位变动成本为 12 元，固定成本 80 000 元 / 月，每月实际销售量为 25 000 件。以一个月为计算期，下列说法不正确的是（　　）。

A. 盈亏平衡点的销售量为 10 000 件　　B. 安全边际为 300 000 元

C. 盈亏平衡作业率为 60%　　D. 销售利润率为 24%

二、多项选择题

1. 边际贡献率的计算公式可表示为（　　　）。

A. 边际贡献 / 销售收入　　B. 1 − 变动成本率

C. 固定成本 / 盈亏平衡点的销售量　　D. 固定成本 / 盈亏平衡点的销售额

2. 企业经营安全程度的评价指标包括（　　）。

A. 盈亏平衡点的销售量　　B. 安全边际量

C. 盈亏平衡作业率　　D. 安全边际率

3. 若企业处于盈亏平衡状态，则（　　）。

A. 盈亏平衡作业率为 0　　B. 盈亏平衡作业率为 100%

C. 安全边际率为 100%　　D. 安全边际率为 0

4. 下面关于安全边际率的表述中正确的是（　　）。

A. 安全边际量与盈亏平衡点的销售量的比值是安全边际率

B. 安全边际率与盈亏平衡作业率的和为 1

C. 安全边际量与当年实际销售量的比值等于安全边际率

D. 安全边际率越小，企业发生亏损的可能性越小

三、判断题

1. 其他条件不变，销售量变动将使安全边际呈反方向变动。（　　）

2. 安全边际量和安全边际率都是越小越好。（　　）

3. 某产品的变动成本率为 70%，安全边际率为 30%，则销售利润率为 21%。（　　）

4. 销售利润率只与边际贡献率有关，不受安全边际率的影响。（　　）

5. 安全边际率与盈亏平衡作业率之和为 1。（　　）

四、岗位技能实操题

实训目的：能够熟练掌握边际分析方法的运用。

岗位技能实操题 1

实训资料：天宇公司销售甲产品，单价为 100 元 / 件，单位变动成本为 50 元，固定成本为 130 000 元，假定该公司正常经营条件下的销售量为 5 000 件。

实训要求：计算天宇公司甲产品的安全边际、安全边际率及盈亏平衡作业率。

岗位技能实操题 2

实训资料：某企业销售乙产品，预计销售量为 1 000 件，该产品变动成本率为 60%，安全边际率为 25%，单位边际贡献收益 40 元。

实训要求：

（1）计算安全边际量和安全边际额；

（2）计算盈亏平衡作业率；

（3）利用盈亏平衡作业率，预测企业该产品的盈亏平衡点的销售量、销售额；

（4）利用安全边际指标计算该企业该年的税前利润。

价值引领 >>>

OPM 战略与零营运资金管理——以海尔公司为例

海尔公司曾提出追求零营运资本管理，以尽可能减少公司在流动资产上的资金占用。这种管理模式在实战中多集中在存货与应收账款。要做到存货最小，应采用准时制生产方式（Just In Time，JIT）管理与订单生产；要做到应收账款最小，应拒绝赊销。

海尔公司推行现款现货以实现零坏账目标。虽然海尔公司在前几个月销售量下降较多，但数月后订单逐步回升。一旦客户认可，现款现货的价值凸显，海尔公司便在竞争中占据了主动。

销售产品时能预收账款，采购时能延期付款，无异于客户、供应商都在给公司提供无息贷款。这种运作商业信用的方法叫 OPM（Other People's Money）模型。公司营运资金管理不妨对标 OPM，“用别人的钱”还是“被别人用钱”，现款现货不仅减少了资金占用，还可省下不少的资金成本。

近十多年来，海尔公司对全球各细分市场中消费者人群进行持续跟踪和研究，对不同文化背景的全球用户需求、行为态度、价值观和审美偏好等海量的数据进行收集与积累分析、深度挖掘，洞悉用户的需求变迁和生长趋势，做到了“比用户更懂得自己”。在品牌战略、全球化战略的推进下，海尔公司不断进行企业内部流程优化，提升企业的运营效率，从而提升产品的品牌价值。同时，塑造诚信文化，保证产品质量，为客户提供优质产品。

思考与启示：

营运管理是企业管理的重要一环，是实现对企业生产经营过程中的物料供应、产品生产和销售等环节的价值增值管理。在营运管理开展过程中，需要重点加强以下管理：

（1）企业应增强风险意识，采用恰当的方法加强应收账款管理分析，对客户进行信用管理和控制，防范应收账款风险。同时，加强企业存货管理，以免因存货积压占用大量资金导致企业资金短缺，影响企业正常生产经营。

（2）企业应完善诚信经营体系，严格遵守企业诚信经营准则。在产品质量、信息披露、债务偿还等方面注重诚信，营造企业诚信文化。

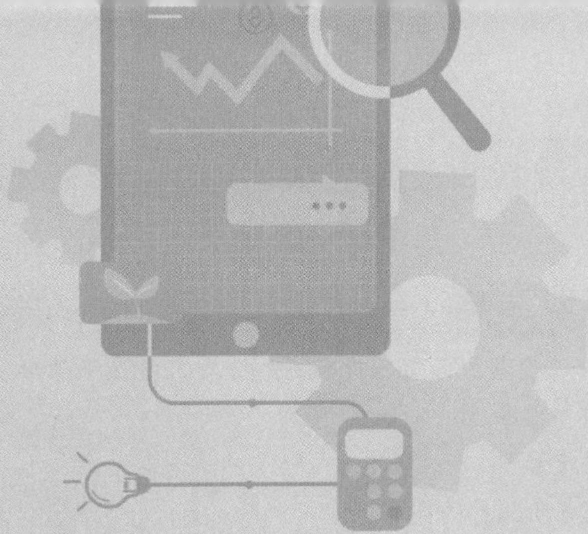

项目五

投融资管理

5

学习目标

知识目标

1. 理解企业投融资管理的概念、投融资的分类、投融资管理遵循的原则和程序
2. 熟悉项目现金流量
3. 了解项目投资评价指标的内容
4. 重点掌握项目决策的评价指标
5. 重点掌握资金需要量预测的方法
6. 掌握资本成本的计算
7. 掌握资本结构优化的方法

技能目标

1. 能够熟练掌握项目财务可行性分析的方法
2. 能够运用投资评价指标，进行项目投资现金流量分析和评价指标综合运用
3. 能够运用销售百分比法预测资金需要量
4. 能够熟练掌握企业融资决策分析的方法

素养目标

1. 增强遵守法律法规的意识，能够辨别合法的投融资行为
2. 培养学生的风险意识，树立风险与收益均衡观念

思维导图

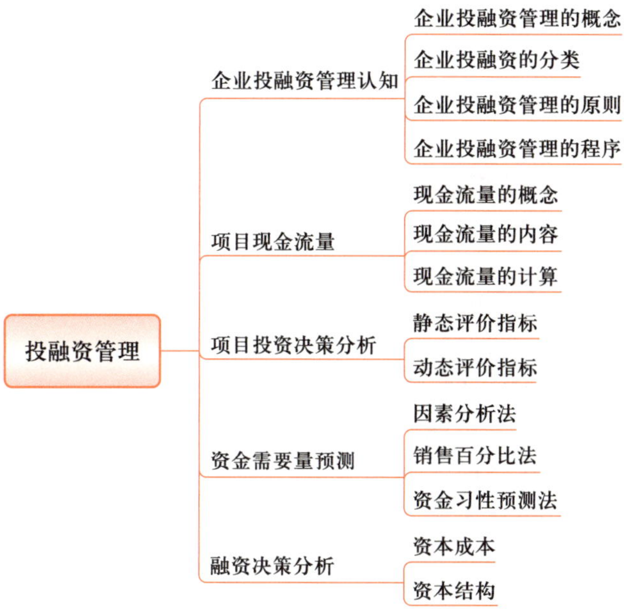

引导案例

佳润乳业公司近五年发展迅速，建立起了立体、稳定、通畅的销售网络和服务体系，从生产到销售已初步实现全国性布局。随着公司规模的快速扩张，公司面临着一系列投融资决策问题。目前，公司有关投融资管理制度还欠完善，对投融资决策分析方法把握不够，管理层经常在项目投资决策中意见不一，难以科学合理地做出正确判断，导致投融资机会丧失。

项目投融资管理影响因素很多，如资金时间价值、现金流量、资金成本、风险问题等，如何才能做出正确的项目投融资决策？相对于短期经营决策而言，项目投融资涉及资金数量大、时间长，项目成功与否对企业财务状况具有重大影响，关系企业可持续发展。

分析与启示

（1）随着规模的扩张及投融资业务的增加，佳润乳业公司应健全投融资管理的制度体系，设置能够满足投融资管理活动所需的投融资委员会或类似决策机构。

（2）针对不同的投融资项目，企业应强化风险意识，符合相关法律法规的规定，根据实际情况，利用科学的决策方法，选取有效评价指标，作出科学合理的决策。

（3）对企业要实施的投资项目进行进度、财务、变更等过程控制，在投资项目完成实施后，企业应组织开展投资后评价。

（4）企业在进行融资时，合法是前提，并在此基础上全局考虑融资资本成本、资本结构等因素，以达到企业多元化融资目标。

任务一　企业投融资管理认知

一、企业投融资管理的概念

企业投融资管理包括投资管理和融资管理。

（1）投资管理，是指企业根据自身战略发展规划，在价值最大化的前提下，将资金投入到投资过程中的管理活动。

（2）融资管理，是指企业为实现既定的战略目标，在风险匹配的原则下，以信用为基础筹集资金的管理活动。

二、企业投融资的分类

（一）企业投资的分类

将企业投资进行科学分类，有利于分清投资的性质，按不同的特点和要求进行投资决策，加强投资管理。

1. 直接投资和间接投资

按投资活动与企业本身生产经营活动的关系，企业投资可以划分为直接投资和间接投资。

（1）直接投资，是指将资金直接投放于形成生产经营能力的实体性资产，直接谋取经营利润的企业投资。通过直接投资，购买并配置劳动力、劳动资料和劳动对象等具体生产要素，开展生产经营活动。

（2）间接投资，是指将资金投放于股票、债券等权益性资产上的企业投资。之所以称为间接投资，是因为股票、债券的发行方，在筹集到资金后，再把这些资金投放于形成生产经营能力的实体性资产，获取经营利润。而间接投资方不直接介入具体生产经营过程，通过股票、债券上所约定的收益分配权利，获取股利或利润总收入，分享直接投资的经营利润。基金投资也是一种间接投资，通过投资股票、债券等的投资组合获取收益。

2. 项目投资与证券投资

按投资对象的存在形态和性质，企业投资可以划分为项目投资和证券投资。

（1）项目投资，是指企业可以通过投资，购买具有实质内涵的经营资产，包括有形资产和无形资产，形成具体的生产经营能力，开展实质性的生产经营活动，谋取经营利润。项目投资的目的在于改善生产条件、扩大生产能力，以获取更多的经营利润。项目投资属于直接投资。

（2）证券投资，是指企业可以通过投资，购买证券资产，通过证券资产上所赋予的权利，间接控制被投资企业的生产经营活动，获取投资收益，即购买属于综合生产要素的权益性权利资产的企业投资。

直接投资与间接投资、项目投资与证券投资，两种投资分类方式的内涵和范围是一致的，只是分类角度不同。直接投资与间接投资强调的是投资的方式性，项目投资与证券投资强调的是投资的对象性。

3. 发展性投资与维持性投资

按投资活动对企业未来生产经营前景的影响，企业投资可以划分为发展性投资和维持性投资。

（1）发展性投资，是指对企业未来的生产经营发展全局有重大影响的企业投资。发展性投资也可以称为战略性投资，如企业间兼并合并的投资、转换新行业和开发新产品投资、大幅度扩大生产规模的投资等。发展性投资项目实施后，往往可以改变企业的经营方向和经营领域，或者明显地扩大企业的生产经营能力，或者实现企业的战略重组。

（2）维持性投资，是指为了维持企业现有的生产经营正常顺利进行，不会改变企业未来生产经营发展全局的企业投资。维持性投资也可以称为战术性投资，如更新替换旧设备的投资、配套流动资金投资等。维持性投资项目所需要的资金不多，对企业生产经营的前景影响不大，投资风险相对也较小。

4. 对内投资与对外投资

按投资活动资金投出的方向，企业投资可以划分为对内投资和对外投资。

（1）对内投资，是指在本企业范围内部的资金投放，用于购买和配置各种生产经营所需的经营性资产。

（2）对外投资，是指向本企业范围以外的其他单位的资金投放。对外投资多以现金、有形资产、无形资产等资产形式，通过联合投资、合作经营、换取股权、购买证券资产等投资方式，向企业外部其他单位投放资金。

对内投资都是直接投资，对外投资主要是间接投资，也可能是直接投资。

5. 独立投资与互斥投资

按投资项目之间的相互关联关系，企业投资可以划分为独立投资和互斥投资。

（1）独立投资是相容性投资，各个投资项目之间互不关联、互不影响，可以同时存在。例如，建造一家饮料厂和建造一家纺织厂，它们之间并不冲突，可以同时进行。对于一个独立投资项目而言，其他投资项目是否被采纳，对本项目的决策并无显著影响。因此，独立投资项目决策考虑的是方案本身是否满足某种决策标准。

（2）互斥投资是非相容性投资，各个投资项目之间相互关联、相互替代，不能同时存在。如对企业现有设备进行更新，购买新设备就必须处置旧设备，它们之间是互斥的。对于一个互斥投资项目而言，其他投资项目是否被采纳或放弃，直接影响本项目的决策，其他项目被采纳，本项目就不能被采纳。因此，互斥投资项目决策考虑的是各方案之间的排斥性，也许每个方案都是可行方案，但互斥决策需要从中选择最优方案。

（二）企业融资的分类

企业采用不同方式所融通的资金，按照不同的分类标准可分为不同的融资类别。

1. 股权融资、债务融资及衍生工具融资

按企业取得资金的权益特性不同，企业融资分为股权融资、债务融资及衍生工具融资。

（1）股权资本，是股东投入的、企业依法长期拥有、能够自主调配运用的资本。股权资本在企业持续经营期间，投资者不得抽回，因而也称为企业的自有资本、主权资本或权益资本。股权资本是企业从事生产经营活动和偿还债务的基本保证，是代表企业基本资信状况的一个主要指标。企业的股权资本通过吸收直接投资、发行股票、内部积累等方式取得。股权资本一般不用偿还本金，形成了企业的永久性资本，因而财务风险小，但付出的资本成本相对较高。

股权资本包括实收资本（股本）、资本公积、盈余公积和未分配利润。其中：实收资本（股本）和其溢价部分形成的资本公积，是外部投资者原始投入的；盈余公积、未分配利润和部分资本公积，是原始投入资本在企业持续经营中形成的经营积累。通常，盈余公积、未分配利润共称为留存收益。股权资本在经济意义上形成了企业的所有者权益。所有者权益是指投资者在企业资产中享有的经济利益，其金额等于企业资产总额减去负债后的余额。

（2）债务资本，是企业按合同向债权人取得的，在规定期限内需要清偿的债务。企业通过债务融资形成债务资金，债务资金通过向金融机构借款、发行债券、融资租赁等方式取得。由于债务资金到期要归还本金和支付利息，债权人对企业的经营状况不承担责任，因而债务资金具有较大的财务风险，但付出的资本成本相对较低。从经济意义上来说，债务资金是债权人对企业的一种投资，债权人依法享有企业使用债务资金所取得的经济利益，因而债务资金形成了企业的债权人权益。

（3）衍生工具融资，包括兼具股权与债务融资性质的混合融资和其他衍生工具融资。我国上市公司目前最常见的混合融资方式是可转换债券融资，最常见的其他衍生工具融资方式是认股权证融资。

2. 直接融资与间接融资

按是否借助于金融机构为媒介来获取社会资金，企业融资分为直接融资和间接融资。

（1）直接融资是企业直接与资金供应者协商融通资金的融资活动。直接融资不需要通过金融机构来筹措资金，是企业直接从社会取得资金的方式。直接融资方式主要有发行股票、发行债券、吸收直接投资等。直接融资方式既可以筹集股权资金，也可以筹集债务资金。相对来说，直接融资的融资手续比较复杂，融资费用较高；但融资领域广阔，能够直接利用社会资金，有利于提高企业的知名度和资信度。

（2）间接融资是企业借助于银行和非银行金融机构而筹集资金。在间接融资方式下，银行等金融机构发挥中介作用，预先集聚资金，然后提供给企业。间接融资的基本方式是银行借款，此外还有融资租赁等方式。间接融资形成的主要是债务资金，用于满足企业资金周转的需要。间接融资手续相对比较简便，融资效率高，融资费用较低，但容易受金融政策的制约和影响。

3. 内部融资与外部融资

按资金的来源范围不同，企业融资分为内部融资和外部融资。

（1）内部融资是指企业通过利润留存而形成的融资来源。内部融资数额大小主要取决于企业可分配利润的多少和利润分配政策，一般无须花费融资费用，从而降低了资本成本。

（2）外部融资是指企业向外部筹措资金而形成的融资来源。处于初创期的企业，内部融资的可能性是有限的；处于成长期的企业，内部融资往往难以满足需要，这就需要企业广泛地开展外部融资，如发行股票、债券，取得商业信用、银行借款等。企业向外部融资大多需要花费一定的融资费用，从而提高了融资成本。

4. 长期融资与短期融资

按所筹集资金的使用期限不同，企业融资分为长期融资和短期融资。

（1）长期融资是指企业筹集使用期限在 1 年以上的资金。长期融资的目的主要在于形成和更新企业的生产和经营能力，或扩大企业生产经营规模，或为对外投资筹集资金。长期融资通常采取吸收直接投资、发行股票、发行债券、长期借款、融资租赁等方式，所形成的长期资金主要用于购建固定资产、形成无形资产、进行对外长期投资、垫支铺底流动资金、产品和技术研发等。从资金权益性质来看，长期资金可以是股权资金，也可以是债务资金。

（2）短期融资是指企业筹集使用期限在1年以内的资金。短期资金主要用于企业的流动资产和资金日常周转，一般在短期内需要偿还。短期融资经常利用商业信用、短期借款、保理业务等方式来筹集。

三、企业投融资管理的原则

企业进行投融资管理时，一般应遵循以下原则：

（1）价值创造原则。投融资管理应以持续创造社会价值和经济价值为核心。

（2）战略导向原则。投融资管理应符合企业发展战略与规划，与企业战略布局和结构调整方向相一致。

（3）风险匹配原则。投融资管理应确保投融资对象的风险评级与企业的风险综合承受能力相匹配。

四、企业投融资管理的程序

（一）投资管理程序

企业应建立健全投资管理的制度体系，根据组织架构特点，设置能够满足投资管理活动所需的，由业务、财务、法律及审计等相关人员组成的投资委员会或类似决策机构，对重大投资事项和投资制度建设等进行审核，有条件的企业可以设置投资管理机构，组织开展投资管理工作。

企业应用投资管理工具方法，一般按照投资计划制定、投资可行性分析、投资管理的实施过程控制和投资后评价等程序进行。

1. 投资计划制定

企业投资管理机构应根据战略需要，定期编制中长期投资规划，并据此编制年度投资计划。

（1）中长期投资规划一般应明确指导思想、战略目标、投资规模、投资结构等。

（2）年度投资计划一般包括编制依据、年度投资任务、年度投资任务执行计划、投资项目的类别及名称、各项目投资额的估算及资金来源构成等，并纳入企业预算管理。

2. 投资可行性分析

投资可行性分析的内容一般包括该投资在技术和经济上的可行性、可能产生的经济效益和社会效益、可以预测的投资风险、投资落实的各项保障条件等。

3. 投资管理的实施过程控制

企业进行投资管理，应当将投资控制贯穿于投资的实施全过程。投资控制的主要内容一般包括进度控制、财务控制、变更控制等。

进度控制，是指对投资实际执行进度方面的规范与控制，主要由投资执行部门负责。财务控制，是指对投资过程中资金使用、成本控制等方面的规范与控制，主要由财务部门负责。变更控制，是指对投资变更方面的规范与控制，主要由投资管理部门负责。

4. 投资后评价

投资项目实施完成后，企业应对照项目可行性分析和投资计划组织开展投资后评价。投资后评价的主要内容一般包括投资过程回顾、投资绩效和影响评价、投资目标实现程度和持续能力评价、经验教训和对策建议等。

投资报告应根据投资管理的情况和执行结果编制，反映企业投资管理的实施情况。投资报告主要包括以下两部分内容：

（1）投资管理的情况说明，一般包括投资对象、投资额度、投资结构、投资风险、投资进度、投资效益及需要说明的其他重大事项等。

（2）投资管理建议，可以根据需要以附件形式提供支持性文档。

投资报告是重要的管理会计报告，应确保内容真实、数据可靠、分析客观、结论清楚，为报告使用者提供满足决策需要的信息。企业可定期编制投资报告，反映一定期间内投资管理的总体情况，一般至少应于每个会计年度编制一份；也可根据需要编制不定期投资报告，主要用于反映重要项目节点、特殊事项和特定项目的投资管理情况。

企业应及时进行回顾和分析，检查和评估投资管理的实施效果，不断优化投资管理流程，改进投资管理工作。

（二）融资管理程序

企业应建立健全融资管理的制度体系，融资管理一般采取审批制。

企业应设置满足融资管理所需的，由业务、财务、法律及审计等相关人员组成的融资委员会或类似决策机构，对重大融资事项和融资管理制度等进行审批，并设置专门归口管理部门牵头负责融资管理工作。

企业应用融资管理工具方法，一般按照融资计划制定、融资决策分析、融资方案的实施与调整、融资管理分析等程序进行。

1. 融资计划制定

企业对融资安排应实行年度统筹、季度平衡、月度执行的管理方式，根据战略需要、业务计划和经营状况，预测现金流量，统筹各项收支，编制年度融资计划，并据此分解至季度和月度融资计划。必要时根据特定项目的需要，编制专项融资计划。

年度融资计划的内容一般包括编制依据、融资规模、融资方式、资本成本等；季度和月度融资计划的内容一般包括年度经营计划、企业经营情况和项目进展水平、资金周转水平、融资方式、资本成本等。企业融资计划可作为预算管理的一部分，纳入企业预算管理。

2. 融资决策分析

企业应根据融资决策分析的结果编制融资方案，融资决策分析的内容一般包括资本结构、资本成本、融资用途、融资规模、融资方式、融资机构的选择依据、偿付能力、融资潜在风险和应对措施、还款计划等。

3. 融资方案的实施与调整

融资方案经审批通过后，进入实施阶段，一般由归口管理部门具体负责落实。如果融资活动受阻或者融资量无法达到融资需求目标，归口管理部门应及时对融资方案进行调整，数额较大时应按照融资管理程序重新报请融资委员会或类似决策机构审批。

4. 融资管理分析

企业融资完成后，应对融资进行统一管理，必要时应建立融资管理台账。企业应定期进行融资管理分析，内容一般包括还款计划、还款期限、资本成本、偿付能力、融资潜在风险和应对措施等。还款计划应纳入预算管理，以确保按期偿还融资。

融资报告应根据融资管理的执行结果编制，反映企业融资管理的情况和执行结果。融资报告主要包括以下两部分内容：

（1）融资管理的情况说明，一般包括融资需求测算、融资渠道、融资方式、融资成本、融资程序、融资风险及应对措施、需要说明的重大事项等。

（2）融资管理建议，可以根据需要以附件形式提供支持性文档。

融资报告是重要的管理会计报告，应确保内容真实、数据可靠、分析客观、结论清楚，为报告使用者提供满足决策需要的信息。企业可定期编制融资报告，反映一定期间内融资管理的总体情况，一般至少应于每个会计年度出具一份；也可根据需要编制不定期报告，主要用于反映特殊事项和特定项目的融资管理情况。

企业应及时进行融资管理回顾和分析，检查和评估融资管理的实施效果，不断优化融资管理流程，改进融资管理工作。

小组讨论

某投资人准备在校园内投资一个大学生创业项目——水果捞坊，对于该创业项目投资人应该考虑哪些因素？同时，创业项目的资金来源有哪些？

岗课赛证融通训练 >>>

一、单项选择题

1. 投资管理，是指企业根据自身战略发展规划，以（　　）为目标，对将资金投入营运进行的管理活动。

A. 企业利润最大化　　B. 企业价值最大化

C. 股东财富最大化　　D. 相关者利益最大化

2. 融资管理，是指企业为实现既定的战略目标，在（　　）原则下，对通过一定的融资方式和渠道筹集资金进行的管理活动。

A. 风险最小化　　B. 收益最大化

C. 融资最大化　　D. 风险匹配

3. 企业应建立健全融资管理的制度体系，融资管理一般采取（　　）。

A. 审批制　　B. 审核制

C. 分级审核制　　D. 分级审批制

4. 下列属于内部融资的有（　　）。

A. 发行股票　　B. 发行债券

C. 银行借款　　D. 留存收益

5. 将企业投资区分为发展性投资和维持性投资所依据的分类标志是（　　）。

A. 按投资活动与企业本身生产经营活动的关系

B. 按投资对象的存在形态与性质

C. 按投资活动对企业未来生产经营前景的影响

D. 按投资项目之间的相互关联关系

二、多项选择题

1. 企业进行投融资管理时，一般应遵循的原则有（　　）。

A. 价值创造原则　　B. 战略导向原则

C. 风险匹配原则　　D. 利润最大原则

2. 企业投资管理程序包括（　　）。

A. 投资计划制定　　B. 投资可行性分析

C. 投资监督　　D. 投资后评价

3. 直接投资是将资金投放于（　　）等资产上的企业投资。

A. 设备　　B. 股票

C. 债券　　D. 厂房

4. 企业年度融资计划的内容一般包括（　　　　）。

A. 编制依据　　B. 融资规模

C. 融资方式　　D. 资本成本

5. 企业融资报告内容包括（　　　　）。

A. 融资渠道　　B. 融资成本

C. 融资管理的情况说明　　D. 融资管理建议

三、判断题

1. 发展性投资，是为了维持企业现有的生产经营正常顺利进行，不会改变企业未来生产经营发展全局的企业投资。（　　）

2. 融资方案一经确定后不得调整。（　　）

3. 投融资中要尽量多考虑收益，风险不作为首要考虑因素。（　　）

4. 对内投资都是直接投资，对外投资都是间接投资。（　　）

5. 企业可定期编制投资报告，反映一定期间投资管理的总体情况，一般至少应于每个会计年度编制一份。（　　）

任务二　项目现金流量

项目现金流量

一、现金流量的概念

现金流量是指由一项长期投资方案所引起的在未来一定期间所发生的现金收支。其中，现金收入称为现金流入量，现金支出称为现金流出量，现金流入量与现金流出量相抵后的余额，称为现金净流量。

现金流量是计算项目投资决策评价指标的主要根据和关键的价值信息之一。现金流量的计算以收付实现制为基础。这里的“现金”是指广义的现金，既指库存现金、银行存款等货币性资产，也可以指相关非货币资产（如原材料、设备等）的变现价值。

二、现金流量的内容

现金流量包括现金流入量、现金流出量和现金净流量。

（一）现金流入量

现金流入量是指项目投资方案引起的企业现金收入的增加额。主要包括：

1. 营业收入

营业收入是指项目投产后在生产经营期内每年实现的全部营业收入，为了简化计算，假定正常生产经营年度内，每期生产的赊销额与回收的应收账款大致相等。根据时点假设，生产经营期发生的营业收入均在每期期末。营业收入是生产经营期主要的现金流入量项目。

2. 回收流动资金

回收流动资金是指投资项目在项目计算期的终结点，收回原来垫付的全部流动资金。

3. 回收的固定资产残值

回收的固定资产残值是指投资项目的固定资产在报废清理时的残值收入或中途转让时的变价收入。此现金流入一般发生在项目计算期的终结点。

4. 其他现金流入量

其他现金流入量是指以上三项指标以外的现金流入量项目。

（二）现金流出量

现金流出量是指项目投资方案引起的企业现金支出的增加额。主要包括：

1. 建设投资

建设投资是指在项目建设期内所发生的固定资产投资、无形资产投资和开办费投资等总和。建设投资是建设期发生的主要现金流出量。

2. 垫付的流动资金

垫付的流动资金是指投资项目建成投产后，为开展正常生产经营活动而投放在流动资产上的投资增加额。流动资金一般在项目开始投产时一次或分次投入，但要到项目终结点才能全部收回。

3. 付现的营运成本

付现的营运成本是指在投资项目生产经营期内为满足正常生产经营活动而发生的用现金支付的成本。是经营期内最主要的现金流出量。

4. 所得税支出

所得税是投资项目的现金支出，即现金流出量。

（三）现金净流量

现金净流量（Net Cash Flow，NCF）是指项目计算期内现金流入量与现金流出量的差额。当现金流入量大于现金流出量时，现金净流量为正数，用“+”表示；当现金流入量小于现金流出量时，现金净流量为负数，用“−”表示。

三、现金流量的计算

投资项目从整个经济寿命周期来看，大致可以分为 3 个阶段：投资期、营业期和终结期，现金流量的各个项目也可归属于各个阶段之中。

（一）投资期

投资期的现金流量主要是现金流出量，即在该投资项目的原始投资，包括在长期资产上的投资和垫付的流动资金。

（二）营业期

营业期是投资项目的主要阶段，该阶段既有现金流入量，也有现金流出量。主要包括营业收入、付现成本和所得税支出等。

营业现金净流量 = 营业收入 – 付现成本 – 所得税支出
= 税后营业利润 + 非付现成本
= 营业收入 ×（1 – 所得税税率）– 付现成本 ×（1 – 所得税税率）+ 非付现成本 × 所得税税率

（三）终结期

终结期的现金流量主要是现金流入量，主要包括固定资产变价净收入、固定资产变现净损益和垫付流动资金的收回。

【例 5–1】佳润乳业公司 2022 年拟建设一条新的生产线用于生产其开发的一种新产品，在建设起点一次性投入建设资金 1 900 万元，建设期为 1 年。生产线建成投产之时，需垫付流动资金 200 万元，以满足日常经营活动需要。生产线投产后，预计每年可为公司增加营业收入 900 万元，新增付现成本 300 万元。生产线使用年限为 6 年，预计净残值为 100 万元，采用直线法计提折旧。项目期满时，垫付的流动资金全额收回。所得税税率为 25%。

要求：计算该项目投资在项目计算期内各年的现金净流量，并编制投资项目现金流量表，见表 5–1。

解：每年折旧 =（1900 – 100）÷ 6=300（万元）。

（1）投资期的净现金流量。

固定资产投资的现金流量 $NCF_0 = -1\ 900$（万元）。

垫付流动资金的现金流量 $NCF_1 = -200$（万元）。

（2）每年的营业净现金流量。

每年的营业净现金流量 $NCF_{2-6} = (900 - 300 - 300) \times (1 - 25\%) + 300 = 525$（万元）。

（3）终结点净现金流量。

项目寿命期结束时的回收额现金流量 $NCF_6 = 100 + 200 = 300$（万元）。

在实务中，对某一投资项目在不同时点上现金流量数额的测算，通常通过编制“投资项目现金流量表”进行。

表 5-1　投资项目现金流量表 [①]

单位：万元

项目	第 0 年	第 1 年	第 2 年	第 3 年	第 4 年	第 5 年	第 6 年	第 7 年
固定资产投资	（1900）							
流动资金垫付		（200）						
营业收入（1）			900	900	900	900	900	900
付现成本（2）			300	300	300	300	300	300
固定资产折旧（3）			300	300	300	300	300	300
税前净利润（4）=（1）-（2）-（3）			300	300	300	300	300	300
所得税（5）=（4）×25%			75	75	75	75	75	75
税后净利润（6）=（4）-（5）			225	225	225	225	225	225
营业现金流量（7）=（6）+（3）			525	525	525	525	525	525
残值净收入								100
流动资金回收								200
现金流量合计	（1900）	（200）	525	525	525	525	525	825

小组讨论

在项目投资决策中，项目现金流量预测是否应当具有全局和发展的眼光？

岗课赛证融通训练

一、单项选择题

1. 下列选项中，不属于营业期现金流量的是（　　）。

A. 营业收入　　B. 付现成本　　C. 折旧　　D. 所得税

2. 某投资方案投产后年营业收入为 1 000 万元，年营业成本为 600 万元（其中折旧为 100 万元），所得税税率为 25%，则该方案投产后年营业现金净流量为（　　）万元。

① 表中的数字，带有括号的为现金流出量，表示负值。

A. 325　　B. 400　　C. 300　　D. 475

3. 某投资方案的年营业收入为 100 000 元，年总营业成本为 60 000 元，其中年折旧额 10 000 元，所得税税率为 25%，该方案的每年营业现金净流量为（　　）元。

A. 16 800　　B. 30 000　　C. 40 000　　D. 43 200

4. B 生产线项目预计寿命为 10 年，该生产线只生产一种产品，假定该产品的单位营业现金净流量始终保持为 100 元 / 件的水平，预计投产后各年的产销量数据为：第 1 至 5 年每年为 2 000 件，第 6 至 10 年每年为 3 000 件，拟建生产线项目的固定资产在终结期的预计净残值为 5 万元，全部营运资金 30 万元在终结期一次回收，则该项目第 10 年现金净流量为（　　）万元。

A. 35　　B. 20　　C. 30　　D. 65

5. 某公司打算投资一个项目，预计该项目需固定资产投资 400 万元，预计可使用 5 年。项目预计流动资产需用额为 160 万元，流动负债需用额为 55 万元。则该项目原始投资额为（　　）万元。

A. 400　　B. 560　　C. 345　　D. 505

二、多项选择题

1. 在项目投资的经营期内现金流量主要有（　　）。

A. 原始投资额的现值　　B. 营业收入

C. 折旧额　　D. 经营成本

2. 在考虑所得税影响的情况下，下列关于营业现金流量的计算中，正确的有（　　）。

A. 营业现金流量 = 营业收入 − 付现成本 − 所得税

B. 营业现金流量 = 税后营业利润 + 非付现成本

C. 营业现金流量 = 税后收入 − 税后付现成本 + 非付现成本抵税

D. 营业现金流量 = 营业收入 ×（1 − 所得税税率）− 付现成本 ×（1 − 所得税税率）+ 非付现成本

3. 下列各项中，构成项目终结期的现金流量的有（　　）。

A. 设备运输安装费　　B. 固定资产变价净收入

C. 垫支营运资金的收回　　D. 原材料购置费

三、岗位技能实操题

岗位技能实操题 1

实训目的：能够熟练掌握投资项目计算期各年现金流量的测算。

实训资料：大金公司为满足市场需求，计划增添一条某乘用车配件生产线项目，以扩充生产能力。现有 A、B 两个方案可供选择。A 方案需要投资 500 万元，B 方案需要投资 750 万元。两个方案的预计使用寿命均为 5 年，均采用直线法计提折旧，A 方案预计残值为 20 万元，B 方案预计残值为 50 万元。A 方案预计为公司带来年销售收入 800 万元，第 1 年付现成本 450 万元，以后在此基础上每年增加维修费 10 万元。B 方案预计为公司带来年销售收入 1 200 万元，年付现成本为 880 万元。项目投入营运时，A 方案需垫付流动资金 50 万元，B 方案需垫付流动资金 85 万元。所得税税率为 25%。

实训要求：根据上述资料，编制 A、B 两方案每年的投资项目现金流量计算表，如表 5-2 所示。

表 5-2　投资项目现金流量计算表

单位：万元

项目	第 0 年	第 1 年	第 2 年	第 3 年	第 4 年	第 5 年
A 方案：						
固定资产投资						
流动资金垫付						
营业收入（1）						
付现成本（2）						
固定资产折旧（3）						
税前净利润（4）=（1）-（2）-（3）						
所得税（5）=（4）×25%						
税后净利润（6）=（4）-（5）						
营业现金流量（7）=（6）+（3）						
残值净收入						
流动资金回收						
现金流量合计						
B 方案：						
固定资产投资						
流动资金垫付						
营业收入（1）						

续表

项目	第0年	第1年	第2年	第3年	第4年	第5年
付现成本（2）						
固定资产折旧（3）						
税前净利润（4）=（1）-（2）-（3）						
所得税（5）=（4）×25%						
税后净利润（6）=（4）-（5）						
营业现金流量（7）=（6）+（3）						
残值净收入						
流动资金回收						
现金流量合计						

岗位技能实操题2

实训资料：宏达公司是一家大型制造业企业，适用的所得税税率为25%，该公司要求的最低收益率为10%。目前宏达公司面临甲、乙两个投资方案的决策。资料如下：

（1）甲、乙两个方案有关投资的数据资料如表5-3所示。

表5-3　甲、乙两个方案有关投资的数据资料

方案	甲	乙
原始投资/万元	8 000	10 000
预计使用年限	8	5
税法规定残值	0	0

假设两个方案的原始投资均是在0时点一次性投入，立即投产经营，最终实际残值均与税法规定的残值一致。

（2）甲方案预计每年营业收入为6 000万元，每年付现成本为2 000万元。乙方案各年的税后营业利润分别为2 000万元、2 500万元、3 000万元、3 500万元、4 000万元。

实训要求：计算甲、乙方案各年现金净流量。

任务三 项目投资决策分析

当确定了项目投资在项目计算期的相关现金流量和必要收益率信息后，需考虑采用一定决策方法评价项目的财务可行性，以决定是否采纳有关项目投资方案。

项目投资决策评价指标按是否考虑资金时间价值因素主要分为两类：一类是没有考虑资金时间价值因素影响的评价指标，也称静态评价指标，包括投资收益率和静态投资回收期。另一类是考虑资金时间价值因素影响的评价指标，也称动态评价指标，包括净现值、现值指数、内含收益率和动态投资回收期等。

一、静态评价指标

（一）投资收益率

投资收益率又称投资报酬率，是指投资项目的年平均净收益与该项目平均投资额的比率。

1. 投资收益率的计算公式

$$投资收益率 = 年平均净收益 / 初始投资额 \times 100\%$$

式中，“年平均净收益”是按项目投产后各年净收益总和的简单算术平均计算；“初始投资额”是指项目初始投资的金额。

【例 5-2】佳润乳业公司拟购入一台设备，需投资 15 万元，可用 5 年，无残值。各年的税后利润分别为 5.6 万元、6 万元、7.3 万元、7 万元、5 万元。

要求：计算该项目的投资收益率。

解：项目投资收益率 $=[(5.6+6+7.3+7+5)/5]/15\times100\%=41.2\%$。

2. 投资收益率的决策规则

（1）对独立方案投资决策时，应事先确定基准投资收益率，如果投资项目的投资收益率大于基准投资收益率，则项目具有财务可行性；否则不可行。

（2）对互斥方案投资决策时，在满足投资项目的投资收益率大于基准投资收益率的前提下，选择投资收益率最高的投资方案。

3. 投资收益率的优缺点

投资收益率的优点是简明易懂，容易计算，所需要的资料是项目的净利润和初始投资额；缺点是没有考虑资金时间价值因素，不能正确反映建设期长短及投资方式不同、回收额有无等条件对项目的影响，无法直接利用现金流量信息。

（二）静态投资回收期

静态投资回收期是指在没有考虑资金时间价值的情况下，收回全部原始投资额所需要的时间，一般以年为单位，它是反映投资回收能力的重要指标。

1. 投资回收期的计算

一般来说，投资回收期越短越好。根据现金流量的特点，静态投资回收期的计算方法分以下两种情况：

（1）未来年净现金流量相等时。这种情况是一种年金形式，因此：

静态投资回收期＝项目原始投资额／年净现金流量

【例 5–3】佳润乳业公司拟购入一台设备，需要投资 30 000 元，使用年限 5 年，预计净残值为 0，直线法计提折旧。投产后，每年增加营业收入 13 000 元，新增付现成本 5 000 元。所得税税率为 25%。

要求：计算该项目的静态投资回收期。

解：每年折旧＝（30 000－0）/5＝6 000（元）。

每年现金净流量＝13 000×（1－25%）－5 000×（1－25%）＋6 000×25%＝7 500（元）。

静态投资回收期 =30 000/7 500=4（年）。

（2）未来年净现金流量不相等时。在这种情况下，应把未来每年的现金净流量逐年加总，根据累计现金流量来确定回收期。可依据如下公式进行计算（假设 M 是收回原始投资额的前一年）：

静态投资回收期＝M＋第 M 年的尚未收回额／第（M＋1）年的现金净流量

【例 5–4】佳润乳业公司 2021 年 7 月有一投资项目，需投资 150 000 元，使用年限为 5 年，每年的现金流量不相等，所得税税率为 25%，有关资料如表 5–4 和表 5–5 所示。

表 5–4　项目现金流量

单位：元

项目	第 1 年	第 2 年	第 3 年	第 4 年	第 5 年
各年现金净流量	30 000	35 000	60 000	50 000	40 000

表 5–5　年末累计现金净流量表

单位：元

项目	第 0 年	第 1 年	第 2 年	第 3 年	第 4 年	第 5 年
各年现金净流量	（150 000）	30 000	35 000	60 000	50 000	40 000
年末累计现金净流量	（150 000）	（120 000）	（85 000）	（25 000）	25 000	65 000

要求：计算该项目的静态投资回收期。

解：从表 5-4 的年末累计现金净流量栏中可见，该投资项目的静态回收期在第 3 年与第 4 年之间。为了计算较为准确的回收期，采用以下方法计算：

项目静态投资回收期 = 3 + 25 000/50 000 = 3.5（年）。

2. 静态投资回收期的决策原则

（1）对独立方案选择投资决策时，应设置基准静态投资回收期，如果静态投资回收期≤基准投资回收期，投资项目具有财务可行性；否则不可行。

（2）对互斥方案选择投资决策时，在静态投资回收期≤基准投资回收期的投资方案中，一般选择静态投资回收期最短的投资方案。

3. 静态投资回收期的优缺点

静态投资回收期的优点是能够直观地反映原始投资的回收期限，便于理解，计算简单，可以直接利用回收期之前的现金流量信息；缺点是没有考虑资金时间价值因素和回收投资后的现金流量，因而不能充分说明问题。

二、动态评价指标

（一）净现值

净现值法

净现值（Net Present Value，NPV）是指在项目计算期内，投资项目未来现金净流量按照预定的贴现率折现成现值，减去原始投资额现值后的余额。

1. 净现值的计算公式

净现值（NPV）= 未来现金净流量现值 − 原始投资额现值

$$NPV=\sum_{t=0}^{n}\frac{(CI-CO)_t}{(1+i)^t}$$

式中：CI_t 为项目第 t 年的现金流入量；CO_t 为项目第 t 年的现金流出量；i 为预定的贴现率；n 为项目的时间。

2. 净现值法的决策规则

净现值大于或等于 0，投资项目具有财务可行性，说明方案的实际收益率高于或等于所要求的收益率；否则，方案不可行。在其他条件相同时，净现值越大，方案越好。

【例 5-5】承【例 5-4】资料，假设折现率为 10%，则：

佳润乳业公司该投资项目的净现值 = 40 000 ×（P/F，10%，5）+ 50 000 ×（P/F，10%，4）+ 60 000 ×（P/F，10%，3）+35 000 ×（P/F，10%，2）+ 30 000 ×（P/F，10%，1）− 150 000 = 40 000 × 0.620 9 + 50 000 × 0.683 0 + 60 000 × 0.751 3 + 35 000 × 0.826 4 + 30 000 × 0.909 1 − 150 000 = 10 261（元）

由于该投资项目的净现值大于 0，所以，方案可行。

3. 净现值法的优缺点

净现值法简便易行，主要优点在于：① 考虑了资金时间价值，使各期现金流量具有可比性；② 能够反映投资项目在整个经济年限内的总效益；③ 能够灵活地考虑投资风险，该方法所预定的贴现率中包含投资风险收益率要求，就能有效地考虑投资风险。

净现值法也具有明显的缺陷，主要表现在：① 不能直接反映投资项目的实际收益率水平；② 所采用的贴现率不易确定，具有一定的主观成分。

（二）现值指数

现值指数（Present Value Index，PVI）是指投资项目的未来现金净流量现值与原始投资额现值之比。

1. 现值指数的计算公式

$$现值指数=\frac{未来现金净流量现值}{原始投资额现值}$$

2. 现值指数法的决策规则

现值指数的计算结果有三种：大于 1，等于 1，小于 1。如果现值指数大于或等于 1，投资项目具有财务可行性，说明方案实施后的投资收益率高于或等于必要收益率；如果现值指数小于 1，方案不可行。现值指数越大，方案越好。

【例 5-6】佳润乳业公司生产发酵型含乳饮料新产品项目有甲、乙两个独立投资方案，有关资料如表 5-6 所示。

表 5-6　净现值计算表

单位：万元

方案	甲	乙
原始投资额现值	3 000	1 000
未来现金净流量现值	4 200	1 500
净现值	1 200	500

从净现值指标来看，方案甲大于方案乙，似乎应选择甲方案；但从原始投资额现值来看，方案甲的原始投资额现值远大于方案乙。所以，在这种情况下，如果仅用净现值来判断方案的优劣，将难以作出正确的比较和评价。按现值指数计算：

甲方案的现值指数 = 4 200/3 000 = 1.4。

乙方案的现值指数 = 1 500/1 000 = 1.5。

计算结果表明，方案乙的现值指数大于方案甲，应当优先选择方案乙。

3. 现值指数法的优缺点

现值指数法是净现值法的辅助方法，在各方案原始投资额现值相同时，实质上就是净现值法。现值指数是一个相对数指标，反映了投资效率，用其评价独立投资方案时，可以克服净现值指标不便于对原始投资额现值不同的独立投资方案进行比较和评价的缺点，从而对方案的分析评价更合理、客观。

内含收益率法

（三）内含收益率

内含收益率（Internal Rate of Return，IRR）是指对投资方案未来的每年现金净流量进行贴现，使所得的现值恰好与原始投资额现值相等，从而使净现值等于零时的贴现率。

1. 内含收益率的计算公式

$$NPV=\sum_{t=0}^{n}\frac{(CI-CO)_t}{(1+IRR)^t}=0$$

内含收益率计算分以下两种情况：

（1）未来每年现金净流量相等时，内含收益率的一般计算步骤：

第一步，令：未来每年现金净流量 × 年金现值系数 − 原始投资额现值 = 0，求出年金现值系数。

第二步，查年金现值系数表，在已知期数内，寻找与上述年金现值系数相同的贴现率，若有，即为内含收益率；若没有，则找到与其相邻的两个贴现率。

第三步，根据上述两个相邻的贴现率和第一步中求得的年金现值系数，利用插值法即可计算出相应的贴现率，该贴现率就是方案的内含收益率。

（2）未来每年现金净流量不相等时，需采用逐次测试法，其计算步骤：

第一步，根据已知的有关资料，先估计一次贴现率，并以此贴现率求出方案的净现值。

若净现值＞0，表明估计的贴现率低于方案的内含收益率，需要重估一个较高的贴现率进行试算。

若净现值＜0，表明估计的贴现率高于方案的内含收益率，需要重估一个较低的贴现率进行试算。

如此反复试算，最终找出两个净现值接近于 0 的一个正值和一个负值所对应的两个贴现率。

第二步，根据内含收益率就是使投资方案净现值等于零的贴现率的原理，利用插值法计算投资方案的内含收益率。

2. 内含收益率的决策规则

运用内含收益率进行投资项目决策时，应设置基准贴现率，若内含收益率大于或等于基准贴现率，表明投资项目具有财务可行性；否则不可行。对互斥方案决策时，在满足内含收益率大于或等于基准贴现率条件下，选择内含收益率最大的方案。

【例 5-7】佳润乳业公司拟购入一台生产甜牛奶乳饮料的新型设备，需要投资

160 万元，使用年限 5 年，无残值。使用新设备后，估计每年产生现金净流量 45 万元。假设公司要求最低投资收益率为 10%。

要求：用内含收益率指标评价该方案是否可行。

解：第一步，计算投资项目的年金现值系数。

$45\times(P/A, IRR, 5)-160=0$。

得：$(P/A, IRR, 5)=160/45=3.5556$。

第二步，查年金现值系数表。

现已知方案的使用年限为 5 年，通过查表可得：当 $n=5$ 时，系数 3.555 6 所对应的贴现率在 12%~14% 之间。

第三步，采用插值法计算投资项目的内含收益率，过程如下：

贴现率	年金现值系数
12%	3.604 8
IRR	3.555 6
14%	3.433 1

$$\frac{IRR-12\%}{14\%-12\%}=\frac{3.5556-3.6048}{3.4331-3.6048}$$

$$IRR=\frac{3.5556-3.6048}{3.4331-3.6048}\times 2\%+12\%\approx 12.57\%$$

投资方案的内含收益率为 12.57%，大于公司最低投资收益率 10% 的要求，因此，该投资项目具有财务可行性。

【例 5–8】佳润乳业公司拟投资一条生产发酵型含乳饮料生产线。需一次性投资 1 200 000 元，使用年限为 4 年，每年现金净流量分别为：300 000 元、400 000 元、500 000 元、350 000 元。公司要求最低投资收益率为 10%。

要求：计算该投资方案的内含收益率，并据以评价该方案是否可行。

解：由于该方案每年的现金净流量不相同，需采用逐次测试法测算内含收益率。测算过程如表 5–7 所示。

表 5–7　净现值的逐次测试

单位：元

年数	每年现金净流量	第一次测算 8%		第二次测算 12%		第三次测算 10%	
1	300 000	0.925 9	277 770	0.892 9	267 870	0.909 1	272 730
2	400 000	0.857 3	342 920	0.797 2	318 880	0.826 4	330 560
3	500 000	0.793 8	396 900	0.711 8	355 900	0.751 3	375 650

续表

年数	每年现金净流量	第一次测算 8%		第二次测算 12%		第三次测算 10%	
4	350 000	0.735 0	257 250	0.635 5	222 425	0.683 0	239 050
未来现金净流量现值合计			1 274 840		1 165 075		1 217 990
减：原始投资额现值			1 200 000		1 200 000		1 200 000
净现值			74 840		（34 925）		17 990

第一次测算，采用贴现率为 8%，净现值为正数，表明方案的内含收益率高于 8%。第二次测算，采用贴现率为 12%，净现值为负数，表明方案的内含收益率低于 12%。第三次测算，采用贴现率为 10%，净现值为正数。因而可以估算，方案的内含收益率在 10%～12% 之间。进一步运用插值法计算，过程如下：

贴现率　　　　净现值

10%　　　　　17 990

IRR　　　　　0

12%　　　　　−34 925

$IRR \approx 10.68\%$

投资方案的内含收益率为 10.68%，大于公司最低投资收益率 10% 的要求，因此，该投资项目具有财务可行性。

3. 内含收益率的优缺点

内含收益率的优点是考虑了资金时间价值，反映了投资项目的实际收益率水平，不受基准收益率高低的影响，比较客观；对于独立投资方案的比较决策，如果各方案原始投资额现值不同，可以通过计算各方案的内含收益率，反映各独立投资方案的获利水平。缺点是计算复杂，不易直接考虑投资风险大小；在互斥投资方案决策时，如果各方案的原始投资额现值不相等，有时无法作出正确的决策。

（四）动态投资回收期

动态投资回收期是指在考虑资金时间价值的情况下，需要将投资引起的未来现金净流量进行贴现，以未来现金净流量的现值等于原始投资额现值时所经历的时间。

1. 动态投资回收期的计算

根据现金流量的特点，动态投资回收期的计算方法分以下两种情况：

（1）未来年净现金流量相等时。这种情况是一种年金形式，假定动态投资回收期为 n，则：

$$未来年现金净流量 \times (P/A,\ i,\ n) - 原始投资额现值 = 0$$

$$(P/A,\ i,\ n)=\frac{\text{原始投资额现值}}{\text{年现金净流量}}$$

计算出年金现值系数后，通过查年金现值系数表，利用插值法，即可推算出动态回收期 n。

【例 5-9】佳润乳业公司拟购入一台设备，需要投资 30 000 元，使用年限为 5 年，无残值。使用新设备后，估计每年产生现金净流量 7 500 元。假设贴现率为 10%。

要求：计算该项目的动态投资回收期。

解：$(P/A,\ 10\%,\ n)=\dfrac{30\ 000}{7\ 500}=4$

通过查表可知，当 $i=10\%$ 时，第 5 年的年金现值系数为 3.790 8，第 6 年的年金现值系数为 4.355 3。运用插值法计算，可得 $n=5.37$（年）。

（2）未来年净现金流量不相等时。在这种情况下，应把未来每年的现金净流量逐一贴现并加总，根据累计现金流量现值来确定回收期。可依据如下公式进行计算（假设 M 是收回原始投资额现值的前一年）：

动态投资回收期 = M + 第 M 年尚未收回额的现值 / 第（M+1）年的现金净流量现值

【例 5-10】承【例 5-4】资料，假设贴现率为 10%。

要求：计算佳润乳业公司该投资项目的动态投资回收期，有关资料如表 5-8 所示。

表 5-8　动态投资回收期现金流

单位：元

项目	第 0 年	第 1 年	第 2 年	第 3 年	第 4 年	第 5 年
各年现金净流量	（150 000）	30 000	35 000	60 000	50 000	40 000
$(P/F,\ 10\%,\ n)$	1	0.909 1	0.826 4	0.751 3	0.683 0	0.620 9
各年现金净流量现值	（150 000）	27 273	28 924	45 078	34 150	24 836
累计现值	（150 000）	（122 727）	（93 803）	（48 725）	（14 575）	10 261

解：从表 5-8 的累计现值栏中可见，该投资项目的动态回收期在第 4 年与第 5 年之间。为了计算较为准确的回收期，采用以下方法计算：

项目动态投资回收期 = 4 + 14 575/24 836 = 4.59（年）

2. 动态投资回收期的决策规则

对独立方案选择投资决策时，应设置基准动态投资回收期，如果动态投资回收期小于或等于基准投资回收期，投资项目具有财务可行性；否则不可行。

对互斥方案选择投资决策时，在动态投资回收期小于或等于基准投资回收期的投资方案中，一般选择动态投资回收期最短的投资方案。

3. 动态投资回收期的优缺点

动态投资回收期的优点是考虑了投资回收的现金流量的贴现，容易理解和计算；缺点是忽视了投资回收期以后的现金流量，也可能导致错误。

小组讨论

如何从具体问题具体分析的角度，理解投资收益率、净现值、现值指数、内含报酬率、投资回收期各自的适用范围和优缺点？

岗课赛证融通训练 >>>

一、单项选择题

1. 下列投资决策评价指标中，其数值越小越好的指标是（　　）。

A. 净现值　　B. 静态投资回收期

C. 内含收益率　　D. 投资收益率

2. 贴现评价指标的计算与贴现率的高低无关的是（　　）。

A. 内含收益率　　B. 现值指数

C. 净现值　　D. 动态回收期

3. 某投资方案，当贴现率为 10% 时，其净现值为 118 元，当贴现率为 12% 时，其净现值为 −12 元，则该方案的内部收益率为（　　）。

A. 10.82%　　B. 11.12%　　C. 11.82%　　D. 10.12%

4. 某公司计划投资建设一条新生产线，投资总额为 60 万元，预计新生产线投产后每年可为公司新增净利润 4 万元，生产线的年折旧额为 6 万元，则该投资的静态回收期为（　　）年。

A. 5　　B. 6　　C. 10　　D. 15

5. 下列指标的计算中，没有直接利用净现金流量的是（　　）。

A. 净现值　　B. 内含收益率

C. 现值指数　　D. 投资收益率

6. 当贴现率为 12% 时，某项目的净现值为 120 万元，则说明该项目的内含收益率为（　　）。

A. 高于 12%　　B. 等于 12%

C. 小于 12%　　D. 无法确定

7. 已知某投资项目原始投资额现值为100万元，净现值为25万元，则该项目的现值指数（　　）。

A. 0.25　　B. 0.75　　C. 1.05　　D. 1.25

8. 某公司计划投资一条新的生产线，项目一次投资总额900万元，投资建设期为3年，经营期为10年，经营期每年可生产现金净流量250万元。若资本成本率为9%，则甲公司该项目的净现值为（　　）万元。［已知（P/A，9%，13）= 7.486 9，（P/A，9%，10）= 6.417 7，（P/A，9%，3）= 2.531 3］

A. 93.9　　B. 338.9

C. 676.1　　D. 1 239.9

9. 判断一个投资项目是否具有财务可行性时，其中一个必要条件是（　　）。

A. 净现值大于或等于0　　B. 净现值大于0

C. 现值指数大于0　　D. 内含收益率大于1

10. 某投资项目只有第一年年初产生现金净流出，随后各年均产生现金净流入，且其动态回收期短于项目的寿命期，则该投资项目的净现值（　　）。

A. 小于0　　B. 等于0

C. 大于0　　D. 无法判断

二、多项选择题

1. 下列关于净现值的说法中，正确的有（　　　）。

A. 净现值法能灵活地考虑投资风险

B. 当净现值大于0时，项目可行

C. 净现值为负数，说明投资方案的实际报酬率为负数

D. 其他条件相同时，净现值越大，方案越好

2. 下列关于内含收益率的说法中正确的有（　　　）。

A. 内含收益率是未来现金净流量现值与原始投资额现值的比率

B. 内含收益率是方案本身的投资收益率

C. 内含收益率是使方案净现值等于零的折现率

D. 内含收益率是使方案现值指数等于零的折现率

3. 下列关于投资项目评价方法的表述中，正确的有（　　　）。

A. 现值指数法克服了净现值法不能直接比较原始投资额现值不同的项目的局限性，它在数值上等于投资项目的净现值除以原始投资额

B. 动态回收期法克服了静态回收期法不考虑资金时间价值的缺点，但是仍然不能衡量项目的盈利性

C. 内含收益率是项目本身的投资收益率，不随投资项目预期现金流的变化而变化

D. 内含收益率法不能直接评价两个投资规模不同但寿命期相同的互斥项目的优劣

4. 某企业甲乙两个投资方案的资料如下：甲方案寿命期 8 年，净现值为 600 万元，内含收益率为 12%；乙方案寿命期 8 年，净现值为 400 万元，内含收益率为 16%。据此可以认定（　　）。

A. 若甲乙两方案是独立方案，则甲方案较好

B. 若甲乙两方案是独立方案，则乙方案较好

C. 若甲乙两方案是互斥方案，则甲方案较好

D. 若甲乙两方案是互斥方案，则乙方案较好

5. 下列投资决策评价指标中，其数值越大越好的指标有（　　）。

A. 净现值　　B. 回收期

C. 内含收益率　　D. 年金净流量

三、判断题

1. 项目动态投资回收期小于项目寿命期，说明方案可行。（　　）

2. 一般情况下，使某投资方案的净现值小于零的贴现率，一定高于该投资方案的内含收益率。（　　）

3. 一个投资项目，其未来现金流量现值之和称为净现值。（　　）

4. 对单个投资项目进行财务可行性评价时，利用净现值法和现值指数法所得出的结论是一致的。（　　）

5. 动态回收期指未来现金净流量累计到原始投资数额时所经历的时间。（　　）

四、岗位技能实操题

岗位技能实操题 1

实训目的：能够熟练应用投资回收期法判断投资项目财务可行性。

实训资料：吉通公司的指纹锁项目投资各年现金流量如表 5-9 所示，假定贴现率为 10%，若公司要求的基准回收期为 3 年。

表 5-9　吉通公司指纹锁项目各年现金流量

项目	第 0 年	第 1 年	第 2 年	第 3 年	第 4 年	第 5 年	第 6 年
各年现金流量	（1 000）	（600）	700	600	500	400	600
贴现系数 i=10%	1	0.909	0.826	0.751	0.683	0.62	0.564

实训要求：计算该项目的静态投资回收期和动态投资回收期，并判断项目是否

可行。

岗位技能实操题 2

实训目的：

1. 能够熟练掌握投资项目计算期各年现金流量的测算。

2. 能够熟练应用净现值法评价投资项目财务可行性。

实训资料：同顺公司是一家生产电子产品的制造类企业，采用直线法计提折旧，适用的所得税税率为 25%。在公司最近一次经营战略分析会上，多数管理者认为，现有设备效率不高，影响了企业市场竞争力。公司准备配置新设备扩大生产规模，推动结构转型，生产新一代电子产品。

公司配置新设备，市场上该设备的购买价为 4 000 万元，预计可使用年限为 5 年，残值率为 10%。设备投产时需要垫付营运资金为 2 000 万元，预计该项目每年营业收入为 5 100 万元，预计每年的相关费用如下：外购原材料、燃料和动力费为 1 800 万元，工资及福利费为 1 600 万元，其他付现费用为 200 万元。项目终结回收垫付营运资金，预计回收设备净残值为零。

假设基准贴现率为 9%，部分资金时间价值系数表如表 5-10 所示。

表 5-10　资金时间价值系数表

n	1	2	3	4	5
$(P/F, 9\%, n)$	0.917 4	0.841 7	0.772 2	0.708 4	0.649 9
$(P/A, 9\%, n)$	0.917 4	1.751 9	2.531 3	3.239 7	3.889 7

实训要求：计算项目净现值，并运用净现值法进行项目投资决策并说明理由。

岗位技能实操题 3

实训目的：能够熟练应用内含收益率法判断投资项目财务可行性。

实训资料：某企业计划用新设备替换现有旧设备。旧设备预计还可使用 5 年，目前变价收入为 60 000 元。新设备投资额为 150 000 元，预计使用 5 年。至第 5 年末，新、旧设备的预计残值相等。使用新设备可使企业在未来 5 年内每年增加营业收入 16 500 元，降低经营成本 8 500 元。该企业按直线法计提折旧，所得税税率为 25%。

实训要求：

（1）计算使用新设备比使用旧设备在经营阶段每年增加的净现金流量。

（2）计算该方案的差额投资内含收益率。

（3）若设定贴现率分别为 8% 和 10%，判断是否用新设备替换现有旧设备。

任务四 资金需要量预测

资金需要量是融资的数量依据，企业应当采用一定的方法科学合理预测资金需要量。资金需要量预测的基本目的是保证筹集的资金既能满足生产经营需要，又不会造成资金闲置。预测资金需要量的方法主要有因素分析法、销售百分比法和资金习性预测法三种。

一、因素分析法

因素分析法又称分析调整法，是以有关项目基期年度的平均资金需要量为基础，根据预测年度的生产经营任务和资金周转加速的要求，进行分析调整，来预测资金需要量的一种方法。这种方法计算简便，容易掌握，但预测结果不太精确。它通常用于品种繁多、规格复杂、资金占用量较小的项目。因素分析法的计算公式如下：

$$\begin{aligned}资金需要量 &= （基期资金平均占用额 - 不合理资金占用额）\\ &\times（1+预测期销售增长率）\\ &\times（1-预测期资金周转速度增长率）\end{aligned}$$

【例 5-11】佳润乳业公司事业三部上年度资金平均占用额为 1 100 万元，经分析，其中不合理占用额 100 万元，预计本年度销售增长 10%，资金周转加速 2%。要求：预测本年度资金需要量。

解：预测本年度资金需要量 =（1 100－100）×（1＋10%）×（1－2%）=1 078（万元）。

二、销售百分比法

（一）基本原理

销售百分比法，是假设某些资产和负债与销售额存在稳定的百分比关系，根据这个假设预计外部资金需要量的方法。它将反映生产经营规模的销售因素与反映资金占用的资产因素连接起来，根据销售与资产之间的数量比例关系来预计企业的外部融资需要量。销售百分比法首先假设某些资产与销售额存在稳定的百分比关系，根据销售与资产的比例关系预计资产额，根据资产额预计相应的负债和所有者权益，进而确定融资需要量。

（二）基本步骤

销售百分比法的预测过程如下：

第一步，确定随销售额变动而变动的资产和负债项目。

随着销售额的变化，经营性资产项目将占用更多的资金。同时，随着经营性资产的增加，相应的经营性短期债务也会增加，经营性资产与经营性负债的差额通常与销售额保持稳定的比例关系。这里，经营性资产项目包括库存现金、应收账款、存货等项目；而经营性负债项目包括应付票据、应付账款等项目，不包括短期借款、短期融资券、长期负债等融资性负债。

第二步，确定有关项目与销售额的稳定比例关系。

第三步，确定需要增加的融资数量。

$$\text{外部融资需求量}=\frac{A}{S_1}\times\Delta S-\frac{B}{S_1}\times\Delta S-P\times E\times S_2$$

$$=\frac{\Delta S}{S_1}\times(A-B)-P\times E\times S_2$$

式中：A 表示随销售而变化的敏感性资产；B 表示随销售而变化的敏感性负债；S_1 表示基期销售额；S_2 表示预测期销售额；ΔS 表示销售变动额；P 表示销售净利率；E 表示利润留存率；A/S_1 表示敏感性资产与销售额的关系百分比；B/S_1 表示敏感性负债与销售额的关系百分比。

需要说明的是，若非敏感性资产增加，则外部融资需要量也应相应增加。

【例 5–12】2022 年 12 月 31 日佳润乳业公司简要资产负债表及相关信息表如表 5–11 所示。假定公司 2022 年销售额 10 000 万元，销售净利率为 10%，股利支付率为 60%。2023 年销售额预计增长 20%，公司销售净利率和利润分配政策保持不变。公司有足够的生产能力，无须追加固定资产投资。

表 5–11　佳润乳业公司简要资产负债表及相关信息表（2022 年 12 月 31 日）

资产	金额 / 万元	与销售关系 /%	负债与权益	金额 / 万元	与销售关系 /%
货币资金	800	8%	短期借款	1 500	N
应收账款	1 200	12%	应付账款	4 000	40%
存货	7 000	70%	应付票据	1 000	10%
固定资产	32 800	N	实收资本	11 600	N
			留存收益	23 700	N
合计	41 800	90%	合计	41 800	50%

注：“N”表示该项目不随销售的变化而变化。

要求：预测 2022 年需要追加资金的数量。

解：现将销售百分比法的预测过程说明如下：

第一步，确定有关项目及其与销售额的关系百分比。销售额比率表见表 5-11。

第二步，确定需要增加的资金量。

从表 5-11 可以看出，销售收入每增加 100 元，必须增加 90 元的资金占用，但同时自动增加 50 元的资金来源，两者差额的 40% 产生了资金需求。因此，每增加 100 元的销售收入，公司必须取得 40 元的资金来源，销售额从 10 000 万元增加到 12 000 万元，增加了 2 000 万元，按照 40% 的比率可预测将增加 800 万元的资金需求。

第三步，确定外部融资需求的数量。

2023 年的净利润 =10 000×（1＋20%）×10%＝1 200（万元）。

公司股利支付率为 60%，则将有 40% 的利润被留存下来。即公司预计的留存收益数额为：1 200×40%＝480（万元）。

公司需对外融资的需求量为：

外部融资需求量＝800－480＝320（万元）。

上述预测过程可用下列公式表示：

$$\text{外部融资需求量}=\frac{A}{S_1}\times\Delta S-\frac{B}{S_1}\times\Delta S-P\times E\times S_2$$

$$=(90\%-50\%)\times 2\,000-10\%\times(1-60\%)\times 10\,000\times(1+20\%)=320\text{（万元）}$$

三、资金习性预测法

资金习性预测法，是指根据资金习性预测未来资金需要量的一种方法。所谓资金习性，是指资金的变动同产销量变动之间的依存关系。按照资金同产销量之间的依存关系，可以把资金区分为不变资金、变动资金和半变动资金。

（一）根据资金占用总额与产销量的关系预测

这种方式是根据历史上企业资金占用总额与产销量之间的关系，把资金分为不变资金和变动资金两部分，然后结合预计的销售量来预测资金需要量。

（二）采用逐项分析法预测

这种方式是根据各资金占用项目（如现金、存货、应收账款、固定资产）和资金来源项目同产销量之间的关系，把各项目的资金都分成变动资金和不变资金两部分，然后汇总在一起，求出企业变动资金总额和不变资金总额，进而来预测资金需要量。

小组讨论

企业在使用销售百分比法预测资金需要量时，请运用底线思维来理解资金需要量对于企业发展的重要性。

岗课赛证融通训练 >>>

一、单项选择题

1. 一般来说，下列属于非经营负债的是（　　）。

A. 应付账款　　B. 应付债券

C. 应付票据　　D. 应付销售人员薪酬

2. 甲企业本年度资金平均占用额为 3 500 万元，经分析，其中不合理部分为 500 万元。预计下年度销售增长 5%，资金周转加速 2%，则下年度资金需要量预计为（　　）万元。

A. 3 000　　B. 3 087　　C. 3 150　　D. 3 213

3. 采用销售百分比法预测对外筹资需要量时，下列影响因素的变动会使对外筹资需要量增加的是（　　）。

A. 提高收益留存率　　B. 增加固定资产净值

C. 提高敏感性负债销售百分比　　D. 提高销售净利率

4. 某公司 2022 年预计营业收入为 50 000 万元，预计营业净利率为 10%，股利支付率为 60%。据此可以测算出该公司 2022 年内部资金来源的金额为（　　）万元。

A. 2 000　　B. 3 000　　C. 5 000　　D. 8 000

5. 企业上一年的销售收入为 1 500 万元，经营性资产和经营性负债占到销售收入的比率分别是 30% 和 20%，销售净利率为 10%，发放股利 60 万元，企业本年销售收入将达到 2 000 万元，并且维持上年的销售净利率和股利支付率，则企业在本年需要新增的筹资额为（　　）万元。

A. −70　　B. 50　　C. 0　　D. 500

二、多项选择题

1. 在销售百分比法下，影响外部融资需求量的因素有（　　）。

A. 敏感性资产销售百分比　　B. 敏感性负债销售百分比

C. 上期的销售净利率　　D. 上期的股利支付率

2. 下列项目占用资金属于不变资金的有（　　）。

A. 构成产品实体的原材料　　B. 厂房、设备

C. 必要的成品储备　　D. 必要成品储备之外的产成品

3. 采用销售百分比法预测资金需要量时，下列项目中被视为随着销售收入的变动而变动的是（　　）。

A. 现金　　B. 应付账款　　C. 存货　　D. 公司债券

三、判断题

1. 以有关项目基期年度的平均资金需要量为基础，根据预测年度的生产经营任务和资金周转加速要求，进行分析调整来预测资金需要量的一种方法称为因素分析法。（　　）

2. 高低点法下的高点数据是指产销量等的最大点及其对应的资金占用量，低点数据是指产销量等的最小点及其对应的资金占用量。（　　）

3. 因素分析法的特点是计算简便、容易掌握，但预测结果不太精确。（　　）

四、岗位技能实操题

实训目的：能够熟练掌握销售百分比法的运用。

实训资料：顺达公司是一家汽车配件生产销售企业，上年度销售收入为 5 000 万元，净利润 400 万元，支付股利 200 万元。上年末顺达公司简要资产负债表如表 5-12 所示。

表 5-12　顺达公司简要资产负债表

单位：万元

资产	金额	负债和所有者权益	金额
流动资产	7 000	流动负债	3 000
长期资产	3 000	长期负债	1 000
		所有者权益	6 000
资产合计	10 000	负债和所有者权益合计	10 000

依据公司财务部门测算，上年末流动资产中有 80% 与销售收入同比例变动，上年末流动负债中有 60% 与销售收入同比例变动。

实训要求：

（1）如果顺达公司计划本年度销售净利率和股利支付率保持不变，预计今年实现销售额 8 000 万元，并为此需添置一条新的生产线，预计总价款为 500 万元，预测顺达公司需要从外部筹集的资金量。

（2）若顺达公司本年度放弃添置生产线的计划，并且既不发行新股也不举借新债，销售净利率和股利支付率保持不变，计算今年可实现的销售额。

（3）今年预计销售额为 6 000 万元，顺达公司预测今年最多获得外部融资额 504 万元，在销售净利率不变的情况下，顺达公司今年最多可以支付多少股利？

任务五 融资决策分析

企业的融资管理，在确定融资需要量后，将要对不同融资方式进行选择，同时，还要考虑企业资本结构。资本成本是衡量资本结构优化程度的标准，也是对投资获得经济效益的最低要求。

一、资本成本

资本成本是指企业为筹集和使用资本而付出的代价，包括融资费用和占用费用。融资费用指在资本筹措过程中为获取资本而付出的代价，如向银行支付的借款手续费，因发行股票、公司债券而支付的发行费等。占用费用是指企业在资本使用过程中因占用资本而付出的代价，如向银行等债权人支付的利息、向股东支付的股利等。

（一）资本成本的作用

1. 资本成本是比较融资方式、选择融资方案的依据

各种资本的资本成本率，是比较、评价各种融资方式的依据。在评价各种融资方式时，一般考虑的因素包括对企业控制权的影响、对投资者吸引力的大小、融资的难易和风险、资本成本的高低等，资本成本是其中的重要因素。在其他条件相同的情况下，企业融资应选择资本成本率最低的方式。

2. 平均资本成本是衡量资本结构是否合理的重要依据

企业财务管理目标是企业价值最大化，企业价值是企业资产带来的未来现金流量的贴现值。计算企业价值时，通常采用平均资本成本作为贴现率，当平均资本成本最小时，企业价值最大，此时的资本结构是企业理想的资本结构。

3. 资本成本是评价投资项目可行性的主要标准

任何投资项目，若其预期的投资收益率超过该项目使用资金的资本成本，则该项目在经济上可行。因此，资本成本率是企业用以确定项目要求达到的投资收益率的最低标准。

4. 资本成本是评价企业整体业绩的重要依据

一定时期企业资本成本率的高低，不仅反映企业融资管理的水平，还可作为评

价企业整体经营业绩的标准。企业的生产经营活动，实际上就是所筹集资本经过投放后形成资产的营运，企业的总资产税后收益率应高于其平均资本成本率，这样才能带来剩余收益。

（二）资本成本的计算

1. 资本成本计算的基本模式

（1）一般模式。为了便于分析比较，资本成本通常用不考虑资金时间价值的一般通用模型计算。一般模式通用的计算公式为：

$$资本成本率=\frac{年资金占用费用}{融资总额-融资费用}=\frac{年资金占用费用}{融资总额\times(1-融资费用率)}$$

（2）贴现模式。对于金额大、时间超过1年的长期资本，更为准确的资本成本计算方式是采用贴现模式，即将债务未来还本付息或股权未来股利分红的贴现值与目前融资净额相等时的贴现率作为资本成本率。

2. 个别资本成本的计算

（1）银行借款的资本成本率。银行借款资本成本包括借款利息和借款手续费用，手续费用是融资费用的具体表现，利息费用在税前支付，可以起抵税作用。银行借款的资本成本率按一般模式计算为：

$$K_b=\frac{i\times(1-T)}{1-f}$$

式中：K_b表示银行借款资本成本率；i表示银行借款年利率；f表示融资费用率；T表示所得税税率。

对于长期借款，考虑资金时间价值问题，还可以用贴现模式计算资本成本率。

【例5-13】佳润乳业公司本年度向中国工商银行取得5年期长期借款400万元，年利率为10%，每年付息一次，到期一次还本，所得税税率为25%，借款费用率为0.1%。

要求：计算长期借款资本成本率。

解：长期借款资本成本率 $=\frac{400\times10\%\times(1-25\%)}{400\times(1-0.1\%)}\times100\%=7.51\%$。

若考虑时间价值，该长期借款的资本成本计算如下：

$400\times(1-0.1\%)=400\times10\%\times(1-25\%)\times(P/A,K_b,5)+400\times(P/F,K_b,5)$

由插值法计算，长期借款资本成本率为7.52%。

（2）公司债券的资本成本率。公司债券资本成本，包括债券利息和债券发行费用。债券利息在税前支付，其处理与银行借款相同。债券发行可以溢价发行，也可以折价发行，其资本成本率按一般模式计算为：

债务资本成本

$$K_b=\frac{年利息\times(1-所得税税率)}{债券融资总额\times(1-手续费率)}=\frac{I\times(1-T)}{L\times(1-f)}$$

式中：L 表示公司债券融资总额；I 表示公司债券年利息；f 表示融资费用率；T 表示所得税税率。

【例 5-14】佳润乳业公司以 1 100 元的价格，溢价发行面值为 1 000 元，期限 5 年，票面利率为 10% 的公司债券一批。每年付息一次，到期一次还本，发行费用率为 2%，所得税税率为 25%。

要求：计算债券资本成本。

解：$K_b=\frac{1\ 000\times10\%\times(1-25\%)}{1\ 100\times(1-2\%)}\times100\%=6.96\%$。

股权资本成本

若考虑时间价值，该项公司债券的资本成本计算如下：

$1\ 100\times(1-2\%)=1\ 000\times10\%\times(1-25\%)\times(P/A,K_b,5)+1\ 000\times(P/F,K_b,5)$

由插值法计算，债券资本成本为 5.67%。

（3）普通股资本成本率。

① 股利增长模型法。假定资本市场有效，股票市场价格与价值相等。假定某股票本期支付的股利为 D_0，未来各期股利按 g 速度增长。目前股票市场价格为 P_0，则普通股资本成本率计算公式为：

$$K_s=\frac{D_0\times(1+g)}{P_0\times(1-f)}+g=\frac{D_1}{P_0\times(1-f)}+g$$

式中：K_s 表示普通股资本成本率；D_1 表示预期下一年的股利；f 表示普通股融资费用率。

【例 5-15】佳润乳业公司普通股市价 30 元，筹资费用率为 2%，本年发放现金股利每股 0.5 元，预期股利增长率为 10%。

要求：计算普通股资金成本。

解：$K_s=\frac{0.5\times(1+10\%)}{30\times(1-2\%)}\times100\%+10\%=11.87\%$。

② 资本资产定价模型。假定资本市场有效，股票市场价格与价值相等。假定无风险收益率为 R_f，市场平均收益率为 R_m，某股票贝塔系数为 β，则普通股资本成本率为：

$$K_s=R_f+\beta\ (R_m-R_f)$$

【例 5-16】佳润乳业公司普通股 β 系数为 1.1，此时一年期国债利率为 5%，市场平均报酬率为 12%。

要求：计算该普通股资本成本率。

解：$R_s=5\%+1.1\times(12\%-5\%)=12.7\%$。

（4）留存收益的资本成本率。留存收益的资本成本率，表现为股东追加投资要求的收益率，其计算与普通股成本相同，也分为股利增长模型法和资本资产定价模型法，不同点在于不考虑融资费用。

3. 平均资本成本的计算

企业平均资本成本，是以各项个别资本在企业总资本中的比重为权数，对各项个别资本成本率进行加权平均而得到的总资本成本率。其计算公式为：

$$K_w = \sum_{j=1}^{n} K_j W_j$$

式中：K_w 表示平均资本成本；K_j 表示第 j 种个别资本成本率；W_j 表示第 j 种个别资本成本在全部资本中的比重。

【例 5-17】佳润乳业公司年初长期资本账面总额为 10 000 万元，其中，银行借款 3 000 万元，长期债券 2 000 万元，普通股 5 000 万元。银行借款、长期债券和普通股的个别资本成本分别为 5%、6%、12%。

要求：计算公司的平均资本成本。

解：公司的平均资本成本 $=5\% \times \frac{3\ 000}{10\ 000}+6\% \times \frac{2\ 000}{10\ 000}+12\% \times \frac{5\ 000}{10\ 000}=8.7\%$。

4. 边际资本成本的计算

边际资本成本是企业追加融资的成本。企业在追加融资时，不能仅考虑目前所使用资本的成本，还要考虑新融资资金的成本，即边际资本成本。边际资本成本，是企业进行追加融资的决策依据。

二、资本结构

资本结构及其管理是企业融资管理的核心问题。如果企业现有资本结构不合理，应通过融资活动优化调整资本结构，使其趋于科学合理。

（一）资本结构的含义

融资管理中，资本结构分为广义的资本结构和狭义的资本结构。广义的资本结构是指全部债务与股东权益的构成比例；狭义的资本结构是指长期负债与股东权益的构成比例。

不同的资本结构会给企业带来不同的后果。企业利用债务资本进行举债经营具有双重作用，既可以发挥财务杠杆效应，也可能带来财务风险。因此，企业必须权衡财务风险和资本成本的关系，确定最佳的资本结构。评价企业资本结构最佳状态的标准应该是既能够提高股权收益或降低资本成本，又能控制财务风险，最终目的是提升企业价值。

（二）资本结构的影响因素

1. 企业经营状况的稳定性和成长率

企业产销业务量的稳定性对资本结构有重要影响：如果产销业务量稳定，企业可较多地负担固定的财务费用；如果产销业务量和盈余有周期性，则要负担固定的财务费用将承担较大的财务风险。经营发展能力表现为未来产销业务量的增长率，如果产销业务量能够以较高的水平增长，企业可以采用高负债的资本结构，以提升权益资本的报酬。

2. 企业的财务状况和信用等级

企业的财务状况良好，信用等级高，债权人愿意向企业提供信用，企业容易获得债务资金。相反，如果企业财务状况欠佳，信用等级不高，债权人投资风险大，这样会降低企业获得信用的能力，加大债务资金融资的资本成本。

3. 企业资产结构

企业资产结构是企业筹集资本后进行资源配置和使用后的资金占用结构，包括长短期资产构成和比例，以及长短期资产内部的构成和比例。资产结构对企业资本结构的影响主要包括：拥有大量固定资产的企业主要通过长期负债和发行股票融通资金；拥有较多流动资产的企业更多地依赖流动负债融通资金；资产适用于抵押贷款的企业，负债较多；以技术研发为主的企业则负债较少。

4. 企业所有者和管理当局的态度

从企业所有者的角度看，如果企业股权分散，企业可能更多地采用权益资本融资以分散企业风险。如果企业为少数股东控制，股东通常重视企业控股权问题，为防止控股权稀释，企业一般尽量避免普通股融资，而是采用优先股或债务资金融资。从企业管理当局的角度看，高负债资本结构的财务风险高，一旦经营失败或出现财务危机，管理当局将面临市场接管的威胁或者被董事会解聘。因此，稳健的管理当局偏好于选择低负债比例的资本结构。

5. 行业特征和企业发展周期

不同行业资本结构差异很大。产品市场稳定的成熟产业经营风险低，可提高债务资金比重，发挥财务杠杆作用。高新技术企业的产品、技术、市场尚不成熟，经营风险高，可降低债务资金比重，控制财务杠杆风险。在同一企业不同发展阶段，资本结构安排不同。企业初创阶段，经营风险高，在资本结构安排上应控制负债比例；企业发展成熟阶段，产品产销业务量稳定和持续增长，经营风险低，可适度增加债务资本比重，发挥财务杠杆效应；企业收缩阶段，产品市场占有率下降，经营风险逐步加大，应逐步降低债务资本比重，保证经营现金流量能够偿付到期债务，保持企业持续经营能力，减少破产风险。

6. 经济环境的财政税收政策和货币金融政策

资本结构决策必然要研究财务环境，特别是宏观经济状况。政府调控经济的手段包括财政税收政策和货币金融政策，当所得税税率较高时，债务资本费用的抵税作用大，企业可以充分利用这种作用来提高企业价值。货币金融政策影响资本供给，从而影响利率水平的变动，当国家执行紧缩的货币政策时，市场利率较高，企业债务资本成本增大，企业债务融资会受到限制。

（三）资本结构优化

资本结构优化，要求企业权衡负债的低资本成本和高财务风险的关系，确定合理的资本结构。资本结构优化的目标，是降低平均资本成本率或提高企业价值。

1. 每股收益分析法

每股收益分析法是用每股收益的变化来判断资本结构是否合理，即能够提高普通股每股收益的资本结构，就是合理的资本结构。每股收益受到经营利润水平、债务资本成本水平等因素的影响，分析每股收益与资本结构的关系，可以找到每股收益无差别点。所谓每股收益无差别点，是指不同融资方式下每股收益都相等时的息税前利润或业务量水平。根据每股收益无差别点，可以分析判断不同的息税前利润或业务量水平适合的融资组合方式，进而确定企业的资本结构。

在每股收益无差别点上，不同融资方案的每股收益是相等的，用公式表示如下：

$$\frac{(\overline{EBIT}-I_1)(1-T)-DP_1}{N_1}=\frac{(\overline{EBIT}-I_2)(1-T_2)-DP_2}{N_2}$$

式中：$\overline{EBIT}$ 表示每股收益无差别点；I_1、I_2 表示两种融资方式下的债务利息；DP_1、DP_2 表示两种融资方式下的优先股股利；N_1、N_2 表示两种融资方式下普通股股数；T 表示所得税税率。

结论：当预期 $EBIT=\overline{EBIT}$ 时，两种融资方案一样，每股收益相等；

当预期 $EBIT>\overline{EBIT}$，应当选择债务融资方案；

当预期 $EBIT<\overline{EBIT}$，应当选择股权融资方案。

【例 5-18】佳润乳业公司目前资本结构：总资本 10 000 万元，其中债务资本为 4 000 万元（年利息 400 万元），普通股资本 6 000 万元（6 000 万股，面值 1 元，市价 10 元）。公司由于有一个较好的新投资项目，需要追加融资 1 800 万元，有以下两个融资方案：

甲方案：向银行取得长期借款 1 800 万元，利息率为 10%。

乙方案：增发普通股 900 万股，每股发行价 2 元。

根据财务人员测算，追加融资后销售额可达到 5 000 万元，变动成本率为 60%，固定成本为 800 万元，所得税税率为 25%，不考虑融资费用因素。

要求：计算长期债务和普通股融资方式的每股收益无差别点，并根据每股收益分析法确定佳润乳业公司应该选择的方案。

解：根据上述数据，代入每股收益无差别点公式：

$$\frac{(\overline{EBIT}-400-1\,800\times10\%)\times(1-25\%)}{6\,000}=\frac{(\overline{EBIT}-400)\times(1-25\%)}{6\,000+900}$$

得：$\overline{EBIT}=1\,780$（万元）

这里，$\overline{EBIT}$ 为 1 780 万元是两个融资方案的每股收益无差别点。在此点上，两个方案的每股收益相等，均为 0.15 元。

企业追加融资后预期的 *EBIT* 为：5 000 ×（1 − 60%）− 800 = 1 200（万元），低于无差别点 1 780 万元，因此，企业应该选择财务风险小的乙方案，即增发普通股方案。在 5 000 万元销售额水平上，甲方案的每股收益为 0.078 元，乙方案的每股收益为 0.087 元。

2. 平均资本成本比较法

平均资本成本比较法，是通过计算和比较各种可能的融资组合方案的平均资本成本，选择平均资本成本率最低的方案。这种方法侧重于从资本投入的角度对融资方案和资本结构进行优化分析。

【例 5-19】佳润乳业公司需筹集 100 万元长期资本，可以从贷款、发行债券、发行普通股三种方式筹集，其个别资本成本率已分别测定，有关资料如表 5-13 所示。

表 5-13　佳润乳业公司资本成本与资本结构数据表

融资方式	资本结构 /%			个别资本成本率
	A 方案	B 方案	C 方案	
贷款	40	30	20	5
发行债券	10	15	20	6
发行普通股	50	55	60	12
合计	100	100	100	

要求：计算三个方案的综合资本成本 K。

解：A 方案：$K_A=40\%\times5\%+10\%\times6\%+50\%\times12\%=8.6\%$。

B 方案：$K_B=30\%\times5\%+15\%\times6\%+55\%\times12\%=9.0\%$。

C 方案：$K_C=20\%\times5\%+20\%\times6\%+60\%\times12\%=9.4\%$。

如果公司各融资方案风险处于同一等级水平，应当考虑采用其资金成本最低的方案作为公司最佳资本结构方案。本例中，假设其他因素对方案选择的影响甚小，则 A 方案的综合资本成本最低，它为公司的最佳资本结构方案。

小组讨论

在内外因理论分析，企业确定最佳资本结构主要考虑哪些影响因素？

岗课赛证融通训练

一、单项选择题

1. 在不考虑筹款限制的前提下，下列筹资方式中个别资本成本最高的通常是（　　）。

A. 发行普通股　　B. 留存收益

C. 长期借款　　D. 发行公司债券

2. 下列各项中，不属于影响资本结构的因素的是（　　）。

A. 企业财务状况　　B. 行业特征

C. 所得税税率的高低　　D. 投资机会

3. 下列各项中，运用普通股每股收益（每股收益）无差别点确定最佳资本结构时，需计算的指标是（　　）。

A. 息税前利润　　B. 营业利润

C. 净利润　　D. 利润总额

4. 某企业按年利率 5% 向银行借款 500 万元，借款手续费率为 5%。所得税税率为 25%，则该企业借款的资本成本为（　　）。

A. 5%　　B. 3%　　C. 3.75%　　D. 3.95%

5. 已知某公司股票的 β 系数为 0.5，短期国债收益率为 6%，市场平均收益率为 10%，则公司股票的资本成本为（　　）。

A. 6%　　B. 8%　　C. 10%　　D. 16%

二、多项选择题

1. 关于资本成本率计算的基本模式，下列说法中正确的有（　　）。

A. 扣除融资费用后的融资额称为融资净额

B. 一般模式不用考虑时间价值

C. 对于金额大、时间超过一年的长期资本，更为准确些的资本成本计算方式是采用一般模式

D. 一般模式通用的计算公式为“资本成本率 = 年资金占用费 /(融资总额 − 融

资费用)”

2. 下列关于资本结构的说法中，正确的有（　　　　）。

A. 在最佳资本结构下，平均资本成本率是最低的

B. 在最佳资本结构下，企业价值最大

C. 资本结构及其管理是企业投资管理的核心问题

D. 资本结构优化的目标，是降低平均资本成本率或提高企业价值

3. 下列各项中，通常会导致企业资本成本增加的有（　　　　）。

A. 通货膨胀加剧　　B. 投资风险上升

C. 经济持续过热　　D. 证券市场流动性增强

三、判断题

1. 若债券利息率、筹资费率和所得税税率均已确定，则企业的债券资本成本率与发行债券的价格无关。（　　）

2. 最佳资本结构是使企业融资能力最强、财务风险最小的资本结构。（　　）

3. 由于内部融资一般不产生融资费用，所以内部融资的资本成本最低。（　　）

4. 经济危机时期，由于企业经营环境恶化、销售下降，企业应当逐步降低债务水平，以减少破产风险。（　　）

5. 资本结构优化的方法中，平均资本成本比较法和每股收益分析法都没有考虑风险因素。（　　）

四、岗位技能实操题

岗位技能实操题

实训目的：

1. 能够熟练掌握资本成本计算方法及其运用。

2. 能够熟练掌握资本结构优化方法及其运用。

实训资料：佳华公司是一家大型制造类企业，所得税税率为25%，相关资料如下：

（1）公司为扩大生产经营而准备购置一条新生产线，预计需要投入资金6 000万元。为满足购置生产线的资金需求，公司设计了两个融资方案。

方案一：向银行借款6 000万元，期限为6年，年利率为6%，每年年末付息一次，到期还本。

方案二：发行普通股1 000万股，每股发行价为6元。公司将持续执行稳定增长的股利政策，每年股利增长率为3%，预计公司下一年每股股利为0.48元。

（2）已知融资方案实施前，公司发行在外的普通股股数为3 000万股，年利息

费用为 500 万元。经测算，追加融资后预计年息税前利润可达到 2 200 万元。

实训要求：

（1）计算方案一的银行借款资本成本率和方案二的普通股资本成本率。

（2）根据上述资料，计算两个融资方案的每股收益无差别点，判断公司应该选择哪个融资方案，并说明理由。

价值引领 >>>

某市供电公司投资计划与财务预算“两全”管理应用案例

一、公司管理现状及问题

某市供电公司综合计划与财务预算系针对同一管理对象即项目实行平行管理。两者在制度执行、全过程管理和考核管理等方面均存在较大差异。与此同时，由于综合计划与财务预算采用平行管理模式，分割了组织管理职能，在项目工作和指标管理上各自为政，所以沟通、协调及专业信息交流不够，尤其是对项目管理，没有形成较好的合力，导致计划与预算管理中投资偏差率大、结算慢、转资不及时等问题较为突出。

二、“两全”管理的实际应用

（一）统一组织管理体系

公司计划与预算实行“两全”统一管理，组建“两全”专项管理领导组，下设协同管理工作组和管理会计组；协同管理工作组由发展部、财务部组成，实行工作同步；管理会计组负责提供经营分析和策略咨询服务。某市供电公司在进行资本性投资时，设置投资管理机构，由业务、财务、法律及审计等相关人员组成投资委员会或类似决策机构，组织专业人员或委托专业机构对项目进行可行性分析，预测投资风险及收益。

（二）管理会计应用基础建设

某市供电公司以多维精益为管理基础，提升财务辅助决策能力；以全面预算管理为基本方法，提升财务资源的统筹配置能力；以现金流量控制为核心，提升资金管理效率和效益；以信息技术为支撑，全面推进财务集约化建设。

（三）实施多维一体分析与管理

为保证“两全”管理实施效果，在公司平台上建设完成计划预算进度管控系统，实施计划预算协同管控，并依托平台发现问题，实施多维精益分析，深度融入公司全面风险防控体系。

（资料来源：浙江省财政厅. 浙江省管理会计案例集（第二辑）[M]. 杭州：浙江工商大学出版社.）

思考与启示：

（1）企业应当具有风险意识和法律意识，合规经营，管控风险。

（2）运用具体问题具体分析的原理，从整体性出发，实施投资项目的高效管理。某市供电公司为保证计划完成率、预算执行率及协同管理效果，采用实施多维精准分析，全面掌握项目计划、预算、进度等情况，从全局视角分析差异情况，并针对存在的问题，及时开展问题清单梳理，按照“客观反映、实事求是”原则，采取有效措施进行整改，突出整改实效。

项目六 成本管理

6

学习目标

知识目标

1. 理解成本管理的含义，熟悉成本管理工具方法及应用程序
2. 熟悉变动成本法的概念、特点及应用原理
3. 掌握标准成本法的概念、特点及应用原理
4. 掌握作业成本法的概念、特点及应用原理

技能目标

1. 能够熟练掌握变动成本法的应用
2. 能够制定标准成本
3. 能够计算和分析标准成本差异
4. 能够运用作业成本法计算产品成本

素养目标

1. 培养学生的责任担当意识，履行社会责任
2. 培养学生的工匠意识，精益求精
3. 通过学习成本流程优化，树立学生的创新意识，提升对企业成本的管控能力

思维导图

- 成本管理
  - 成本管理认知
    - 成本管理的含义及原则
    - 成本管理的常用工具方法
    - 成本管理的应用程序
  - 变动成本管理
    - 变动成本法认知
    - 变动成本法在短期经营决策中的应用
  - 标准成本管理
    - 标准成本及成本差异
    - 成本差异的计算分析
  - 作业成本管理
    - 作业成本法的认知
    - 作业成本法的基本原理、计算程序和适用范围
    - 作业成本法的应用

引导案例 >>>

佳润乳业公司响应国家号召，支持西南部扶贫事业，在云南省新建加工生产乳饮料生产基地，解决200多人就业问题，年贡献税收近千万元，多次获得相关政府部门的表彰。随着西南部经济发展进入快车道，对于乳饮料的市场需求快速增长。其他知名企业纷纷加大对西南部生产和市场的布局，市场竞争越加激烈。经过公司的调研发现，公司现有产品成本管理中存在以下两个方面需要改进的地方：第一，不同乳饮料成本核算过程中，部分公共制造费用的划分不够清晰，较为粗糙；第二，针对不同产品的成本分析相对缺乏，尤其是与同行业同类产品的比较。公司要求财务部门从完全成本法、变动成本法、标准成本法和作业成本法四个角度提出相应的产品成本核算与管理方案，供董事会讨论进行决策。

分析与启示

（1）成本核算与管理水平，直接影响产品的定价和企业的营销政策，属于企业增强市场竞争力的重要环节。

（2）由于企业自身的行业特点、单位性质和规模，可以从完全成本法、变动成本法、标准成本法和作业成本法四个维度选择适合自身的成本核算和管理方法。

（3）企业积极履行社会责任，具有责任担当意识，参与社会扶贫项目，为社会创造就业、提高人民收入水平具有重大作用。

任务一　成本管理认知

一、成本管理的含义及原则

（一）成本管理的含义

成本管理，是指在营运过程中实施成本预测、成本决策、成本计划、成本控制、成本核算、成本分析和成本考核等一系列管理活动的总称。

（二）成本管理的原则

企业进行成本管理时，一般要遵循以下原则：

1. 融合性原则

成本管理应以企业业务模式为基础，将成本管理嵌入业务的各领域、各层次、各环节，实现成本管理责任到人、控制到位、考核严格、目标落实。

2. 适应性原则

成本管理应与企业生产经营特点和目标相适应，尤其要与企业发展战略或竞争战略相适应。

3. 成本效益原则

成本管理应用相关工具方法时，应权衡其为企业带来的收益和付出的成本，避免获得的收益小于其投入的成本。

4. 重要性原则

成本管理应重点关注对成本具有重大影响的项目，对于不具有重要性的项目可以适当简化处理。

二、成本管理的常用工具方法

企业在进行成本管理时，通常采用一种或多种相结合的成本管理方法进行，辅助企业决策，提升企业成本管理水平。

成本管理的常用工具方法主要有目标成本法、完全成本法、变动成本法、标准成本法和作业成本法。

（一）目标成本法

目标成本法以市场为导向，以目标售价和目标利润为基础来确定产品的成本，一般适用于制造业、物流、建筑、服务等行业。

（二）完全成本法

完全成本法作为一种传统的成本计算方法，产品成本包括全部生产成本，只有非生产成本才作为期间成本处理。

（三）变动成本法

变动成本法是以成本形态为前提，只将变动生产成本作为产品成本，而将固定生产成本和非生产成本作为期间成本处理。

（四）标准成本法

标准成本法是围绕产品及具体成本项目的标准成本而组织的，能够将成本的前馈控制和反馈控制有机结合的一种成本控制。这种方法的关键点在于确定选择什么水平的成本目标作为现行标准成本。

（五）作业成本法

作业成本法是围绕着作业展开分析，通过采取措施优化作业链，从而实现成本降低的一种成本管理方法。作业成本法按照“资源→作业→产品”的程序进行成本核算、分析和控制，是一种先进的成本控制方法，有利于企业核心竞争力的提升和长期发展。

三、成本管理的应用程序

企业应用成本管理工具方法，一般按照事前成本管理、事中成本管理、事后成本管理程序进行。

（一）事前成本管理阶段

事前成本管理阶段，主要是对未来的成本水平及其发展趋势所进行的预测与规划，包括成本预测、成本决策和成本计划等步骤。

（二）事中成本管理阶段

事中成本管理阶段，主要是对营运过程中发生的成本进行监督和控制，并根据实际情况对成本预算进行必要的修正，即成本控制步骤。

（三）事后成本管理阶段

事后成本管理阶段，主要是在成本发生之后进行的核算、分析和考核，一般包括成本核算、成本分析和成本考核等步骤。

岗课赛证融通训练

多项选择题

1. 下列各项中属于企业资源的有（　　）。

A. 设备　　B. 房屋建筑物

C. 知识产权　　D. 人力资源

2. 下列各项中，属于事后成本管理的是（　　）。

A. 成本计划　　B. 成本控制

C. 成本分析　　D. 成本考核

3. 企业应用成本管理工具方法，一般按照（　　）程序进行成本管理。

A. 事中成本管理　　B. 事后成本管理

C. 考核分析管理　　D. 事前成本管理

4. 下列属于成本管理原则的是（　　）。

A. 融合性原则　　B. 重要性原则

C. 成本效益原则　　D. 适应性原则

任务二　变动成本管理

变动成本法和完全成本法

一、变动成本法认知

（一）变动成本法的概念

变动成本法又称为直接成本法或边际成本法，是指在计算产品成本时，以成本性态分析为前提，只包括产品生产过程中所消耗的直接材料、直接人工和制造费用中的变动性部分，而不包括制造费用中的固定性部分。制造费用中的固定性部分被视为期间成本而从相应期间的收入中全部扣除的一种成本计算模式。

变动成本法是将一定时期所发生的成本按照其成本性态分为变动成本和固定成本两大类，其中变动成本又分为变动生产成本和变动非生产成本，而将变动非生产成本和固定成本全部作为期间成本，即变动成本法将直接材料、直接人工和变动性制造费用作为产品成本，而把固定性制造费用作为期间成本。

（二）变动成本法的特点

变动成本法的特点主要有以下三点：

（1）变动成本法以成本性态分析为基础计算产品成本。变动成本法下，产品的制造成本按照成本性态划分为变动制造费用和固定制造费用两部分。管理会计学理论认为，变动制造费用才构成产品成本，而固定制造费用应作为期间成本处理。

（2）变动成本法关注的核心是边际贡献，而非产品的营业利润。边际贡献与营业利润的关系如下：

$$\text{营业收入}-\text{销售产品的变动生产成本}=\text{边际贡献}$$

$$\text{边际贡献}-\text{期间成本}=\text{营业利润}$$

（3）变动成本法强调销售环节对企业利润的贡献。

（三）变动成本法的作用

变动成本法的作用主要有以下三点：

（1）能够提供每种产品的盈利能力资料。每种产品的盈利能力是企业利润规划和经营管理中许多重要决策的依据。每种产品的盈利能力可通过其“边际贡献”，即各种产品对企业最终利润所作贡献的大小来体现，而产品贡献的确定有赖于变动成本的计算。

（2）为正确地制定经营决策及进行成本的计划和控制，提供许多有价值的资料。以边际贡献分析为基础，进行盈亏临界点和本量利分析，以揭示产量与成本变动的内在规律，并用于前景预测、未来规划及短期经营决策。

（3）变动成本计算便于和标准成本、弹性预算和责任会计等直接结合，在计划和日常控制的各个环节发挥重要作用。变动成本与固定成本具有不同的成本性态。对于变动成本，可通过指定标准成本和建立弹性预算进行日常控制和评价。

（四）变动成本法的优缺点

（1）变动成本法的主要优点：一是区分固定成本与变动成本，有利于明确企业产品盈利能力和划分成本责任；二是保持利润与销售量增减相一致，促进以销定产；三是揭示了销售量、成本和利润之间的依存关系，使当期利润真正反映企业经营状况，有利于企业经营预测和决策。

（2）变动成本法的主要缺点：一是计算的单位成本并不是完全成本，不能反映产品生产过程中发生的全部耗费；二是不能适应长期决策的需要。

二、变动成本法在短期经营决策中的应用

短期经营决策是指对企业一年以内或者维持当前的经营规模的条件下所进行的决策。相对于长期投资决策而言，短期经营决策通常不涉及固定资产投资和经营规模的改变，而是在既定规模条件下决定如何有效地进行资源配置，是在成本性态分析时提到的“相关范围”内所进行的决策。在变动成本法下，为加强短期经营决策，按照成本性态，企业的生产成本分为变动生产成本和固定生产成本，非生产成本分为变动非生产成本和固定非生产成本。其中，只有变动生产成本才构成产品成本，并随产品实体的流动而流动，随产量变动而变动。

（1）在变动成本法下：

产品成本＝直接材料成本＋直接人工成本＋变动制造费用

（2）在完全成本法下：

产品成本＝直接材料成本＋直接人工成本＋全部制造费用

变动成本法把固定制造费用视同期间成本全额计入当期损益，理由是在现有生产条件下，固定制造费用是按期发生的，并不因产量的变化而变化，其效益会随时间的推移而消失，不可能递延至下一个会计期间。变动成本法在短期经营决策中的应用，主要包括是否接受追加订单的决策、是否继续生产亏损产品的决策、零部件自制或外购的决策等。

（一）是否接受追加订单的决策

是否接受追加订单的决策，是指企业在正常经营过程中对于低于正常订单价格的追加订单是否接受所作出的决策。在企业接收订单的过程中，通常会遇到一些特殊订单，如特殊订单的价格低于正常订单的价格。在完全成本法下，如果特殊订单的单价低于单位生产成本，企业往往会放弃该订单。但是，从成本性态角度来看，单位变动成本是固定的，单位固定成本是变动的。也就是在决策是否接受追加订单

时，可以不考虑固定成本因素，因为在“相关范围”内固定成本不会因追加订单而增加。

在变动成本法下，是否接受追加订单的决策，要看接受追加订单所带来的边际贡献是否大于该追加订单所引起的相关成本。如果追加订单不会影响正常订单的实现，只要追加订单量在企业剩余生产能力范围内，且剩余生产能力无法转移，同时不需追加投入专属成本，那么只要追加订单能够产生边际贡献，即追加订单的单价大于该产品的单位变动成本，就应当接受该追加订单。当然，如果追加订单需追加投入专属成本，则接受追加订单的条件应该满足追加订单所带来的边际贡献大于追加投入的专属成本；如果剩余生产能力可以转移，则需把剩余生产能力转移所带来的可能收益作为追加订单的机会成本，当追加订单所带来的边际贡献大于追加订单的机会成本，该追加订单方案可以接受。

【例 6–1】佳润乳业公司主要生产甜牛奶乳饮料和发酵型含乳饮料两种产品。其中甜牛奶乳饮料每月最大的生产能力为 10 万件，2022 年 11 月已签订 9 万件的订单，订单价格为 120 元 / 件。现有乙公司要求追加 1 万件订单，价格为 95 元 / 件。假定佳润乳业公司甜牛奶乳饮料的剩余生产能力无法转移，且乙公司追加订单没有任何特殊要求，不会增加佳润乳业公司的专属成本。甜牛奶乳饮料 2022 年 11 月成本数据如表 6–1 所示。

表 6–1　甜牛奶乳饮料 2022 年 11 月成本数据

序号	成本项目	金额
1	直接材料	30 元 / 件
2	直接人工	25 元 / 件
3	变动制造费用	25 元 / 件
4	固定制造费用	200 万元

要求：在完全成本法和变动成本法的计算下，佳润乳业公司是否接受追加订单的决策。

解：（1）在完全成本法下，产品的单位生产成本为 100 元 / 件（30＋25＋25＋200/10），高于乙公司追加订单的价格 95 元 / 件，订单价格无法弥补生产成本，因此佳润乳业公司应做出拒绝追加订单的决策，以降低损失。

（2）在变动成本法下，乙公司追加的订单在佳润乳业公司当月最大生产能力范围内，且佳润乳业公司剩余生产能力无法转移，同时乙公司追加订单不会增加甲公司的专属成本。因此，此时的决策只需考虑接受订单的价格能不能产生边际贡献即可。本例中，乙公司追加订单的价格为 95 元 / 件，大于甜牛奶乳饮料的变动成本 80 元 / 件（30＋25＋25），每件产品可以给佳润乳业公司提供 15 元的边际贡献，合计增加 15（15×1）万元的边际贡献，可以用来弥补固定成本。可见，只要在生产能力范围内，且剩余生产能力无法转移，同时追加订单不会增加专属成本，追加的订单越多，固定成本弥补的就越多，企业获得的营业利润也就越多。所以，对于生产能力尚有剩余的企业来说，采用变动成本法进行追加订单决策，具有重要意义。

（二）是否继续生产亏损产品的决策

在企业生产的产品当中，有些产品可能是亏损的。对于这些亏损产品，企业是继续生产还是停止生产，在完全成本法和变动成本法下可能会得出不同的结论。在完全成本法下，对于亏损产品往往会作出停止生产的决策。但是，在变动成本法下，如果剩余生产能力无法转移，只要亏损产品的边际贡献大于零，就应当继续生产；如果剩余生产能力可以转移，只要亏损产品的边际贡献大于剩余生产能力转移有关的机会成本，也应当继续生产。继续生产能够带来正向边际贡献的亏损产品至少可以补偿一部分固定成本。

【例 6-2】承【例 6-1】资料，其中发酵型含乳饮料 2022 年 11 月的产销量为 6 万件，销售价格为 65 元 / 件。假定发酵型含乳饮料停产后其剩余生产能力无法转移。发酵型含乳饮料 2022 年 11 月成本数据如表 6-2 所示。

表 6-2　发酵型含乳饮料 2022 年 11 月成本数据

序号	成本项目	金额
1	直接材料	20 元 / 件
2	直接人工	15 元 / 件
3	变动制造费用	15 元 / 件
4	固定制造费用	120 万元

要求：在完全成本法和变动成本法的计算下，佳润乳业公司是否继续生产亏损产品。

解：（1）在完全成本法下，发酵型含乳饮料 2022 年 11 月的营业收入为 390 万元（65×6），成本总额为 420［即（20＋15＋15）×6＋120］万元，营业利润为 −30 万元（390－420）可见，该产品亏损，应当作出停产的决策。

（2）在变动成本法下，发酵型含乳饮料 2022 年 11 月的营业收入为 390 万元，变动成本为 300 万元［（20＋15＋15）×6］，边际贡献为 90 万元（390－300）。发酵型含乳饮料边际贡献大于零，且停产后其剩余生产能力无法转移，因此应继续生产。如果佳润乳业公司决定停产发酵型含乳饮料，那么将导致佳润乳业公司 2022 年 11 月多损失 90 万元的利润。假如发酵型含乳饮料停产后，其生产设备可以对外出租，也就是剩余生产能力可以转移。如果月租金小于 90 万元，则应继续生产；如果月租金大于 90 万元，则应停产；如果月租金刚好为 90 万元，则继续生产和停产均可。

（三）零部件自制或外购的决策

企业生产过程中所需要的某些零部件，有的既可自行生产，也可从市场上直接购买。零部件自制或外购的决策，属于互斥方案的决策，方案通常不涉及相关收入，只需考虑相关成本因素。在企业自制能力无法转移的情况下，自制方案的相关成本只包括按零部件全年需用量计算的变动成本。因此，在选择零部件自制或外购时，只需比较零部件自制单位变动成本和外购单价的高低，选择成本较低的方案。如果自制能力可以转移，则还需考虑自制能力转移有关的机会成本。

【例 6-3】承【例 6-1】资料，2022 年 11 月佳润乳业公司生产甜牛奶乳饮料需要某零部件 8 万件。该零部件既可外购，也可自制。如果外购，零部件的外购价格为 20 元 / 件。假定佳润乳业公司生产甜牛奶乳饮料所需某零部件的自制生产能力无法转移。2021 年 11 月甜牛奶乳饮料所需某零部件的成本数据如表 6-3 所示。

表 6-3 甜牛奶乳饮料所需某零部件 2022 年 11 月成本数据

序号	成本项目	单位成本 / 元	成本总额 / 万元
1	直接材料	8	64
2	直接人工	6	48
3	变动制造费用	3	24
4	固定制造费用		30
5	总成本		166

要求：在完全成本法和变动成本法的计算下，佳润乳业公司所需零部件自制还是外购。

解：（1）在完全成本法下，甜牛奶乳饮料所需某零部件的自制成本为 166 万元，而外购的总成本为 160 万元（20×8）。如果仅以此判断，佳润乳业公司对于甜牛奶乳饮料所需某零部件应该进行外购。

（2）在变动成本法下，甜牛奶乳饮料所需某零部件的自制生产能力无法转移。也就是说，不论佳润乳业公司是自制还是外购甜牛奶乳饮料所需某零部件，30 万元的固定制造费用都会发生，属于沉没成本，在决策中不应考虑。甜牛奶乳饮料所需某零部件的变动成本总额为 136 万元（64+48+24），比外购总成本 160 万元减少 24 万元，因此应当选择自制。

假设甜牛奶乳饮料所需某零部件的自制生产能力可以用于承揽零星加工业务，如果当月因自制生产能力转移所带来的边际贡献大于 24 万元，则应选择外购零部件；如果当月因自制生产能力转移所带来的边际贡献小于 24 万元，则应选择自制零部件；如果当月因自制生产能力转移所带来的边际贡献刚好等于 24 万元，则自制和外购零部件均可。

岗课赛证融通训练 >>>

一、单项选择题

1. 下列各项中，能构成变动成本法产品成本内容的是（　　）。

A. 变动成本　　B. 固定成本　　C. 生产成本　　D. 变动生产成本

2. 在变动成本法下，固定性制造费用应当列作（　　）。

A. 非生产成本　　B. 期间成本　　C. 产品成本　　D. 直接成本

3. 在相同成本原始资料条件下，变动成本法计算下的单位产品成本比完全成本法计算下的单位产品成本（　　）。

A. 相同　　B. 大　　C. 小　　D. 无法确定

4. 在变动成本法下，其利润表所提供的中间指标是（　　）。

A. 营业毛利　　B. 贡献边际　　C. 营业利润　　D. 期间成本

5. 下列项目中，不能列入变动成本法下的产品成本的是（　　）。

A. 直接材料　　B. 直接人工

C. 固定性制造费用　　D. 变动制造费用

6. 按照变动成本法与完全成本法确定的营业利润不相等的根本原因是（　　）。

A. 两种方法对固定性制造费用的处理方式不同

B. 两种方法计入当期损益表的固定性制造费用的水平不同

C. 两种方法计算销售收入的方法不同

D. 两种方法将营业费用计入当期损益表的方式不同

7. 在变动成本法下，构成产品成本的是（　　）。

A. 变动生产成本　　B. 生产成本

C. 变动成本总额　　D. 变动成本与固定成本之和

8. 某企业只生产一种产品，本月份生产并销售产品 100 件，单位产品售价 1 000 元；发生的变动生产成本 30 000 元，变动管理费用和变动销售费用 2 080 元，固定性制造费用 10 000 元，固定管理费用和固定销售费用共 40 000 元。按照变动成本法计算，该企业实现的营业利润为（　　）元。

A. 17 920　　B. 70 000　　C. 67 920　　D. 18 000

9. 某企业只生产一种产品，2022 年年初的存货为 40 000 元，期末存货为 0 元。在这种情况下，按照完全成本法确定的营业利润比按照变动成本法确定的营业利润（　　）。

A. 小　　B. 大　　C. 相等　　D. 不确定

10. 采用变动成本法和完全成本法确定的营业利润（ ）。

A. 不等

B. 相等

C. 可能不等

D. 完全成本法确定的营业利润大于变动成本法确定的营业利润

二、多项选择题

1. 下列对完全成本法与变动成本法下各期损益的比较正确的是（ ）。

A. 当产量等于销量时，按完全成本法计算的利润高于按变动成本法计算的利润

B. 当产量等于销量时，按完全成本法计算的利润等于按变动成本法计算的利润

C. 当产量大于销量时，若无期初存货，按变动成本法计算的利润小于按完全成本法计算的利润

D. 当产量小于销量时，按变动成本法计算的利润大于按完全成本法计算的利润

2. 下列各项中，能影响完全成本法与变动成本法分期营业净利润差额水平的因素有（ ）。

A. 销售收入　　B. 非生产成本

C. 固定性制造费用　　D. 期初与期末存货量

3. 变动成本的理论依据为（ ）。

A. 产品成本只包括生产成本　　B. 固定生产成本应作为期间成本处理

C. 制造费用应作为期间成本处理　　D. 产品成本只应包括变动生产成本

4. 在完全成本法下，影响计入当期损益的固定性制造费用数额的是（ ）。

A. 当期发生的全部固定性制造费用　　B. 销售费用

C. 期初存货水平　　D. 期末存货水平

5. 下列项目中，不会导致完全成本法和变动成本法确定的分期损益不同的是（ ）。

A. 管理费用　　B. 销售费用

C. 财务费用　　D. 固定性制造费用

E. 变动生产成本

6. 变动成本法的优点可以体现在（ ）。

A. 易于为管理部门所理解和掌握

B. 能提供产品盈利能力资料，有利于管理人员的分析

C. 便于分析部门的经济责任

D. 简化成本计算

E. 有利于编制对外财务报表

7. 下列成本中，属于变动成本的是（　　　　）。

A. 直接材料　　B. 直接人工

C. 折旧费用　　D. 管理人员薪酬费用

8. 关于固定成本，下列说法正确的是（　　　　）。

A. 固定成本总是不随业务量的变动而变动

B. 随着产量的上升，单位固定成本会下降

C. 固定成本是针对某一相关范围内而言的固定

D. 随着产量的上升，单位固定成本不变

9. 变动成本法下，产品成本包括（　　　　）。

A. 直接材料　　B. 直接人工

C. 变动性制造费用　　D. 固定性制造费用

10. 使得完全成本法确定的净收益与按变动成本法确定的净收益不等的情况是（　　　　）。

A. 产销平衡情况　　B. 产销不平衡情况

C. 本期生产量大于销售量时　　D. 本期生产量小于销售量时

三、判断题

1. 一般来说，变动成本可以通过制定弹性预算或费用预算进行日常控制；而固定成本则通过标准成本来控制。（　　）

2. 变动成本计算不符合传统的成本概念的要求。（　　）

3. 在变动成本法下，产品成本不受固定成本和产量的影响，而取决于各项变动费用支出的多少。（　　）

4. 在一定条件下，某一决策方案的增量成本应为该方案相关产品的单位变动成本与其相关业务量的乘积。（　　）

5. 由于固定成本总额不随业务量发生任何金额变化，因而某个月份的固定成本与该年度的固定成本水平应该是一致的。（　　）

6. 固定成本是一种长期都不发生变动的成本。（　　）

7. 成本按照性态分类是变动成本法应用的前提条件。（　　）

8. 按照产品成本与期间成本的划分口径和营业利润确定程序的不同，可以将成本计算划分为完全成本法和变动成本法。（　　）

9. 变动成本法的理论前提是产品成本只应包括变动生产成本，固定生产成本必

须作为期间成本处理。( )

10. 当存货量不为零时，按照变动成本法确定的存货成本必然小于完全成本法下的存货成本。( )

四、岗位技能实操题

实训目的：熟练掌握变动成本法的知识点及具体应用操作技能。

实训资料：泰山公司只生产一种产品，正常月产量为 5 000 件。平均每件产品单位成本为：直接材料：220 元，直接人工 140 元，机器折旧按件产量计算，折旧费每件 30 元，按产量计算耗费水电费 10 元。准备生产的固定性制造费用 200 000 元，固定性销售及行政管理费用 300 000 元。本月实际生产 4 800 件，预计月末库存 100 件，销售 4 700 件；月中旬某客户临时订货 200 件（假定在泰山公司生产能力范围内），客户只肯出价 490 元，而该厂通常售价 600 元。

实训要求：按照变动成本法与完全成本法，计算本实训营业利润，讨论是否接受该订单。

任务三 标准成本管理

一、标准成本及成本差异

标准成本法是指通过制定标准成本，将标准成本与实际成本进行比较获得成本差异，并对成本差异进行因素分析，据以加强成本控制的一种会计信息系统和成本控制系统。标准成本法开始只是用来进行成本控制，后来才逐步发展和完善，并与成本核算结合起来，成为一种成本计算与成本控制相结合的方法。

（一）标准成本的种类

标准成本是在正常生产经营条件下应该实现的，作为控制成本开支、衡量工作效率、评价成本效益的依据和尺度的一种目标成本。在制定标准成本时，根据不同的效率要求，所采取的标准有理想标准成本、正常标准成本和现实标准成本。

1. 理想标准成本

理想标准成本是在最佳工作状态下可以达到的成本水平，是排除了一切失误、浪费和资源闲置等因素，根据理论耗用量、价格，以及满负荷生产能力制定的标准成本。理想标准成本是影响成本的所有因素都在最佳状态时的成本水平，而这种情况实际是不存在的，因而只是“理想成本”，它指出了企业努力的方向和目标。

2. 正常标准成本

正常标准成本是在正常生产经营条件下应该达到的成本水平，是根据正常的耗用水平、正常的价格和正常的生产经营能力利用程度制定的标准成本。正常标准成本通常反映过去这段时期实际成本水平的平均值，反映该行业平均的生产能力和技术能力，在生产技术和经营管理条件变动不大的情况下，它是种可以在较长时间内采用的标准成本。

3. 现实标准成本

现实标准成本是在现有的生产条件下应该达到的成本水平，是根据现在的价格水平、生产耗用量，以及生产经营能力利用程度制定的标准成本。现实标准成本最接近实际成本，最切实可行，通常认为是员工经过努力可以达到的标准，并为管理层提供衡量的标准。与正常标准成本不同的是，它需要根据现实情况的变化不断进行修改，而正常标准成本则可以维持较长一段时间保持固定不变。

（二）标准成本的制定

采用标准成本法的前提和关键是标准成本的制定。为了便于进行成本控制、成本核算和成本差异分析工作，标准成本可以按车间、产品、成本项目分别反映。标准成本的成本项目与会计日常核算所使用的成本项目应当一致，直接材料可以按材料的不同种类或规格详细列出标准，直接人工可以按不同工种列出标准，制造费用应按固定性制造费用和变动性制造费用分项列出标准，将各个成本项目的标准成本加总，即构成产品标准成本。

（1）各个成本项目的标准成本，通常是由数量标准和价格标准两个因素决定的，计算公式如下：

某成本项目的标准成本 = 数量标准 × 价格标准

（2）直接材料标准制定中，数量标准表现为材料消耗定额，价格标准表现为材料的计划价格，计算公式如下：

单位产品直接材料标准成本 = 单位产品材料消耗定额 × 单位材料计划价格

（3）直接人工标准制定中，数量标准表现为工时消耗定额，价格标准表现为计划小时工资率，计算公式如下：

单位产品直接人工标准成本 = 单位产品工时消耗定额 × 计划小时工资率

（4）制造费用标准制定中，数量标准是指工时消耗定额，价格标准是指制造费用计划分配率，计算公式如下：

单位产品制造费用标准成本 = 单位产品工时消耗定额 × 制造费用计划分配率

式中，制造费用计划分配率一般以制造费用预算数除以按计划产量计算的定额工时来确定，计算公式如下：

制造费用分配率 = 制造费用预算数 /（工时消耗定额 × 计划产量）

制造费用预算数一般按固定性制造费用和变动性制造费用分别确定，固定性制造费用的预算数按以往年度的平均总额确定，变动性制造费用按成本动因及年度目标要求确定。原则上，

制造费用 = 变动性制造费用 + 固定性制造费用

标准成本一经制定，就应在一个固定时期内保持相对稳定，通常在企业的组织机构、外部市场、产品品种和生产规模等发生较大变化时才有必要进行修订。所以，标准成本法通常适用于大批量稳定生产的企业或产品，因为这种类型的企业或产品最适合标准成本的建立和执行，从而通过提高效率来降低成本。

二、成本差异的计算分析

（一）成本差异的含义及类型

1. 成本差异的含义

成本差异，是指在一定时期生产一定数量产品所发生的实际成本与其标准成本之间的差额。成本差异可用以下公式表示：

成本差异 = 实际成本 − 标准成本

2. 成本差异的类型

为了便于进行差异的计算和分析，可将成本差异按照多种标准进行分类。

（1）按照成本差异的构成内容分类。按照成本差异构成内容的不同进行分类，成本差异可以分为总差异、直接材料成本差异、直接人工成本差异、变动制造费用差异和固定制造费用差异。

① 总差异，是产品的实际总成本与标准总成本之间的差异额，能够概括反映企业成本管理工作的总体情况。

② 直接材料成本差异，是耗用的直接材料实际成本与其标准成本之间的差异额。

③ 直接人工成本差异，是耗用的直接人工实际成本与其标准成本之间的差异额。

④ 变动制造费用差异，是耗用的变动制造费用实际成本与其标准成本之间的差异额。

⑤ 固定制造费用差异，是耗用的固定制造费用实际成本与其标准成本之间的差异额。

（2）按照成本差异是否变动分类。按照成本差异是否变动进行分类，成本差异可以分为变动成本差异和固定成本差异。

① 变动成本差异。直接材料成本差异、直接人工成本差异和变动制造费用差异都属于变动成本差异。

② 固定成本差异。固定制造费用差异属于固定成本差异。

区分变动成本差异和固定成本差异便于组织变动成本和完全成本的差异分析与控制。

（3）按照成本差异的形成过程分类。按照成本差异的形成过程进行分类，成本差异可以分为价格差异和用量差异。

① 用量差异，是反映由于直接材料、直接人工和变动性制造费用等要素实际用量消耗与标准用量消耗不一致而产生的成本差异，用公式表示如下：

$$用量差异=（实际用量-标准用量）\times 标准价格$$

② 价格差异，是反映由于直接材料、直接人工和变动性制造费用等要素实际价格水平与标准价格水平不一致而产生的成本差异，用公式表示如下：

$$价格差异=（实际价格-标准价格）\times 实际用量$$

无论用量差异还是价格差异计算公式中，实际用量和标准用量都是总量指标，是实际产量下的耗用量；而实际价格和标准价格均为个量指标，是单价。

（4）按照成本差异与其他因素的关系分类。按照成本差异与其他因素的关系进行分类，成本差异可以分为纯差异与混合差异。

① 纯差异。从理论上讲，任何一类差异在计算时都需要假定某个因素变动时其他因素固定在一定基础上不变。把其他因素固定在标准的基础上，计算得出的差异就是纯差异，如纯用量差异就是标准价格与实际产量下的用量差之积，而纯价格差异则是价格差与标准用量之积，计算公式如下：

$$纯用量差弄=（实际用量-标准用量）\times 标准价格$$

$$纯价格差异=（实际价格-标准价格）\times 标准用量$$

② 混合差异。与纯差异相对立的差异就是混合差异，它是总差异扣除所有纯差异后的剩余差异，它等于价格差与用量差之积，计算公式如下：

$$\begin{aligned}混合差异&=用量差异\times 价格差异\\&=（实际用量-标准用量）\times（实际价格-标准价格）\end{aligned}$$

（5）按照成本差异是否可以控制分类。按成本差异是否可以控制，成本差异可以分为可控差异与不可控差异。

① 可控差异，是指与主观努力相联系而形成的差异，又叫作主观差异。它是成本差异控制的重点所在。

② 不可控差异，是指与主观努力程度关系不大，主要受客观原因影响而形成的差异，又称为客观差异。

划分可控差异和不可控差异有利于调动有关方面进行成本控制的积极性，有利于成本指标的考核和评价。

（6）按照成本差异的性质分类。按照成本差异的性质进行分类，成本差异可以分为有利差异与不利差异。

① 有利差异，是指因实际成本低于标准成本而形成的节约差。

② 不利差异，是指因实际成本高于标准成本而形成的超支差。

但这里的有利与不利是相对的，并不是有利差异越大越好。企业在成本管理控制过程中，不能为了盲目地追求成本的有利差异，而不惜以牺牲质量为代价。

（二）成本差异计算分析的基本模式

在标准成本系统下，企业在生产经营过程中以预定的标准成本为尺度衡量实际成本，而实际成本往往由于种种原因与预定的标准成本不符，有一定的差异。上文按照不同的分类标准将成本差异分为多种，这些成本差异在成本差异计算分析过程中需要结合应用。在实务中，为便于成本差异的分因素定量分析，通常将成本差异分解为价格差异和用量差异两个因素，分别计算成本差异额，进行因素分析。

1. 价格差异

价格差异，是由实际价格和标准价格之间的差异所引起的，其计算建立在实际投入数量的基础上，计算公式如下：

$$\begin{aligned}\text{价格差异} &= (\text{实际用量} \times \text{实际价格}) - (\text{实际用量} \times \text{标准价格}) \\ &= (\text{实际价格} - \text{标准价格}) \times \text{实际用量}\end{aligned}$$

2. 用量差异

用量差异，是由于实际产量上的实际用量和实际产量上允许的标准用量之间差异所引起的，其计算建立在标准价格的基础上，计算公式如下：

$$\begin{aligned}\text{用量差异} &= (\text{实际用量} \times \text{标准价格}) - (\text{标准用量} \times \text{标准价格}) \\ &= (\text{实际用量} - \text{标准用量}) \times \text{标准价格}\end{aligned}$$

（三）直接材料成本差异的计算分析

直接材料成本差异，是指在实际产量下，直接材料实际总成本与直接材料标准总成本之间的差额。

1. 直接材料成本差异的计算

直接材料成本是变动成本，按照差异形成的原因，直接材料成本差异可以进一步分解为以下两种差异：一是实际材料用量脱离标准用量而形成的材料用量差异；二是材料实际价格脱离标准价格而形成的材料价格差异。有关计算公式如下：

（1）直接材料成本差异的计算。

$$\begin{aligned}\text{直接材料成本差异} &= \text{直接材料实际成本} - \text{直接材料标准成本} \\ &= \text{直接材料用量差异} + \text{直接材料价格差异}\end{aligned}$$

（2）直接材料用量差异的计算。

$$\begin{aligned}\text{直接材料用量差异} &= (\text{材料实际用量} \times \text{材料标准价格}) - (\text{材料标准用量} \\ &\quad \times \text{材料标准价格}) \\ &= (\text{材料实际用量} - \text{材料标准用量}) \times \text{材料标准价格}\end{aligned}$$

（3）直接材料价格差异的计算。

直接材料价格差异 =（材料实际用量 × 材料实际价格）−（材料实际用量 × 材料标准价格）

=（材料实际价格 − 材料标准价格）× 材料实际用量

【例 6-4】佳润乳业公司生产甜牛奶乳饮料耗用 A 材料。本期生产甜牛奶乳饮料 200 件，耗用 A 材料 100 千克，A 材料的实际价格为每千克 10 元。假设 A 材料的标准价格为每千克 11 元，单位甜牛奶乳饮料的标准用量为 0.45 千克 A 材料。

要求：进行直接材料成本差异分析。

解：直接材料成本差异 = 10 × 100 − 0.45 × 200 × 11 = 10（元）（不利差异）。

直接材料用量差异 =（100 − 0.45 × 200）× 11 = 110（元）（不利差异）。

直接材料价格差异 =（10 − 11）× 100 = −100（元）（有利差异）。

2. 直接材料成本差异的分析

（1）材料价格差异是在采购过程中形成的，其产生原因主要有：材料市场价格变化；未按经济采购批量进货；未能及时订货造成的紧急订货使购买价格和运费上升；运输安排不当使运费和途耗增加；不必要的快速运输方式；违反合同被罚款；承接紧急订货造成额外采购等。材料价格差异一般应由采购部门负责，在分析差异时，还应区分主观、客观因素进行具体分析和调查，才能明确最终原因和责任归属。

（2）材料用量差异是在材料耗用过程中形成的，产生原因主要包括：材料质量差，废料过多；产品设计或工艺变更，用料标准未能及时调整；生产工人操作技术不熟练或不认真，造成废品废料；机器设备效率增减，使材料耗用量发生变化等。材料用量差异主要为可控差异，一般应由生产部门负责，但是有时应由其他部门负责，如材料质量低劣引起的用量差异应由采购部门负责。因此，需要进行具体的调查分析才能明确责任归属。

（四）直接人工成本差异的计算分析

直接人工成本差异是指，在实际产量下，直接人工实际总成本与直接人工标准总成本之间的差额。

1. 直接人工成本差异的计算

直接人工成本也是变动成本，其成本差异可以进步分解为以下两种差异：一是实际人工工时用量脱离标准工时用量而形成的人工用量差异，即效率差异，类似于直接材料用量差异；二是人工实际价格脱离标准价格而成的人工价格差异，类似于材料价格差异。所以，直接人工成本差异的计算分析方法类似于直接材料成本差异。有关计算公式如下：

（1）直接人工成本差异的计算。

直接人工成本差异 = 直接人工实际成本 − 直接人工标准成本

=直接人工用量差异+直接人工价格差异

（2）直接人工用量差异的计算。

直接人工用量差异=（实际工时 × 标准人工价格）-（标准工时 × 标准人工价格）

=（实际工时 - 标准工时）× 标准人工价格

（3）直接人工价格差异的计算。

直接人工价格差异=（实际工时 × 实际人工价格）-（实际工时 × 标准人工价格）

=（实际人工价格 - 标准人工价格）× 实际工时

【例 6-5】佳润乳业公司本期生产甜牛奶乳饮料 200 件，实际耗用工时 900 小时，实际人工总额为 9 000 元，平均每工时为 10 元。假设标准人工率为 9 元，单位产品的工时耗用标准为 4 小时。

要求：进行直接人工成本差异分析。

解：直接人工成本差异 = 10×900-9×4×200=1800（元）（不利差异）。

直接人工用量差异 =（900-4×200）×9=900（元）（不利差异）。

直接人工价格差异 =（10-9）×900=900（元）（不利差异）。

2. 直接人工成本差异的分析

一般情况下，直接人工价格差异形成的原因主要包括：高低工资的工人生产调度不当，生产工人升级或降级使用；工资变动，原工资标准未及时调整；工资计算方法变更；出勤率变化；奖励制度未产生实效；加班或雇用临时工；季节性或临时性生产增发工资等。在实际工作中，由于具体安排工作时也会由于某种原因造成人工价格出现差异，由此产生的责任应由劳动人事部门或生产部门承担，有时也会涉及其他部门。由于人工价格差异产生的原因复杂且难以控制，在分析人工价格差异时，应结合各部门的工作和责任范围，进行具体分析评价。

直接人工用量差异的形成原因，主要包括：生产工人经验不足、工作不熟练，未能在标准工时内完成任务；工作环境差，工人劳动情绪不佳，影响生产潜能发挥；材料供应不及时，造成停工待料，浪费工时；设备故障较多，停工待修，浪费工时；生产工艺变更，未能及时修订标准；生产计划安排不当，造成“窝工”；材料质量低劣导致加工时间延长，新工人上岗多，机器或工具选用不当，产品批量少、批次多，调整准备时间长等。人工效率差异基本上都是可控差异，主要应由生产部门负责，但这也不是绝对的，有些差异如材料质量不好、供应不及时或由于生产工艺变化引起的差异，应由采购部门、动力部门及其他有关部门负责。因此，在分析人工效率差异时，应针对具体负责部门进行分析评价。

（五）变动制造费用成本差异的计算分析

变动制造费用成本差异是指，在实际产量下，变动制造费用实际总成本与其标准总成本之间的差额。

1. 变动制造费用成本差异的计算

变动制造费用成本差异可以进一步分解为以下两种差异：一是实际工时用量脱离标准工时用量而形成的用量差异，也叫效率差异；二是实际变动制造费用分配率脱离其标准而形成的价格差异，又称耗费差异或开支差异。有关计算公式如下：

（1）变动制造费用成本差异的计算。

变动制造费用成本差异 = 实际变动制造费用 − 标准变动制造费用
= 变动制造费用效率差异 + 变动制造费用开支差异

（2）变动制造费用效率差异的计算。

变动制造费用效率差异 =（实际工时 × 标准分配率）−（标准工时 × 标准分配率）
=（实际工时 − 标准工时）× 标准分配率

（3）变动制造费用开支差异的计算。

变动制造费用开支差异 =（实际工时 × 实际分配率）−（实际工时 × 标准分配率）
=（实际分配率 − 标准分配率）× 实际工时

变动制造费用开支差异类似于材料价格差异和直接人工工资率差异，变动制造费用效率差异类似于材料用量差异和直接人工效率差异。所以，变动制造费用成本差异的计算分析方法类似于直接材料成本差异或直接人工成本差异。

【例 6-6】佳润乳业公司本期生产甜牛奶乳饮料 200 件，实际耗用人工 900 小时，实际发生变动制造费用为 2 250 元，变动制造费用实际分配率为每直接人工工时 2.5 元。假设变动制造费用标准分配率为 3 元，单位产品的工时耗用标准为 4 小时。

要求：进行变动制造费用差异分析。

解：变动制造费用成本差异 = $2.5 \times 900 - 3 \times 4 \times 200 = -150$（元）（有利差异）。

变动制造费用效率差异 =（$900 - 4 \times 200$）$\times 3 = 300$（元）（不利差异）。

变动制造费用开支差异 =（$2.5 - 3$）$\times 900 = -450$（元）（有利差异）。

2. 变动制造费用成本差异的分析

通常情况下，变动制造费用开支差异的形成原因主要有：预算或标准估计有误，导致实际变动制造费用发生额与预计数额发生偏差；间接材料价格的变化、质量的低劣，间接人工工资的调整；其他各项费用控制不当等。由于变动制造费用耗费差异构成内容繁多，具体原因各异，因此，可根据变动制造费用的明细项目（如间接材料、间接人工，动力费用等）区分可控与不可控因素进行分析，并视具体情况确定其责任的归属，变动制造费用效率差异的形成原因与直接人工效率差异产生的原因相同，其责任归属也与直接人工效率差异相同。

（六）固定制造费用成本差异的计算分析

固定制造费用成本差异是在实际产量下，固定制造费用实际发生总额与其标准发生总额之间的差额。虽然固定制造费用具有在其相关范围内总额不变的特性，但是在实际工作中，由于生产能力利用程度的不同、生产效率高低的不同、实际执行与预算的不同，仍会出现固定制造费用成本差异，对固定制造费用进行成本控制是通过编制固定预算来实现的。

1. 固定制造费用成本差异的计算

固定制造费用成本差异，是指一定期间的实际固定制造费用与标准固定制造费用之间的差额。其计算公式如下：

固定制造费用成本差异 = 实际产量下实际固定制造费用
－实际产量下标准固定制造费用

固定制造费用是固定成本，它在一定业务量范围内不随业务量的变动而变动。因此，固定制造费用成本差异不能简单地分为价格差异和数量差异两种类型。根据固定制造费用不随业务量的变动而变动的特性，为了计算固定制造费用标准分配率，须根据固定制造费用预算，设定一个预算工时，实际工时与预算工时的差异导致的固定制造费用成本差异是其生产能力利用程度差异。因此，固定制造费用成本差异除了像变动制造费用那样包括开支差异和效率差异外，还包括生产能力利用差异。

固定制造费用成本差异的计算分析有其特殊性，分为两差异法和三差异法。

（1）两差异法，是将固定制造费用成本差异分为耗费差异和能量差异两种差异。其中，耗费差异是实际固定制造费用脱离预算而形成的预算差异，能量差异是指固定制造费用预算脱离标准而形成的除数差异。

① 固定制造费用耗费差异的计算公式为：

固定制造费用耗费差异 = 固定制造费用实际数 － 固定制造费用预算数
= 实际产量下实际固定制造费用 － 预算产量下标准固定制造费用

② 固定制造费用能量差异的计算公式为：

固定制造费用能量差异 = 预算产量下标准固定制造费用
－实际产量下标准固定制造
=（预算产量标准工时 － 实际产量标准工时）
× 固定制造费用标准分配率

【例 6–7】佳润乳业公司本月生产甜牛奶乳饮料实际产量为 200 件，发生固定制造费用为 1 400 元，实际工时为 900 小时；企业生产能力为 300 件，需要 1 000 小时；每件产品固定制造费用标准成本为 6 元 / 件，即每件产品标准工时为 4 小时，标准分配率为 1.5 元 / 小时。

要求：进行固定制造费用成本差异分析。

解：固定制造费用成本差异＝1 400－200×6＝200（元）（不利差异）。

固定制造费用耗费差异＝1 400－1 000×1.5＝－100（元）（有利差异）。

固定制造费用能量差异＝1 000×1.5－200×4×1.5＝300（元）（不利差异）。

（2）三差异法，是将固定制造费用成本差异分为以下三种差异：一是实际固定制造费用脱离预算而形成的耗费差异，也称开支差异；二是由于实际工时未能达到生产能量而形成的生产能力利用差异；三是实际工时脱离标准工时而形成的效率差异。其计算公式如下：

固定制造费用耗费差异＝实际产量下实际固定制造费用－预算产量下标准固定制造费用

固定制造费用能力差异＝（预算产量标准工时－实际产量实际工时）×固定制造费用标准分配率

固定制造费用效率差异＝（实际产量实际工时－实际产量标准工时）×固定制造费用标准分配率

【例6-8】承【例6-7】资料，要求：进行固定制造费用成本差异分析。

解：固定制造费用成本差异＝1 400－200×6＝200（元）（不利差异）。

固定制造费用耗费差异＝1 400－1 000×1.5＝－100（元）（有利差异）。

固定制造费用能力差异＝（1 000－900）×1.5＝150（元）（不利差异）。

固定制造费用效率差异＝（900－200×4）×1.5＝150（元）（不利差异）。

三差异法的能力差异150元与效率差异150元之和为300元，与两差异法中的“能量差异”数额相同。

2. 固定制造费用成本差异的分析

一般情况下，对固定制造费用成本差异的分析和控制通常是通过编制固定制造费用预算与实际发生数对比来进行的。由于固定制造费用是由各个部门的许多明细项目构成的，固定制造费用预算应就每个部门及明细项目分别进行编制，实际固定制造费用也应该就每个部门及明细项目进行分别记录，因此，固定制造费用成本差异的分析和控制也应该就每个部门及明细项目分别进行。

造成固定制造费用耗费差异的原因主要有：管理人员薪酬调整；折旧方法的改变；租赁费、保险费的调整及办公费用价格上涨等。这些因素变化主要是由于客观因素引起的，不是控制的重点。

造成固定制造费用能量差异的原因主要有：市场萎缩，订货减少；原设计生产能力过剩；供应不足，停工待料；能源短缺，开工不足；机械故障，停工待修；产品调整，批量减少；人员技术水平有限，未能充分发挥设备能力等。能量差异是由于现有生产能力没有发挥出来造成的差异，其责任主要应由高层管理人员负责，计划部门、采购部门、生产部门、销售部门等都可能负有一定的责任，应视企业的具体情况确定。

岗课赛证融通训练

一、单项选择题

1. 标准成本制度的重点是（　　）。

A. 标准成本的制定　　B. 成本差异的计算分析

C. 成本差异的账务处理　　D. 成本控制

2. 在标准成本控制系统中，成本差异是指在一定时期内生产一定数量的产品所发生的（　　）。

A. 预算成本与标准成本之差　　B. 实际成本与标准成本之差

C. 预算成本与实际成本之差　　D. 实际成本与计划成本之差

3. 下列（　　）不属于固定性制造费用成本差异的。

A. 效率差异　　B. 预算差异　　C. 开支差异　　D. 能量差异

4. 在进行标准成本差异分析时，不能区分为价差和量差的成本是（　　）。

A. 直接材料成本　　B. 直接人工成本

C. 固定制造成本　　D. 变动制造成本

5. 甲公司是一家化工生产企业，生产单一产品，按正常标准成本进行成本控制。公司预计下一年度的原材料采购价格为 13 元 / 公斤，运输费为 2 元 / 公斤，运输过程中的正常损耗为 5%，原材料入库后的储存成本为 1 元 / 公斤。该产品的直接材料价格标准为（　　）元。

A. 15　　B. 15.75　　C. 15.79　　D. 16.79

6. 下列各项中，经常在制定标准成本时被采用的是（　　）。

A. 理想标准成本　　B. 稳定标准成本

C. 现实标准成本　　D. 正常标准成本

7. 在下列各项中，属于标准成本控制系统前提和关键的是（　　）。

A. 标准成本的制定　　B. 成本差异的计算

C. 成本差异的分析　　D. 成本差异的账务处理

8. 与预算成本不同，标准成本是一种（　　）。

A. 总额的概念　　B. 单位成本的概念

C. 历史成本　　D. 实际成本

9. 成本差异按照其性质的不同可划分为（　　）。

A. 数量差异和价格差异　　B. 纯差异和混合差异

C. 有利差异和不利差异　　D. 可控差异和不可控差异

10. 固定制造费用的能量差异应在（　　）控制。

A. 质量控制部门　　B. 相关管理部门

C. 生产部门　　D. 销售部门

二、多项选择题

1. 单位产品标准成本一般由（　　）组成。

A. 直接材料标准成本　　B. 直接人工标准成本

C. 间接人工成本　　D. 制造费用标准成本

2. 三差异分析法，是指将固定制造费用的成本差异分解为（　　）来进行分析的。

A. 耗费差异　　B. 能量差异　　C. 效率差异　　D. 置能量差异

3. 影响直接材料耗用量差异的因素有（　　）。

A. 工人的技术熟练程度　　B. 设备的完好程度

C. 用料的责任心　　D. 废品率的高低

E. 材料质量

4. 在进行标准成本差异分析时，形成直接材料数量差异的原因经常有（　　）。

A. 操作疏忽致使废品增加

B. 机器或工具不适用

C. 供应厂家材料价格增加，迫使降低材料用量

D. 紧急订货形成的采购成本增加

E. 操作技术改进而节省用料

5. 下列成本差异中，通常不属于生产部门责任的是（　　）。

A. 直接材料价格差异　　B. 直接人工工资率差异

C. 直接人工效率差异　　D. 变动制造费用效率差异

E. 变动制造费用耗费差异

6. 制定正常标准成本时，直接材料价格标准应包括（　　）。

A. 运输费　　B. 仓储费

C. 入库检验费　　D. 运输途中的合理损耗

7. 企业进行固定制造费用差异分析时可以使用三因素分析法。下列关于三因素分析法的说法中，不正确的是（　　）。

A. 固定制造费用耗费差异 = 固定制造费用实际成本 − 固定制造费用标准成本

B. 固定制造费用闲置能量差异 =（生产能量 − 实际工时）× 固定制造费用标准

分配率

C. 固定制造费用效率差异 =（实际工时 − 标准产量标准工时）× 固定制造费用标准分配率）

D. 三因素分析法中的闲置能量差异与二因素分析法中的能量差异相同

8. 下列关于直接材料标准成本制定及其差异分析的说法中，正确的有（　　）。

A. 材料价格差异会受进货批量的影响

B. 直接材料价格标准应考虑运输中的正常损耗

C. 数量差异全部应由生产部门负责

D. 直接材料用量标准应考虑生产中的正常废品损耗

9. 在实务中，贯彻成本控制的例外管理原则时，确定“例外”的标准通常可考虑的标志有（　　）。

A. 重要性　　B. 一贯性　　C. 可控性　　D. 特殊性

10. 下列各项中，属于标准成本控制系统构成内容的有（　　）。

A. 标准成本的制定　　B. 成本差异的计算与分析

C. 成本差异的账务处理　　D. 成本差异的分配

三、判断题

1. 标准成本是指按照成本项目事后制定的，在已达到的生产技术水平和有效经营管理条件下应当达到的单位产品成本目标。（　　）

2. 固定制造费用差异通常分为用量差异与价格差异两部分。（　　）

3. 在实行标准成本制度时，一般都是采用正常的标准成本。（　　）

4. 直接材料数量标准是指在现有的生产技术条件下，生产单位产品所需要的单位材料的数量。（　　）

5. 标准成本都是面向未来的成本，不应计入账簿。（　　）

6. 在标准成本管理中，成本总差异为实际产量下实际成本与标准产量下标准成本之差。（　　）

7. 在两差异法下，固定制造费用的差异是耗费差异和效率差异。（　　）

8. 在生产过程中无浪费、机器无故障、人员无闲置、产品无废品等假设条件下制定的成本标准是正常成本标准。（　　）

9. 理想标准成本通常小于正常标准成本。（　　）

10. 工资制度的变动、工作环境的好坏都可能产生人工工资率的差异。（　　）

四、岗位技能实操题

实训目的：熟练掌握标准成本法的知识点及具体应用操作技能。

实训资料：某企业生产甲产品，其标准成本单如表 6-4 所示。

表 6-4　甲产品标准成本单

项目	价格标准	数量标准	金额 /（元 / 件）
直接材料	9 元 / 千克	50 千克 / 件	450
直接人工	4 元 / 小时	45 小时 / 件	180
变动制造费用	3 元 / 小时	45 小时 / 件	135
固定制造费用	2 元 / 小时	45 小时 / 件	90
合计			855

甲产品正常生产能力为 1 000 小时。本月实际生产量为 20 件，实际耗用材料为 900 千克，实际人工工时为 950 小时，实际成本分别为：直接材料 9 000 元；直接人工 3 325 元；变动制造费用 2 375 元；固定制造费用 2 850 元，总计 17 550 元。

实训要求：分别计算各成本项目的成本差异和分析差异，其中固定制造费用采用三因素法。

任务四　作业成本管理

一、作业成本法的认知

作业成本法

（一）作业成本法的含义

作业成本法，是指以作业为核心，按照“作业消耗资源、产品消耗作业”的原则，将资源费用追溯或分配至各项作业，计算出作业成本，然后再根据作业动因，将作业成本追溯或分配至各成本对象，最终完成成本计算的成本管理方法。

（二）作业成本法中的相关概念

1. 资源

企业的资源既包括材料、设备、房屋、车辆等有形资源，也包括商标、技术、土地使用权等无形资源，涉及人力、物力、财力各种形式的资源。执行任何一项作业都需要耗费一定的资源，为便于将资源费用直接追溯或分配至各作业中心，企业可以按照资源与不同层次作业的关系，将资源分为五类：

（1）产量级资源。包括单个产品（或服务）所取得的原材料、人工、能源等，如花生牛奶乳饮料所耗费的水、奶粉、生产工人工资等。

（2）批别级资源。包括用于生产准备、机器调试的人工等，如航空公司某一航班飞行过程中耗费的燃油费用。

（3）品种级资源。包括为生产某种产品（成服务）所需要的专用化设备、软件或人力等，如农夫山泉公司专门为农夫山泉矿泉水所花费的广告费。

（4）顾客级资源。包括为服务特定客户所需要的专门化设备、软件和人力等，如高铁上专门为商务座或一等座乘车人所发放的矿泉水和零食。

（5）设施级资源。包括土地使用权、房屋及建筑物，以及所保持的不受产量、批别、产品、服务和客户变化影响的人力资源等，如航空公司的地勤人员的工资等。

2. 作业

作业是指企业基于特定目的重复执行的任务或活动，是连接资源和成本对象的桥梁，是生产经营过程中最基本的活动。作业贯穿产品生产经营的全过程，从产品设计开始，经过原材料采购、物料供应、生产、产品入库的各个环节，直至产品的发运销售。在这过程中，每个环节、每道工序的基本活动都可以视为一项作业，如原材料消耗、产品设计、订单处理、采购、储存、广告投放等。

作业从不同的角度出发，可以进行不同的分类：

（1）按消耗对象不同，作业可分为主要作业和次要作业。主要作业是被产品、服务或客户等最终成本对象消耗的作业。次要作业是被原材料、主要作业等介于中间地位的成本对象消耗的作业。例如，产品销售属于企业销售部门的主要作业，销售人员进行销售心理专题培训则属于次要作业。

（2）按顾客价值是否增加，作业可分为增值作业和非增值作业。增值作业是指能够给顾客带来附加价值，从而为企业带来利润的作业，它们是制造产品所必需的作业。非增值作业是指即使消除也不影响产品对顾客服务的潜能，不必要的或可以消除的作业。例如，乳饮料企业生产车间乳饮料罐装属于增值作业，而损耗产品的报废清理属于非增值作业等。

（3）按受益对象、层次和重要性的不同，作业可分为以下 5 类：

① 产量级作业，是指随产品数量变动而呈正比例变动的作业。该类作业明确地为个别产品或服务实施，包括产品加工、产品包装等。

② 批别级作业，是指为一组（或一批）产品（或服务）实施的、使该组（或该批）产品（或服务）受益的作业。该类作业随批别变动而呈正比例变动，包括设备调试、生产准备等，如航空公司某架次航班的飞行等。

③ 品种级作业，是指为生产和销售某种产品（或服务）实施的、使该种产品（或服务）每个单位都受益的作业。该类作业的数量与品种的多少呈正比例变动，与某一产品（或服务）的数量无关。它包括新产品设计、生产流程监控、工艺变换需要的流程设计、产品广告等，如房地产公司对各户型的设计。

④ 客户级作业，是指为服务特定客户所实施的作业。该类作业保证企业将产品（或服务）销售给个别客户，其本身与产品（或服务）数量无关。它包括向个别客户提供的技术支持活动、咨询活动、独特包装等，如高铁公司向商务座乘客发放饮用水和小吃零食的服务行为。

⑤ 设施级作业，是指为车间或企业整体服务，与车间或企业整体管理水平有关的作业。它包括人事管理、财务管理等，如财务部门的日常工作。

3. 成本动因

成本动因是指诱导成本发生的原因，是成本对象与其直接关联的作业和最终关联的资源之间的中介。成本动因通常以作业活动耗费的资源来度量。例如，佳润乳业公司甜牛奶产品产量增加时，生产车间生产工人的人工成本就增加，产量是导致生产车间生产工人的人工成本发生的原因，即直接人工的成本动因。

成本动因是成本分配的依据，按其在资源流动中所处的位置和作用，成本动因可分为资源动因和作业动因。

（1）资源动因，是指分配作业所耗资源的依据，反映作业量与资源耗费之间的因果关系。资源消耗量的高低与最终的产量没有直接的关系，作业量的多少决定着资源的消耗量，这种关系称为资源动因。资源动因作为一种分配基础，发生在各种资源耗费向相应作业中心分配的过程中，是将资源成本分配到作业中心的标准。

（2）作业动因，是将作业中心的成本分配到成本对象的标准，反映了产品产量与作业量之间的关系。通过对作业动因的分析，可以对企业整体成本进行优化分析。

4. 成本对象、作业中心与作业成本

（1）成本对象，是指企业追溯或分配资源费用、计算成本的对象物。成本对象可以是工艺、流程、零部件、产品、服务、分销渠道、客户、作业、作业链等需要计量和分配成本的项目。

（2）作业中心是指一系列相互联系，能够实现某种特定功能的作业集合，该作业集合具有相同的作业动因。例如在产品销售作业中，销售合同签订、销售开票、销售出库、销售产品运输、销售到货确认等都是最基本的作业，但它们都与销售订单有关，因此都可以归类于产品销售处理作业中心。

（3）作业成本是指特定作业中心归集的成本。此类成本可以以作业动因为标志，将其分配给各产品。

二、作业成本法的基本原理、计算程序和适用范围

（一）作业成本法的基本原理

作业成本法的基本原理可以概括为：第一，以作业为中心，依据资源动因将所消耗的资源的成本分配到作业。第二，将构成一个业务过程的相互联系的作业进行集合，划分作业中心并归集各作业中心的成本。第三，各个作业中心根据各自相应的作业动因量，将作业中心成本分配至各种产品。第四，分别汇总各种产品的作业总成本，计算各种产品的总成本和单位成本。作业成本法制造费用的分配如图 6-1 所示。

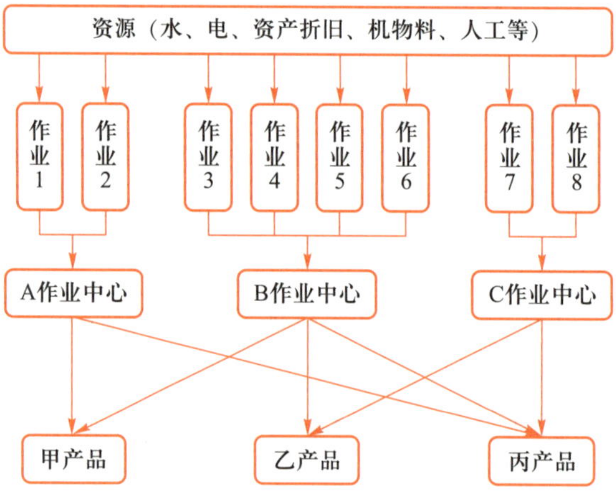

图 6-1　作业成本法制造费用的分配

作业成本法的基本指导思想是“作业消耗资源、产品（服务或顾客）消耗作业”。根据这一指导思想，作业成本法把成本计算过程分为两个阶段。与完全成本法一样，作业成本法对直接材料、直接人工等直接成本采用直接追溯法计入产品成本。但两种方法最大的区别在于制造费用的分配，如图 6-2、图 6-3 所示。

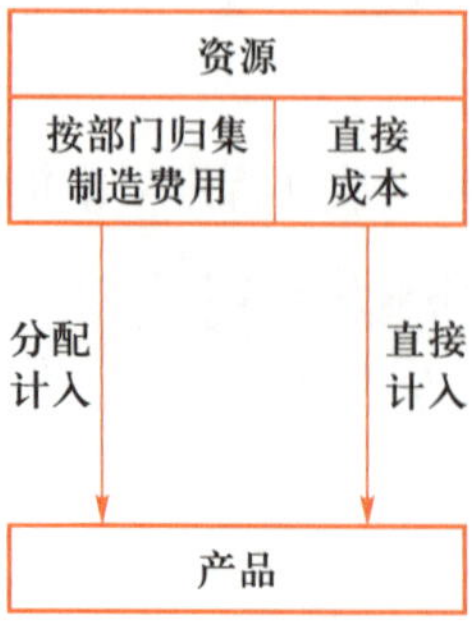

图 6-2　完全本成法

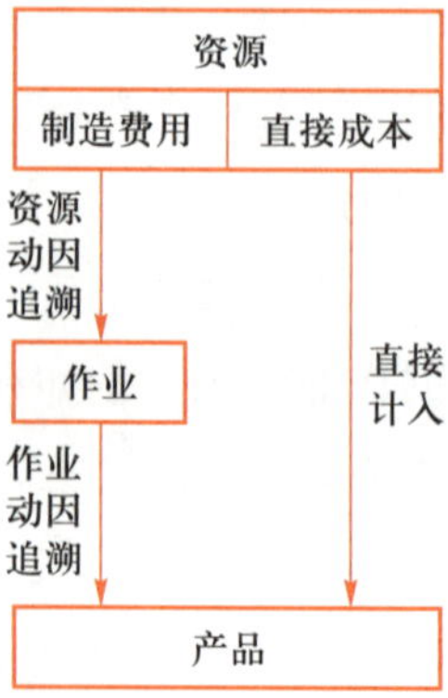

图 6-3　作业成本法

从图 6-2 中可以看出，完全成本法下，制造费用的分配路径为“资源→部门→产品”，即先将制造费用按照生产部门归集，然后将各生产部门的制造费用按照一定的标准（生产工时、机器工时等）分配给产品。从图 6-3 中可以看出，作业成本法下，制造费用的分配路径为“资源→作业→产品”，即：根据资源与作业的因果关系（即资源动因），将各作业所消耗的资源计入特定作业（作业中心、成本库）；根据作业与产品（或服务）的因果关系（即作业动因），将各作业中心作业成本按照相应的分配标准计入各产品。

（二）作业成本法的编制程序

企业应用作业成本法，一般按照建立资源库、划分作业并建立作业中心、作业成本归集、作业成本分配、计算产品成本等程序进行编制。具体计算程序如下：

（1）确认和计量各种资源费用，将资源费用归集到各个资源库。企业在生产产品或提供劳务过程中会消耗各种资源，如原材料、货币资金、厂房、设备、信息、知识产权等。企业首先确认并计量各项资源费用，为各类资源建立相应的资源库，各资源库将一定期间内耗费的资源进行归集。

（2）确认主作业，设立相应的作业中心。企业可以通过问卷调查、座谈和专家指导法进行作业划分、认定，根据每项作业的重要性，区分主要作业和次要作业，并将一系列相互联系、能够实现某种特定功能的作业确认为作业中心。

（3）确定资源动因，归集各作业中心的成本。企业根据不同的资源选择合适的资源动因量，根据各项作业所消耗的资源动因数量，将各项资源消耗成本归集到各作业中心。比如，机器设备调整准备作业成本的资源动因是机器设备调整准备工时，机器设备调整准备消耗 80 个机器设备调整准备工时，每个机器设备调整准备工时为 5 元，则机器设备调整准备作业成本为 400 元，计算公式如下。

$$\text{某一作业中心成本}=\sum(\text{该作业中心所消耗 }X_i\text{ 资源动因量}\times X_i\text{ 资源动因量的单位成本})$$

式中，i 为 1，2，3，…，n。

（4）选择作业动因，计算作业成本的成本动因分配率，归集各产品应分配的作业成本。作业动因分为交易动因、持续时间动因和强度动因三个类别：交易动因是指用执行频率或次数计量的成本动因，包括接受或发出订单数、处理收据数等；持续时间动因是指用执行时间计量的成本动因，包括产品安装时间、检查小时等；强度动因是指不易按照频率、次数或执行时间进行分配而需要直接衡量每次执行所需资源的成本动因，包括特别复杂产品的安装、质量检验等。各作业中心以作业动因为分配标准，计算各作业中心的作业成本分配率，计算公式如下：

$$\text{甲作业中心作业成本分配率}=\frac{\text{甲作业中心当期发生的作业成本}}{\text{甲作业中心当期的作业动因总数}}$$

某产品耗用的甲作业中心作业成本＝甲作业中心作业成本分配率
× 某产品耗用的甲作业中心的作业量

（5）计算产品成本，计算公式如下：

某产品耗用的作业成本＝∑（该产品耗用 Yi 作业中心的作业量
× Yi 作业中心作业成本分配率）

式中，i 为 1，2，3，…，n。

某产品当期总成本＝当期投入该产品的直接成本
＋当期该产品耗用的各项作业成本

直接成本＝直接材料成本＋直接人工成本

（三）作业成本法的适用范围

作业成本法细化了间接成本的核算，使得产品成本的计算结果更加准确，但其计算与作业中心的建立直接相关，作业中心建立得越多核算就越复杂。作业成本法在实际的应用和推广过程中，由于作业中心的划定和核算过程的复杂，很多企业在具体操作过程中遇到困难。因此，作业成本法并不是所有的企业都适用，一般适用于具备以下特征的企业：

（1）具备一定的基础条件。企业信息化建设水平较高，拥有较强的资金实力和信息系统开发能力。

（2）产品成本结构中，间接费用占比较高。

（3）企业规模较大且管理层对成本核算准确性要求高。

（4）产品品种和客户群体多样性较高。

（5）管理层拟从盈利的角度确定产品的品种结构。

（6）管理层对于推行作业成本法的意向强烈。

作业成本法在具体适用的过程中，第一条为必备条件，其他条件并不需要同时满足。

三、作业成本法的应用

【例 6–9】佳润乳业公司江西分公司主要生产牛小贝甜牛奶和喜哈哈乳酸菌两种产品，2022 年单位售价分别为 26 元 / 件和 22 元 / 件。2022 年 11 月公司发生的制造费用总计 220 000 元，以往公司按传统成本法计算两种产品的成本，制造费用按直接人工工时分配。由于乳饮品市场竞争激烈，公司为了精细化管理产品生产成本，决定采用作业成本法进行成本核算。假设 2022 年 11 月牛小贝甜牛奶和喜哈哈乳酸菌月初、月末均无在产品，产品相关资料如表 6–5 所示。

表 6-5　佳润乳业公司江西分公司产品相关资料表

项目	牛小贝甜牛奶	喜哈哈乳酸菌
产量 / 件	40 000	15 000
直接材料成本 /（元 / 件）	11	10
直接人工工时 /（小时 / 件）	0.3	0.3
小时工资率 /（元 / 小时）	12	12

公司财务人员对形成制造费用的资源消耗进行分析，将其归类为：动力费、水费、折旧、人工费（不含直接人工工资）。形成制造费用的资源项目及其耗费金额如表 6-6 所示。

表 6-6　资源项目及其耗费金额表

单位：元

项目	金额
动力费	80 000
水费	10 000
折旧	90 000
人工费	40 000

公司成本管理小组根据企业生产特点，将涉及制造费用的一系列作业划分为收奶、生产工艺处理、产品包装、产品检验四个作业中心，将各项资源耗费向各项作业中心分配的依据，即资源动因是：动力费按作业中心的耗电度数分配；水费按作业中心耗用的水量吨数进行分配；折旧费按作业中心所用机器设备小时数；人工费按车间管理人员数进行分配。本月各项作业中心的资源动因数量如表 6-7 所示，本月牛小贝甜牛奶、喜哈哈乳酸菌两种产品消耗的各项作业动因数量如表 6-8 所示。

表 6-7　资源动因数量表

资源类别	资源动因	资源动因数量				
		合计	收奶	生产工艺处理	产品包装	产品检验
动力费	耗电量 / 度	100 000	20 000	70 000	6 000	4 000
水费	耗水量 / 吨	4 000	1 000	3 000	0	0
折旧	机器工时	8 000	1 500	4 500	1 500	500
人工费	车间管理人员数	10	2	6	1	1

表 6–8　作业动因数量表

作业中心	作业成本动因	牛小贝甜牛奶	喜哈哈乳酸菌
收奶	收奶批次 / 次	6	4
生产工艺处理	处理小时 / 时	4 000	2 000
产品包装	包装次数 / 次	25	15
产品检验	检验小时 / 时	3 000	2 000

要求：采用完全成本法和作业成本法计算产品成本。

解：（1）按完全成本法计算确定产品成本。根据表 6–5 及相关资料按完全成本法计算确定产品成本，完全成本法下产品成本计算表如表 6–9 所示。

表 6–9　完全成本法下产品成本计算表

金额单位：元

项目	牛小贝甜牛奶	喜哈哈乳酸菌	合计
直接材料	440 000	150 000	590 000
直接人工	144 000	54 000	198 000
应分配的制造费用	160 000	60 000	220 000
合计	744 000	264 000	1 008 000
产量 / 件	40 000	15 000	—
单位成本 /（元 / 件）	18.6	17.6	—

牛小贝甜牛奶直接材料总成本 = 40 000 × 11 = 440 000（元）。

牛小贝甜牛奶直接人工总成本 = 40 000 × 0.3 × 12 = 144 000（元）。

牛小贝甜牛奶制造费用 =［220 000/（40 000 × 0.3 + 15 000 × 0.3）］× 40 000 × 0.3 = 160 000（元）。

喜哈哈乳酸菌直接材料总成本、直接人工总成本、制造费用计算过程同牛小贝甜牛奶。

（2）按作业成本法计算确定产品成本。

① 根据表 6–6、表 6–7 资料，计算并编制资源耗费分配表，如表 6–10 所示。

表 6-10 资源耗费分配表

金额单位：元

资源类别	资源费用	资源动因	资源动因合计	分配率	作业中心			
					收奶	生产工艺处理	产品包装	产品检验
动力费	80 000	耗电量 / 度	100 000	0.8	16 000	56 000	4 800	3 200
水费	12 000	耗水量 / 吨	4 000	3	3 000	9 000	0	0
折旧	88 000	机器工时	8 000	11	16 500	49 500	16 500	5 500
人工费	40 000	工人人数	10	4 000	8 000	24 000	4 000	4 000
作业成本合计	220 000	—	—	—	43 500	138 500	25 300	12 700

收奶作业中心分配的动力费 = 0.8 × 20 000 = 16 000（元）。

收奶作业中心分配的水费 = 3 × 1 000 = 3 000（元）。

收奶作业中心分配的折旧费 = 11 × 1 500 = 16 500（元）。

收奶作业中心分配的人工费 = 4 000 × 2 = 8 000（元）。

其他作业中心资源费用的分配同收奶作业中心。

② 根据表 6-8、表 6-10 资料，计算并编制作业成本分配率和产品作业成本计算表，如表 6-11 所示。

表 6-11 作业成本分配率和产品作业成本计算表

金额单位：元

作业中心	作业中心成本	作业动因	作业量			作业成本分配率	作业成本	
			牛小贝甜牛奶	喜哈哈乳酸菌	合计		牛小贝甜牛奶	喜哈哈乳酸菌
收奶	43 500	收奶批次 / 次	6	4	10	4 350.00	26 100.00	17 400.00
生产工艺处理	138 500	处理小时 / 时	4 000	2 000	6 000	23.08	92 333.33	46 166.67
产品包装	25 300	包装次数 / 次	25	15	40	632.50	15 812.50	9 487.50
产品检验	12 700	检验小时 / 时	3 000	2 000	5 000	2.54	7 620.00	5 080.00
合计	220 000	—	—	—	—	—	141 865.83	78 134.17

③ 根据表 6-5、表 6-11 资料，计算并编制作业成本法下产品成本计算表，如表 6-12 所示。

表 6-12　作业成本法下产品成本计算表

金额单位：元

项目	牛小贝甜牛奶	喜哈哈乳酸菌	合计
直接材料	440 000	150 000	590 000
直接人工	144 000	54 000	198 000
分配的制造费用	141 865.83	78 134.17	220 000
合计	725 865.83	282 134.17	1 008 000
产量 / 件	40 000	15 000	—
单位成本 /（元 / 件）	18.15	18.81	—

注意：单位成本计算结果四舍五入保留两位小数。

通过对比表 6-9 和表 6-11，在完全成本法下，牛小贝甜牛奶的单位成本为 18.6 元、喜哈哈乳酸菌的单位成本为 17.6 元。作业成本法下，牛小贝甜牛奶的单位成本为 18.15 元、喜哈哈乳酸菌的单位成本为 18.81 元。完全成本法下，高估了牛小贝甜牛奶的单位成本 0.45 元 / 件，低估了喜哈哈乳酸菌的单位成本 1.21 元 / 件，不便于准确地分析产品定价和企业盈利结构，主要原因在于完全成本法下制造费用以直接人工工时为分配依据，分配标准单一，很可能导致成本核算歪曲。相对比，作业成本法下将制造费用按作业动因分为四个部分，每个部分按照不同的分配标准进行分配，更能准确地把握成本与成本动因之间的关系，成本计算的精确度更高。

小组讨论

通过上述案例的学习，从工匠精神的角度谈谈如何看待成本核算于管理对于企业管理的重要性？

岗课赛证融通训练 >>>

一、单项选择题

1. 相对其他成本方法，作业成本法是按照（　　）进行成本核算、分析和控制。

A. 资源→作业→作业中心　　B. 资源→作业→产品

C. 资源→作业中心→作业　　D. 资源→产品→作业

2. 按照消耗对象不同，可将作业分为（　　）。

A. 增值作业和非增值作业　　B. 主要作业和次要作业
C. 后勤作业和质量作业　　D. 产量作业和品种作业

3. 作业成本法的成本计算是以（　　）为中心。

A. 产品　　B. 作业　　C. 费用　　D. 资源

4. 下列项目中属于成本管理领域中常用工具方法的是（　　）。

A. 经济增加值法　　B. 敏感性分析
C. 投资回收期　　D. 作业成本法

二、多项选择题

1. 作业按受益对象、层次和重要性通常分为（　　）。

A. 产量级作业　　B. 批别级作业
C. 品种级作业　　D. 客户级作业
E. 设施级作业

2. 作业成本法一般适用于具备（　　）的企业。

A. 间接费用占比较低
B. 企业信息化建设水平较高
C. 产品品种和客户群体多样性较高
D. 管理层对于推行作业成本法的意向强烈

3. 下列项目中，属于客户级作业的有（　　）。

A. 为个别客户提供的咨询活动　　B. 向个别客户提供的技术服务活动
C. 产品检测　　D. 产品设计

4. 作业成本法下，不需要进行分配直接计入产品成本的项目是（　　）。

A. 直接材料　　B. 固定制造费用
C. 直接人工　　D. 变动制造费用

5. 下列项目属于品种级作业的是（　　）。

A. 产品广告　　B. 产品设计　　C. 设备维护　　D. 装卸搬运

三、判断题

1. 作业动因是引起作业成本变动之因素。作业动因计量各种产品对作业耗用之情况，并被用来作为作业成本之分配基础。（　　）

2. 传统成本计算所采用的是单一数量分配基准，作业成本计算采用多种成本动因作为分配基准。（　　）

3. 资源动因是指资源被各种作业消耗的方式和原因，是作业中心的成本分配到产品中的标准。（　　）

4. 产品质量检查属于增值作业。(　　)

5. 作业成本计算法是“资源→作业→产品”，传统成本计算法是“资源→成本→产品”。(　　)

6. 在作业成本法下，产品成本是指完全成本，包括与生产产品相关的、合理的、有效的费用，并按照作业类别设置成本项目。(　　)

7. 作业成本法能完全消除主观分配因素。(　　)

四、岗位技能实操题

实训目的：

1. 掌握作业成本法计算基本程序。
2. 掌握熟练运用作业成本法对产品成本进行准确核算。
3. 能够根据完全成本法和作业成本法核算结果进行对比分析。

实训资料：悠悠食品公司生产可瑞克和好吃乐两种膨化食品，两种产品都采用订单式生产，没有在产品。2022 年 12 月可瑞克和好吃乐的产量分别是 80 000 件和 100 000 件，单位产品直接人工工时分别是 0.12 小时和 0.1 小时，单位产品机器小时数分别是 0.08 小时和 0.06 小时。当期可瑞克和好吃乐发生的直接材料成本分别是 80 000 元和 60 000 元，直接人工工资率 10 元 / 小时，制造费用共发生 286 000元。

公司邀请行业专家对产品生产成本环节进行作业划分，共设立五个作业中心：订单处理、生产准备、机器运行、设备维护、质量控制。各作业中心的资源耗费已分配完毕，各作业中心的作业成本及动因情况如表 6–13 所示。

表 6–13　各作业中心的作业成本及动因情况

作业中心	作业成本 / 元	动因	动因量		
			可瑞克	好吃乐	合计
订单处理	46 000	订单份数	20	26	46
生产准备	40 000	调试次数	2	3	5
机器运行	120 000	机器小时	380	420	800
设备维护	68 000	维修小时	45	55	100
质量控制	12 000	质检次数	25	35	60
合计	286 000	—	—	—	—

实训要求：

（1）按照作业中心计算并编制可瑞克、好吃乐两种产品应分配的作业成本，见

表 6-14。

（2）按照作业成本法和完全成本法分别计算并编制可瑞克、好吃乐两种产品的单位成本，见表 6-15，同时进行差异分析。

表 6-14　作业成本分配表

作业中心	作业动因数			作业成本 / 元	作业成本分配率	作业成本分配 / 元	
	可瑞克	好吃乐	合计			可瑞克	好吃乐
订单处理							
生产准备							
机器运行							
设备维护							
质量控制							
合计							

表 6-15　单位成本计算表

金额单位：元

项目		可瑞克	好吃乐	合计
作业成本法	直接材料			
	直接人工			
	分配的制造费用			
	合计			
	产量 / 件			
	单位成本 / （元 / 件）			
完全成本法	直接材料			
	直接人工			
	分配的制造费用			
	合计			
	产量 / 件			
	单位成本 / （元 / 件）			

价值引领

基于作业成本法的 HY 餐厅流程优化

HY 餐厅主要由一名总经理负责，下设两个大部门，分别是接待服务部门和后厨管理部门，还包括两个直属管理部门，分别是清洁部门和仓库管理部门。

采用作业成本法，先依据作业要素划分成本库、作业库和产品库，依照重要性和相关性原则确定成本动因，并将资源归结到各成本库。原材料直接计入产品成本，间接成本按照各成本动因归入作业。成本改进小组对 HY 餐厅资源耗费按照已划分好的作业中心进行统计，作业成本库统计见表 6-16。

表 6-16　作业成本库统计

单位：元

增值作业	菜品创新	管理费用	0
		材料费用	49 500
	食材采购	食材费用	6 434 994
		运输费	0
	食材加工	厨工劳务费用	657 360
		水电等杂项	92 360
	烹饪	厨师劳务费用	926 520
		燃气费用	277 020
	服务	服务人员工资	623 760
		杂品费用	247 533
	反馈改进	管理费用	0
	培训	管理费用	0
维持作业	维保维修	维修维保费	32 300
		材料费	30 636
	清洁保洁	清洁员工工资	250 800
		清洁材料费用	68 310
	食材检查	管理费用	0
		库管人员工资	8 880
	安全检查	消防安全维保	8 595
		安全器材	0
	仓储管理	库管人员工资	62 160

结合上表的数据进行统计分析，在主食类材料成本中，米类的成本最高，占比63.7%；其次是水饺和汤圆，占比14.8%。主食占整体食材中的成本比重较小且种类单一。在菜品成本中，水产、蔬菜、肉类分别占较高比重，调料的比重也比较高。人力成本中，厨工、厨师、服务员占的比重最高，但是管理层人员的工资相对比重也较高，缺少对管理层发挥效益的评价和分析。

针对分析中存在的问题，成本改进小组提出以下改进意见：

1. 增值环节改进

通过对客户满意度进行调查，了解客户的用餐需要，结合安全、健康、成本等多个要素的考量，优化食材结构，调整荤素比重。根据季节变化选用食材，降低成本，强调应季食材与日常运作的有机结合。建立标准化的加工烹饪流程，避免因人员不同导致加工中的浪费和质量问题。在新菜品设计中要加大资源的投入，特别是管理资源和人力资源的投入，应当结合当地食材特色和厨师个人特长，客户的需要综合设计新菜品。

2. 非增值环节改进

优化仓库管理，采用经济订货批量模型（EOQ模型），计算、衡量、决策资金、储存、采购、进货等成本，降低全年的进货成本。尽可能采用零库存管理模式，将成本外包或者转移至学校仓库进行集约化管理，以降低成本。

节约清洁成本，通过采用标准化的洗碗机及清洁设备，提高人员的工作效率，对员工开展培训，降低因操作不规范导致的额外成本。

（资料来源：俞杰. 基于作业成本法的HY餐厅流程优化研究［J］. 管理纵横，2021.）

思考与启示：

（1）成本核算与管理的优化，对于公司产品定价、营销政策制定具有重要作用。HY餐厅基于作业成本法，划分成本中心，进行成本的精细化管理。

（2）发挥管理层和员工的主观能动性，提高增值作业的价值。通过优化食材结构，建立标准化的加工烹饪流程等增值作业环节改进。

（3）树立节约意识，助力成本控制，提升企业价值。通过优化仓库管理、采用标准化的洗碗机及清洁设备等非增值作业的优化，减少不必要的成本开支。

（4）应当具有创新意识，强化创新思维，提升自身竞争力。HY餐厅流程优化的创新，帮助餐厅提升成本管理效率，提升企业竞争。

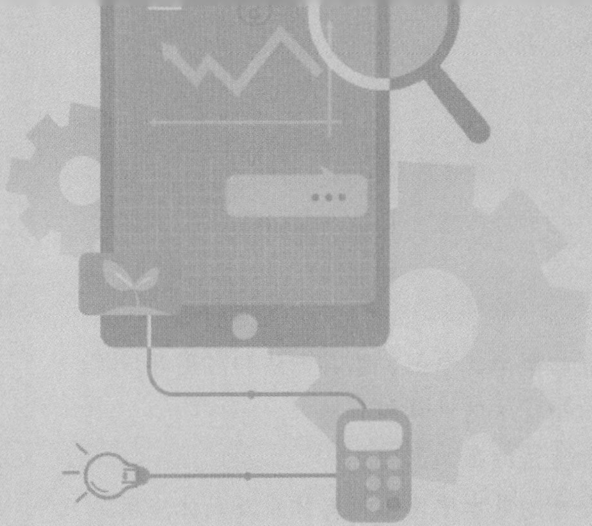

项目七
绩效管理

7

学习目标

知识目标

1. 理解绩效管理的概念、原则、工具方法和应用环境等
2. 掌握关键绩效指标法的计算和应用
3. 掌握经济增加值法的基本原理
4. 掌握平衡计分卡的基本原理、指标体系及具体应用

技能目标

1. 能够运用关键绩效指标法进行绩效管理
2. 能够运用经济增加值法进行绩效管理
3. 能够运用平衡计分卡进行绩效考核的设计与管理

素养目标

1. 通过学习绩效管理，增强公平、公正、公开的核心价值观意识
2. 通过学习平衡计分卡进行绩效管理，增强全局意识，学会从系统的角度出发来分析问题和解决问题

思维导图

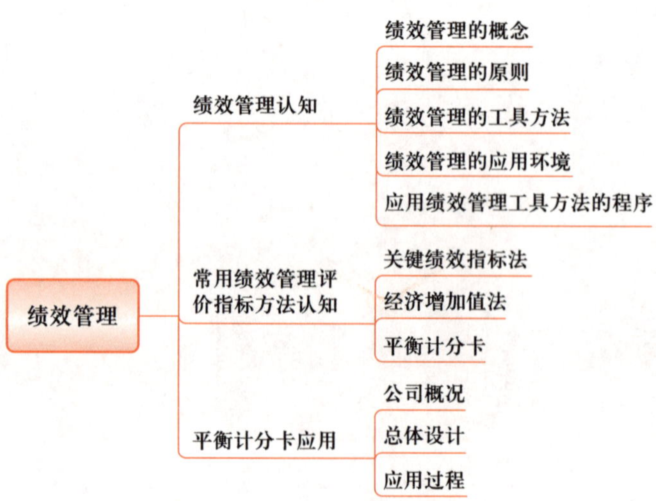

引导案例 >>>

佳润乳业公司原有的绩效管理模式难以适应新形势的发展，主要表现在以下四个方面：① 单纯使用财务绩效评价体系存在缺陷。公司目前采用的是仅以财务数据为中心的财务绩效评价体系，许多对企业管理产生重大影响的非财务因素没能在报告中反映出来，难以全面、系统地评价企业行为和绩效，容易忽略重要的因素。② 管理层对战略管理的认识有待提高。公司逐渐发展壮大，管理水平和管理层对战略管理的认识还有待提高，企业的战略目标也仅仅是领导者的主观臆断，没有进行系统的分析；中高层管理者对于战略如何落地执行，采取什么样的管理流程来确保战略得到有效实施，也没有给予足够的重视。③ 缺乏合适的绩效评价方法导致绩效目标设定不合理。为了完成年度业绩目标，公司管理层容易将资源和人力投入到短期见效快且投入产出比较高的项目上，非财务指标诸如客户满意度、服务质量和运作效率提升等很难被量化考核，考核的内容就相对集中到制定和获取都较容易的财务指标上。④ 缺乏合适的组织结构和战略管理制度。公司没有专门的绩效管理机构和制度，财务预算由财务管理中心制定，绩效计划由行政管理中心主导，绩效实施由各个中心分别采取行动，在整体上缺乏协调与沟通。

分析与启示

（1）为了进一步适应企业经营发展的需求，服务企业战略的实施，佳润乳业公司从组织架构变革入手，设立绩效考核委员会，负责审核绩效管理的政策和制度、绩效计划与激励计划、绩效评价结果与激励实施方案、绩效评价与激励管理报告等。

（2）佳润乳业公司进一步改进绩效管理模式，对财务指标和非财务指标两方面的信息进行反映，建立健全绩效评价指标体系，全面、正确地评价企业行为和绩效。选择平衡计分卡工具，从财务维度、客户维度、内部业务流程维度、学习与成长维度四个维度来评价企业绩效。在绩效考核实施过程中，公平、客观、公正地进行评价，调动员工参与企业价值创造的积极性。

任务一 绩效管理认知

一、绩效管理的概念

绩效管理概述

绩效管理，是指企业与所属单位（部门）、员工之间就绩效目标及如何实现绩效目标达成共识，并帮助和激励员工取得优异绩效，从而实现企业目标的管理过程。绩效管理的核心是绩效评价和激励管理。

（1）绩效评价，是指企业运用系统的工具方法，对一定时期内企业营运效率与效果进行综合评判的管理活动。绩效评价是企业实施激励管理的重要依据。

（2）激励管理，是指企业运用系统的工具方法，调动企业员工的积极性、主动性和创造性，激发企业员工工作动力的管理活动。激励管理是促进企业绩效提升的重要手段。

二、绩效管理的原则

企业进行绩效管理，一般应遵循以下原则：

（一）战略导向原则

绩效管理应为企业实现战略目标服务，支持价值创造能力提升。

（二）客观公正原则

绩效管理应实事求是，评价过程应客观公正，激励实施应公平合理。

（三）规范统一原则

绩效管理的政策和制度应统一明确，并严格执行规定的程序和流程。

（四）科学有效原则

绩效管理应做到目标符合实际，方法科学有效，激励与约束并重，操作简便易行。

三、绩效管理的工具方法

绩效管理的工具方法，一般包括关键绩效指标法、经济增加值法、平衡计分卡和股权激励等。

企业可根据自身战略目标、业务特点和管理需要，结合不同工具方法的特征及适用范围，选择一种适合的绩效管理工具方法单独使用，也可选择两种或两种以上的工具方法综合运用。

四、绩效管理的应用环境

企业进行绩效管理时，应设立薪酬与考核委员会或类似机构，主要负责审核绩效管理的政策和制度、绩效计划与激励计划、绩效评价结果与激励实施方案、绩效评价与激励管理报告等，协调解决绩效管理工作中的重大问题。

薪酬与考核委员会或类似机构下设绩效管理工作机构，主要负责制定绩效管理的政策和制度、绩效计划与激励计划，组织绩效计划与激励计划的执行与实施，编制绩效评价与激励管理报告等，协调解决绩效管理工作中的日常问题。企业应建立健全绩效管理的制度体系，明确绩效管理的工作目标、职责分工、工作程序、工具方法和信息报告等内容。

企业应建立有助于绩效管理实施的信息系统，为绩效管理工作提供信息支持。

五、应用绩效管理工具方法的程序

企业应用绩效管理工具方法，一般按照制定绩效计划与激励计划、执行绩效计划与激励计划、实施绩效评价与激励、编制绩效评价与激励管理报告等程序进行。

（一）制定绩效计划与激励计划

企业应根据战略目标，综合考虑绩效评价期间宏观经济政策、外部市场环境、内部管理需要等因素，结合业务计划与预算，按照上下结合、分级编制、逐级分解的程序，在沟通反馈的基础上，编制各层级的绩效计划与激励计划。

1. 制定绩效计划

绩效计划是企业开展绩效评价工作的行动方案，包括构建指标体系、分配指标权重、确定绩效目标值、选择计分方法、确定评价周期和拟定绩效责任书等一系列管理活动。制定绩效计划通常从企业级开始，层层分解到所属单位（部门），最终落实到具体岗位和员工。

（1）构建指标体系。企业可单独或综合运用关键绩效指标法、经济增加值法、平衡计分卡等工具方法构建指标体系。指标体系应反映企业战略目标实现的关键成功因素，具体指标应含义明确、可度量。

（2）分配指标权重。指标权重的确定可选择运用主观赋权法和客观赋权法，也可综合运用这两种方法。主观赋权法是利用专家或个人的知识与经验来确定指标权重的方法，如德尔菲法、层次分析法等。客观赋权法是从指标的统计性质入手，由调查数据确定指标权重的方法，如主成分分析法、均方差法等。

（3）确定绩效目标值。绩效目标值的确定可参考内部标准与外部标准。内部标准有预算标准、历史标准、经验标准等；外部标准有行业标准、竞争对手标准和标杆标准等。

（4）选择计分方法。绩效评价计分方法可分为定量法和定性法。定量法主要有功效系数法和综合指数法等；定性法主要有素质法和行为法等。

（5）确定评价周期。绩效评价周期一般可分为月度、季度、半年度、年度和任期。月度、季度绩效评价一般适用于企业基层员工和管理人员，半年度绩效评价一般适用于企业中高层管理人员，年度绩效评价适用于企业所有被评价对象，任期绩效评价主要适用于企业负责人。

（6）拟定绩效责任书。绩效计划制定后，评价主体与被评价对象一般应签订绩效责任书，明确各自的权利和义务，并作为绩效评价与激励管理的依据。绩效责任书的主要内容包括绩效指标、目标值及权重、评价计分方法、特别约定事项、有效期限和签订日期等。绩效责任书一般按年度或任期签订。

2. 制定激励计划

激励计划是企业为激励被评价对象而采取的行动方案，包括激励对象、激励形式、激励条件和激励周期等内容。

（1）激励形式。激励形式可分为薪酬激励计划、能力开发激励计划、职业发展激励计划和其他激励计划。

① 薪酬激励计划按期限可分为短期薪酬激励计划和中长期薪酬激励计划。短期薪酬激励计划主要包括绩效工资、绩效奖金和绩效福利等。中长期薪酬激励计划主要包括股票期权、股票增值权、限制性股票，以及虚拟股票等。

② 能力开发激励计划主要包括对员工知识、技能等方面的提升计划。

③ 职业发展激励计划主要是对员工职业发展做出的规划。

④ 其他激励计划包括良好的工作环境、晋升与降职、表扬与批评等。

（2）激励计划的制定。激励计划的制定应以绩效计划为基础，采用多元化的激励形式，兼顾内在激励与外在激励、短期激励与长期激励、现金激励与非现金激励、个人激励与团队激励，以及正向激励与负向激励，充分发挥各种激励形式的综合作用。

3. 绩效计划与激励计划的审批

绩效计划与激励计划制定完成后，应经薪酬与考核委员会或类似机构审核，报董事会或类似机构审批。经审批的绩效计划与激励计划应保持稳定，一般不予调整，若受国家政策、市场环境和不可抗力等客观因素影响，确需调整的，应严格履行规定的审批程序。

（二）执行绩效计划与激励计划

1. 下达计划

审批后的绩效计划与激励计划，应以正式文件的形式下达执行，确保与计划相关的被评价对象能够了解计划的具体内容和要求。

2. 落实计划

绩效计划与激励计划下达后，各计划执行单位（部门）应认真组织实施，从横向和纵向两方面落实到各所属单位（部门）、各岗位员工，形成全方位的绩效计划与激励计划执行责任体系。

3. 监督执行

绩效计划与激励计划执行过程中，企业应建立配套的监督控制机制，及时记录执行情况，进行差异分析与纠偏，持续优化业务流程，确保绩效计划与激励计划的有效执行。

（1）监控与记录。企业可借助信息系统或其他信息支持手段，监控和记录指标完成情况、重大事项、员工的工作表现和激励措施执行情况等内容。收集信息的方法主要有观察法、工作记录法和他人反馈法等。

（2）分析与纠偏。根据监控与记录的结果，重点分析指标完成值与目标值的偏差、激励效果与预期目标的偏差，提出相应整改建议并采取必要的改进措施。

（3）编制分析报告。分析报告主要反映绩效计划与激励计划的执行情况及分析结果，其频率可以是月度、季度和年度，也可根据需要进行编制。

绩效计划与激励计划执行过程中，绩效管理工作机构应通过会议、培训、网络和公告栏等形式，进行多渠道、多样化和持续不断的沟通与辅导，使绩效计划与激励计划得到充分理解和有效执行。

（三）实施绩效评价与激励

绩效管理工作机构应根据计划的执行情况定期实施绩效评价与激励，按照绩效计划与激励计划的约定，对被评价对象的绩效表现进行系统、全面、公正、客观地评价，并根据评价结果实施相应的激励。

1. 评价

评价主体应按照绩效计划收集相关信息，获取被评价对象的绩效指标实际值，对照目标值，应用选定的计分方法，计算评价分值，并进一步形成对被评价对象的综合评价结果。

2. 发布

绩效评价过程及结果应有完整的记录，结果应得到评价主体和被评价对象的确认，并进行公开发布或非公开告知。公开发布的主要方式有召开绩效发布会、企业网站绩效公示和面板绩效公告等；非公开告知一般采用一对一书面、电子邮件函告或面谈告知等方式进行。

3. 反馈

评价主体应及时向被评价对象进行绩效反馈，反馈内容包括评价结果、差距分析、改进建议及措施等，可采取反馈报告、反馈面谈和反馈报告会等形式进行。

4. 兑现

绩效结果发布后，企业应依据绩效评价的结果，组织兑现激励计划，综合运用绩效薪酬激励、能力开发激励、职业发展激励等多种方式，逐级兑现激励承诺。

（四）编制绩效评价与激励管理报告

绩效管理工作机构应定期或根据需要编制绩效评价与激励管理报告，对绩效评价和激励管理的结果进行反映。绩效评价与激励管理报告是企业管理会计报告的重要组成部分，应确保内容真实、数据可靠、分析客观、结论清楚，为报告使用者提供满足决策所需要的信息。

1. 报告的内容

（1）绩效评价报告。绩效评价报告根据评价结果编制，反映被评价对象的绩效计划完成情况，通常由报告正文和附件构成。报告正文主要包括以下两部分：一是评价情况说明，包括评价对象、评价依据、评价过程、评价结果和需要说明的重大事项等；二是管理建议。

报告附件包括评价计分表、问卷调查结果分析和专家咨询意见等报告正文的支持性文档。

（2）激励管理报告。激励管理报告根据激励计划的执行结果编制，反映被评价对象的激励计划实施情况。激励管理报告主要包括以下两部分：一是激励情况说明，包括激励对象、激励依据、激励措施、激励执行结果和需要说明的重大事项等；二是管理建议。

其他有关支持性文档可以根据需要以附件形式提供。

2. 报告的分类

绩效评价与激励管理报告可分为定期报告和不定期报告。

（1）定期报告主要反映一定期间被评价对象的绩效评价与激励管理情况。每个会计年度至少出具一份定期报告。

（2）不定期报告根据需要编制，反映部分特殊事项或特定项目的绩效评价与激励管理情况。

3. 报告的审批

绩效评价与激励管理报告应根据需要及时报送薪酬与考核委员会或类似机构审批。

企业应定期通过回顾和分析，检查和评估绩效评价与激励管理的实施效果，不断优化绩效计划和激励计划，改进未来绩效管理工作。

小组讨论

从公平、公正和公开的核心价值观角度出发，讨论绩效考核如何实施，才能让员工积极参与企业价值创造的过程。

岗课赛证融通训练 >>>

一、单项选择题

1. 绩效评价计分方法可分为定量法和（　　）。

A. 定性法　　B. 定额法　　C. 定值法　　D. 定标法

2. 绩效评价周期一般可分为月度、季度、半年度、年度、(　　)。

A. 每旬　　B. 任期　　C. 两年　　D. 五年

3. 绩效责任书一般按年度或 (　　) 签订。

A. 任期　　B. 半年度　　C. 季度　　D. 月度

4. 绩效评价报告根据评价结果编制，反映被评价对象的绩效计划完成情况，通常由报告正文和附件构成。报告正文主要包括评价情况说明和 (　　)。

A. 评价对象　　B. 评价依据　　C. 管理建议　　D. 评价结果

5. 薪酬激励计划按期限可分为短期薪酬激励计划和中长期薪酬激励计划。短期薪酬激励计划主要包括绩效工资、绩效奖金、(　　) 等。

A. 绩效福利　　B. 股票期权　　C. 限制性股票　　D. 虚拟股票

二、多项选择题

1. 企业进行绩效管理，一般应遵循 (　　)。

A. 战略导向原则　　B. 客观公正原则

C. 规范统一原则　　D. 科学有效原则

2. 绩效目标值的确定可参考内部标准与外部标准。内部标准有 (　　)。

A. 行业标准　　B. 预算标准

C. 历史标准　　D. 经验标准

3. 绩效评价结果公开发布的主要方式有 (　　)。

A. 召开绩效发布会　　B. 企业网站绩效公示

C. 面板绩效公告　　D. 电子邮件函告

4. 绩效管理领域应用的管理会计工具方法，一般包括 (　　)。

A. 关键绩效指标法　　B. 经济增加值法

C. 平衡计分卡　　D. 滚动预算法

5. 下列项目中，属于主观赋权法的有 (　　)。

A. 主成分分析法　　B. 均方差法

C. 德尔菲法　　D. 层次分析法

三、判断题

1. 绩效评价，是指企业运用系统的工具方法，对一定时期内企业营运效率与效果进行综合评判的管理活动。(　　)

2. 绩效评价公开发布一般采用一对一书面、电子邮件函告或面谈告知等方式进行。(　　)

3. 绩效评价报告正文主要包括评价情况说明，不包括管理建议。(　　)

4. 绩效责任书一般按年度或任期签订。(　　)

5. 客观赋权法是利用专家或个人的知识与经验来确定指标权重的方法，如德尔菲法、层次分析法等。(　　)

任务二　常用绩效管理评价指标方法认知

关键绩效指标法

一、关键绩效指标法

(一) 关键绩效指标法的概念

关键绩效指标法，是指基于企业战略目标，通过建立关键绩效指标体系，将价值创造活动与战略规划目标有效联系，并据此进行绩效管理的方法。

关键绩效指标，是对企业绩效产生关键影响力的指标，是通过对企业战略目标、关键成果领域的绩效特征分析，识别和提炼出的最能有效驱动企业价值创造的指标。关键绩效指标法可单独使用，也可与经济增加值法、平衡计分卡等其他方法结合使用。关键绩效指标法的应用对象可为企业、所属单位（部门）和员工。

(二) 关键绩效指标的分类和选取

企业的关键绩效指标一般可分为结果类和动因类两类指标。结果类指标是反映企业绩效的价值指标，主要包括投资资本回报率、净资产收益率、经济增加值、息税前利润、自由现金流和资产负债率等综合指标；动因类指标是反映企业价值关键驱动因素的指标，主要包括产量、销量、单位生产成本、客户满意度和员工满意度等。

1. 结果类指标

(1) 投资资本回报率，是指企业一定会计期间取得的息前税后利润占其所使用的投资资本平均余额的比例，反映企业在会计期间有效利用投资资本创造回报的能力。一般计算公式如下：

$$\text{投资资本回报率}=\frac{\text{税前利润}\times(1-\text{所得税税率})+\text{利息支出}}{\text{投资资本平均余额}}\times100\%$$

$$\text{投资资本平均余额}=\frac{\text{期初投资资本}+\text{期末投资资本}}{2}$$

$$\text{投资资本}=\text{有息债务}+\text{所有者（股东）权益}$$

(2) 净资产收益率，也称权益净利率，是指企业一定会计期间取得的净利润占其所使用的平均净资产的比例，反映企业全部资产的获利能力。一般计算公式如下：

$$净资产收益率=\frac{净利润}{平均净资产}\times 100\%$$

（3）经济增加值，是指税后净营业利润扣除全部投入资本成本后的剩余收益。一般计算公式如下：

经济增加值 = 税后净营业利润 − 平均资本占用 × 加权平均资本成本率

（4）息税前利润，是指企业当年实现税前利润与利息支出的合计数。一般计算公式如下：

息税前利润 = 税前利润 + 利息支出

（5）自由现金流，是指企业一定会计期间经营活动产生的净现金流超过付现资本性支出的金额，反映企业可动用的现金。一般计算公式如下：

自由现金流 = 经营活动净现金流 − 付现资本性支出

（6）资产负债率，是指企业负债总额与资产总额的比值，反映企业整体财务风险程度。一般计算公式如下：

$$资产负债率=\frac{负债总额}{资产总额}\times 100\%$$

【例 7–1】佳润乳业公司 2022 年有关资料如下：

（1）财务指标资料表如表 7–1 所示。

表 7–1　财务指标资料表

单位：元

项目名称	年初数	年末数
有息债务	2 000 000	44 400 000
无息债务	2 620 000	2 664 316.8
所有者权益	11 298 000	19 298 420

（2）企业所得税税率是 25%。

（3）税前利润总额 11 500 420 元，其中财务费用利息支出 442 000 元。

要求：计算投资资本回报率、净资产收益率、息税前利润、资产负债率等结果类指标值。

解：投资资本平均余额 =（2 000 000 + 11 298 000 + 44 400 000 + 19 298 420）÷ 2 = 38 498 210（元）。

投资资本回报率 =［（11 500 420 ×（1 − 25%）+ 442 000）］÷ 38 498 210 = 23.55%。

净资产收益率 =［11 500 420 ×（1 − 25%）］÷［（11 298 000 + 19 298 420）÷ 2］= 56.38%。

息税前利润 = 11 500 420 + 442 000 = 11 942 420（元）。

年初资产负债率=(2 000 000+2 620 000)÷(2 000 000+2 620 000+11 298 000)=29.02%。

年末资产负债率=(44 400 000+2 664 316.8)÷(44 400 000+2 664 316.8+19 298 420)×100%=70.92%

2. 动因类指标

（1）产量，是指企业在一定时期内生产出来产品的数量。

（2）销量，是指企业在一定时期内销售商品的数量。

（3）单位生产成本，是指生产单位产品而平均耗费的成本。

（4）客户满意度，是指客户期望值与客户体验的匹配程度，即客户通过对某项产品或服务的实际感知与其期望值相比较后得出的指数。客户满意度收集渠道主要包括问卷调查、客户投诉、与客户的直接沟通、消费者组织的报告、各种媒体的报告和行业研究的结果等。

（5）员工满意度，是指员工对企业的实际感知与其期望值相比较后得出的指数。主要通过问卷调查、访谈调查等方式，从工作环境、工作关系、工作内容、薪酬福利和职业发展等方面进行衡量。

3. 关键绩效指标的选取

关键绩效指标应含义明确、可度量、与战略目标高度相关。指标的数量不宜过多，每一层级的关键绩效指标一般不超过10个。

关键绩效指标选取的方法主要有关键成果领域分析法、组织功能分解法和工作流程分解法。

（1）关键成果领域分析法，是基于对企业价值创造模式的分析，确定企业的关键成果领域，并在此基础上进一步识别关键成功要素，确定关键绩效指标的方法。

（2）组织功能分解法，是基于组织功能定位，按照各所属单位（部门）对企业总目标所承担的职责，逐级分解和确定关键绩效指标的方法。

（3）工作流程分解法，是按照工作流程各环节对企业价值贡献程度，识别出关键业务流程，将企业总目标层层分解至关键业务流程相关所属单位（部门）或岗位（员工），确定关键绩效指标的方法。

（三）关键绩效指标法的应用程序

企业应用关键绩效指标法，一般按照制定以关键绩效指标为核心的绩效计划与激励计划、执行绩效计划与激励计划、实施绩效评价与激励、编制绩效评价与激励管理报告等程序进行。

企业通常按《管理会计应用指引第600号——绩效管理》第十条所规定的管理活动制定绩效计划，包括构建关键绩效指标体系、分配关键绩效指标权重、确定关键绩效指标目标值、选择绩效评价计分方法和评价周期、签订绩效责任书等一系列管理活动。

企业构建关键绩效指标体系，一般按照以下程序进行：

1. 构建关键绩效指标体系

（1）制定企业级关键绩效指标。企业应根据战略目标，结合价值创造模式，综合考虑内外部环境等因素，设定企业级关键绩效指标。

（2）制定所属单位（部门）级关键绩效指标。根据企业级关键绩效指标，结合所属单位（部门）关键业务流程，按照上下结合、分级编制、逐级分解的程序，在沟通反馈的基础上，设定所属单位（部门）级关键绩效指标。

（3）制定岗位（员工）级关键绩效指标。根据所属单位（部门）级关键绩效指标，结合员工岗位职责和关键工作价值贡献，设定岗位（员工）级关键绩效指标。

2. 分配关键绩效指标权重

关键绩效指标的权重分配应以企业战略目标为导向，反映被评价对象对企业价值贡献或支持的程度，以及各指标之间的重要性水平。

单项关键绩效指标权重一般设定在5%~30%之间，对特别重要的指标可适当提高权重。对特别关键、影响企业整体价值的指标可设立“一票否决”制度，即如果某项关键绩效指标未完成，无论其他指标是否完成，均视为未完成绩效目标。

3. 确定关键绩效指标目标值

企业确定关键绩效指标目标值，一般参考以下标准：

（1）依据国家有关部门或权威机构发布的行业标准或参考竞争对手标准。

（2）参照企业内部标准，包括企业战略目标、年度生产经营计划目标、年度预算目标和历年指标水平等。

（3）不能按前两项方法确定的，可根据企业历史经验值确定。

关键绩效指标的目标值确定后，应规定因内外部环境发生重大变化、自然灾害等不可抗力因素对绩效完成结果产生重大影响时，对目标值进行调整的办法和程序。一般情况下，由被评价对象或评价主体测算确定影响额度，向相应的绩效管理工作机构提出调整申请，报薪酬与考核委员会或类似机构审批。

4. 其他程序

绩效评价计分方法和评价周期的选择、绩效责任书的签订和激励计划的制定，绩效计划与激励计划的执行、实施及编制报告参照《管理会计应用指引第600号——绩效管理》。

（四）关键绩效指标法的应用环境

企业应用关键绩效指标法，应遵循《管理会计应用指引第600号——绩效管理》中对应用环境的一般要求。

企业应用关键绩效指标法，应综合考虑绩效评价期间宏观经济政策、外部市场环境和内部管理需要等因素，构建指标体系。

企业应有明确的战略目标。战略目标是确定关键绩效指标体系的基础，关键绩效指标反映战略目标，对战略目标实施效果进行衡量和监控。

企业应清晰识别价值创造模式，按照价值创造路径识别出关键驱动因素，科学地选择和设置关键绩效指标。

（五）关键绩效指标法的应用评价

关键绩效指标法的主要优点：一是使企业绩效评价与战略目标密切相关，有利于战略目标的实现；二是通过识别的价值创造模式把握关键价值驱动因素，能够更有效地实现企业价值增值目标；三是评价指标数量相对较少，易于理解和使用，实施成本相对较低，有利于推广实施。

关键绩效指标法的主要缺点：关键绩效指标的选取需要透彻理解企业价值创造模式和战略目标，有效识别核心业务流程和关键价值驱动因素，指标体系设计不当将导致错误的价值导向或管理缺失。

二、经济增加值法

经济增加值法

（一）经济增加值法的概念

经济增加值法，是指以经济增加值（Economic Value Added，EVA）为核心，建立绩效指标体系，引导企业注重价值创造，并据此进行绩效管理的方法。

经济增加值法较少单独应用，一般与关键绩效指标法、平衡计分卡等其他方法结合使用。

企业应用经济增加值法进行绩效管理的对象，可为企业及其所属单位（部门）（可单独计算经济增加值）和高级管理人员。

（二）经济增加值的概念和计算

经济增加值，是指税后净营业利润扣除全部投入资本的成本后的剩余收益。经济增加值及其改善值是全面评价经营者有效使用资本和为企业创造价值的重要指标。经济增加值为正，表明经营者在为企业创造价值；经济增加值为负，表明经营者在损毁企业价值。

经济增加值的计算公式为：

$$经济增加值=税后净营业利润-平均资本占用\times加权平均资本成本$$

其中：税后净营业利润衡量的是企业的经营盈利情况；平均资本占用反映的是企业持续投入的各种债务资本和股权资本；加权平均资本成本反映的是企业各种资本的平均成本率。

1. 税后净营业利润

税后净营业利润等于会计上的税后净利润加上利息支出等会计调整项目后得到

的税后利润。

计算经济增加值时，需要进行相应的会计项目调整，以消除财务报表中不能准确反映企业价值创造的部分。会计调整项目的选择应遵循价值导向性、重要性、可控性、可操作性与行业可比性等原则，根据企业实际情况确定。常用的调整项目有：

（1）研究开发费、大型广告费等一次性支出但收益期较长的费用，应予以资本化处理，不计入当期费用。

（2）反映付息债务成本的利息支出，不作为期间费用扣除，计算税后净营业利润时扣除所得税影响后予以加回。

（3）营业外收入、营业外支出具有偶发性，将当期发生的营业外收支从税后净营业利润中扣除。

（4）将当期减值损失扣除所得税影响后予以加回，并在计算资本占用时相应调整资产减值准备发生额。

（5）递延税金不反映实际支付的税款情况，将递延所得税资产及递延所得税负债变动影响的企业所得税从税后净营业利润中扣除，相应调整资本占用。

（6）其他非经常性损益调整项目，如股权转让收益等。

2. 平均资本占用

平均资本占用是所有投资者投入企业经营的全部资本，包括债务资本和股权资本。其中债务资本包括融资活动产生的各类有息负债，不包括经营活动产生的无息流动负债。无息流动负债是指企业财务报表中“应付票据”“应付账款”“预收账款”“应交税费”“应付职工薪酬”“其他应付款”和“其他流动负债（不含其他带息流动负债）”。“专项应付款”可视同无息流动负债予以扣除。

股权资本中包含少数股东权益。

资本占用除根据经济业务实质相应调整资产减值损失、递延所得税等，还可根据管理需要调整研发支出、在建工程等项目，引导企业注重长期价值创造。

3. 加权平均资本成本

加权平均资本成本是债务资本成本和股权资本成本的加权平均，反映了投资者所要求的必要报酬率。加权平均资本成本的计算公式如下：

$$K_{WACC}=K_D\frac{DC}{TC}(1-T)+K_S\frac{EC}{TC}$$

其中：TC 代表资本占用，EC 代表股权资本，DC 代表债务资本；T 代表所得税税率；K_{WACC} 代表加权平均资本成本，K_D 代表债务资本成本，K_S 代表股权资本成本。

债务资本成本是企业实际支付给债权人的税前利率，反映的是企业在资本市场中债务融资的成本率。如果企业存在不同利率的融资来源，债务资本成本应使用加权平均值。

股权资本成本是在不同风险下，所有者对投资者要求的最低回报率。通常根据资本资产定价模型确定，计算公式如下：

$$K_S=R_f+\beta(R_m-R_f)$$

其中：K_S 为股权资本成本，R_f 为无风险收益率，R_m 为市场预期回报率，R_m-R_f 为市场风险溢价，β 为企业股票相对于整个市场的风险指数。上市企业的 β 值，可采用回归分析法或单独使用最小二乘法等方法测算确定，也可以直接采用证券机构等提供或发布的 β 值；非上市企业的 β 值，可采用类比法，参考同类上市企业的 β 值确定。

（三）经济增加值法的目标值

经济增加值的目标值根据经济增加值基准值（简称 *EVA* 基准值）和期望的经济增加值改善值（简称期望的 ΔEVA）确定，经济增加值目标值的计算公式为：

$$EVA\text{目标值}=EVA\text{基准值}+\text{期望的}\ \Delta EVA$$

企业在确定 *EVA* 基准值和期望的 ΔEVA 值时，要充分考虑企业规模、发展阶段、行业特点等因素。其中，*EVA* 基准值可参照上年实际完成值、上年实际完成值与目标值的平均值、近几年（比如前 3 年）实际完成值的平均值等确定。期望的 ΔEVA 值，根据企业战略目标、年度生产经营计划、年度预算安排和投资者期望等因素，结合价值创造能力改善等要求综合确定。

（四）经济增加值法的应用程序

企业应用经济增加值法，一般按照制定以经济增加值指标为核心的绩效计划与激励计划、执行绩效计划与激励计划、实施绩效评价与激励、编制绩效评价与激励管理报告等程序进行。

构建经济增加值指标体系，一般按照以下程序进行：

1. 制定企业级经济增加值指标体系

首先应结合行业竞争优势、组织结构、业务特点和会计政策等情况，确定企业级经济增加值指标的计算公式、调整项目和资本成本等，并围绕经济增加值的关键驱动因素，制定企业的经济增加值指标体系。

2. 制定所属单位（部门）级经济增加值指标体系

根据企业级经济增加值指标体系，结合所属单位（部门）所处行业、业务特点和资产规模等因素，在充分沟通的基础上，设定所属单位（部门）级经济增加值指标的计算公式、调整项目和资本成本等，并围绕所属单位（部门）经济增加值的关键驱动因素，细化制定所属单位（部门）的经济增加值指标体系。

3. 制定高级管理人员的经济增加值指标体系

根据企业级、所属单位（部门）级经济增加值指标体系，结合高级管理人员的岗位职责，制定高级管理人员的经济增加值指标体系。

（五）经济增加值法的应用环境

企业应用经济增加值法，应遵循《管理会计应用指引第 600 号——绩效管理》中对应用环境的一般要求。

（1）企业应用经济增加值法，应树立价值管理理念，明确以价值创造为中心的战略目标，建立以经济增加值为核心的价值管理体系，使价值管理成为企业的核心管理制度。

（2）企业应综合考虑宏观环境、行业特点和企业的实际情况，通过价值创造模式的识别，确定关键价值驱动因素，构建以经济增加值为核心的指标体系。

（3）企业应建立清晰的资本资产管理责任体系，确定不同被评价对象的资本资产管理责任。

（4）企业应建立健全会计核算体系，确保会计数据真实可靠、内容完整，并及时获取与经济增加值计算相关的会计数据。

（5）企业应加强融资管理，关注筹资来源与渠道，及时获取债务资本成本、股权资本成本等相关信息，合理确定资本成本。

（6）企业应加强投资管理，把能否增加价值作为新增投资项目决策的主要评判标准，以保持持续的价值创造能力。

（六）应用经济增加值法的评价

经济增加值法的主要优点：一是考虑了所有资本的成本，更真实地反映了企业的价值创造能力；二是实现了企业利益、经营者利益和员工利益的统一，激励经营者和所有员工为企业创造更多价值；三是能有效遏制企业盲目扩张规模以追求利润总量和增长率的倾向，引导企业注重长期价值创造。

经济增加值法的主要缺点：一是仅对企业当期或未来 1 至 3 年价值创造情况的衡量和预判，无法衡量企业长远发展战略的价值创造情况；二是计算主要基于财务指标，无法对企业的营运效率与效果进行综合评价；三是不同行业、不同发展阶段和不同规模等的企业，其会计调整项和加权平均资本成本各不相同，计算比较复杂，影响指标的可比性。

【例 7-2】甲公司是一家国有控股上市公司，采用经济增加值作为业绩评价指标。目前，控股股东正对甲公司 2022 年的经营业绩进行评价，相关资料如下：

（1）甲公司 2021 年和 2022 年年末资产负债表（简表）如表 7-2 所示。

表 7-2　资产负债表（简表）

单位：万元

项目	2022 年年末	2021 年年末	项目	2022 年年末	2021 年年末
货币资金	486	504	短期借款	1 800	1 800
应收票据	120	114	应付账款	1 260	1 038
应收账款	2 460	2 448	应付职工薪酬	42	36
其他应收款	396	390	应交税费	120	120
存货	2 760	3 060	其他应付款	168	114
固定资产	5 520	5 100	长期借款	3 000	3 000
在建工程	2 688	1 620	股本	6 000	6 000
			留存收益	2 040	1 080
合计	14 430	13 236	合计	14 430	13 188

（2）甲公司 2022 年度与利润有关资料如表 7-3 所示。

表 7-3　与利润有关资料

单位：万元

项目	2022 年度
管理费用	2 340
其中：研究开发费用	432
财务费用	264
其中：利息支出	240
营业外收入	480
净利润	1 386

（3）甲公司 2022 年营业外收入均为非经营性收益。

（4）甲公司短期借款借款期 1 年，明年 1 月 1 日到期，利率为 6%；长期借款还有 3 年到期，年利率为 8%。

（5）无风险报酬率为 3%，β 系数为 1.2，市场组合的必要报酬率为 13%。

（6）公司的所得税税率为 25%。

要求：

（1）以账面价值平均值为权数计算甲公司的加权平均资本成本。

（2）计算 2022 年甲公司调整后的税后净营业利润。

（3）计算经济增加值。

解：

（1）计算加权平均资本成本

债务资本加权平均成本 =（1 800 × 6% + 3 000 × 8%）/（1 800 + 3 000）× 100% = 7.25%。

债务资本成本 = 7.25% ×（1−25%）= 5.4375%。

股权资本成本 = 3% + 1.2 ×（13%−3%）= 15%。

平均有息债务资本占用 =（1 800 + 1 800）/2 +（3 000 + 3 000）/2 = 4 800（万元）。

平均股权资本占用 =（6 000 + 6 000）/2 +（2 040 + 1 080）/2 = 7 560（万元）。

平均资本占用 = 4 800 + 7 560 = 12 360（万元）。

银行借款所占比重 = 4 800/12 360 × 100% = 38.83%。

所有者权益所占比重 = 1−38.83% = 61.17%。

加权平均资本成本 = 5.4375% × 38.83% + 15% × 61.17% = 2.11% + 9.18% = 11.29%。

（2）调整后税后经营净利润 = 1 386 +（240 + 432 − 480）×（1−25%）= 1 530（万元）。

（3）计算经济增加值。

平均在建工程 =（2 688 + 1 620）/2 = 2 154（万元）。

调整后资本占用 = 4 800 + 7 560−2 154 = 10 206（万元）。

经济增加值 = 1 530−10 206 × 11.29% = 377.74（万元）。

三、平衡计分卡

平衡计分卡

（一）平衡计分卡的概念

平衡计分卡，是指基于企业战略，从财务、客户、内部业务流程、学习与成长四个维度，将战略目标逐层分解转化为具体的、相互平衡的绩效指标体系，并据此进行绩效管理的方法。平衡计分卡（Balanced Score Card，BSC）打破了传统的单一使用财务指标衡量业绩的方法，是在财务指标的基础上加入了未来驱动因素，即客户因素、内部经营管理过程和员工的学习成长。

平衡计分卡通常与战略地图等其他工具结合使用。平衡计分卡适用于战略目标明确、管理制度比较完善、管理水平相对较高的企业。平衡计分卡的应用对象可为企业、所属单位（部门）和员工。

（二）平衡计分卡的框架

平衡计分卡通过将财务指标和非财务指标平衡、企业长期目标与短期目标平衡、结果性指标与动因性指标平衡、企业内部利益与外部利益平衡，将企业的业绩评价同企业战略发展联系起来，把任务和决策转化成目标和指标，设计出一套能够表达企业进行战略性发展所必须达到的目标，使企业管理层迅速且全面了解企业经营状况的指标体系。平衡计分卡的目标和指标来源于企业的愿景和战略，这些目标和指标从四个维度来考察企业业绩，即财务、客户、内部业务流程和学习与成长，他们组成了平衡计分卡的框架。平衡计分卡模型的基本框架如图 7-1 所示。

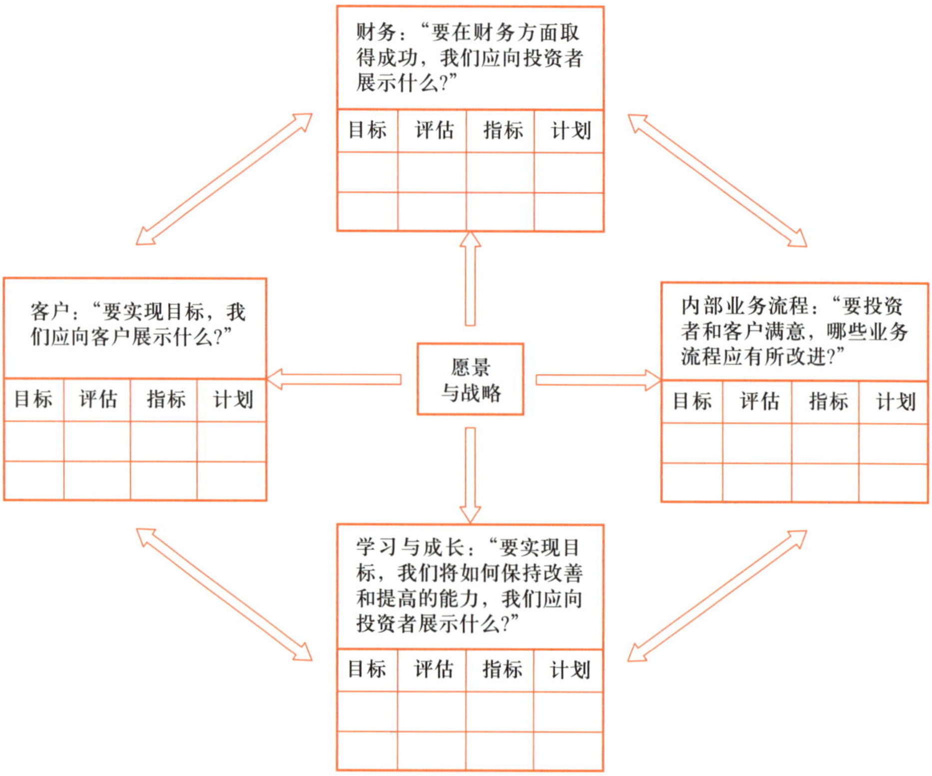

图 7-1　平衡计分卡模型的基本框架

1. 财务维度

财务维度以财务术语描述了战略目标的有形成果。现代企业财务管理目标是企业价值最大化，而对企业价值目标的计量是离不开相关财务指标的。企业常用财务维度指标有投资资本回报率、净资产收益率、经济增加值、息税前利润、自由现金流、资产负债率和总资产周转率等。

2. 客户维度

客户维度界定了目标客户的价值主张。客户是企业之本，是现代企业的利润来源。客户感受理应成为企业关注的焦点，应当从时间、质量、服务效率，以及成本等方面，了解市场份额、客户需求和客户满意程度。企业常用的客户维度指标有市场份额、客户满意度、客户获得率、客户保持率、客户获利率和战略客户数量等。

3. 内部业务流程维度

内部业务流程维度确定了对战略目标产生影响的关键流程。企业要想按时向客户交货，满足现在和未来客户的需要，必须以优化企业的内部业务流程为前提。企业应当遴选出那些对客户满意度有最大影响的业务流程，明确自身的核心竞争力，并把它们转化成具体的测评指标。企业常用的内部业务流程指标有交货及时率、生产负荷率、产品合格率、存货周转率和单位生产成本等。

4. 学习与成长维度

学习与成长维度确定了对战略最重要的无形资产。只有持续不断地开发新产品、为客户创造更多价值并提高经营效率，企业才能打入新市场，才能赢得客户的信任，从而增加股东价值。学习与成长维度来自员工、信息系统和企业程序等。常用的学习与成长维度的指标有员工保持率、培训计划完成率和员工满意度等。

（三）平衡计分卡的应用环境

企业应用平衡计分卡工具方法，应遵循《管理会计应用指引第 600 号——绩效管理》中对应用环境的一般要求。

企业应用平衡计分卡工具方法，应有明确的愿景和战略。平衡计分卡应以战略目标为核心，全面描述、衡量和管理战略目标，将战略目标转化为可操作的行动。

平衡计分卡可能涉及组织和流程变革，具有创新精神、变革精神的企业文化有助于成功实施平衡计分卡。企业应对组织结构和职能进行梳理，消除不同组织职能间的壁垒，实现良好的组织协同，既包括企业内部各级单位（部门）之间的横向与纵向协同，也包括与投资者、客户和供应商等外部利益相关者之间的协同。

企业应注重员工学习与成长能力的提升，以更好地实现平衡计分卡的财务、客户和内部业务流程目标，使战略目标贯彻到每一名员工的日常工作中。

平衡计分卡的实施是一项复杂的系统工程。企业一般需要建立由战略管理、人力资源管理、财务管理和外部专家等组成的团队，为平衡计分卡的实施提供机制保障。

企业应建立高效集成的信息系统，实现绩效管理与预算管理、财务管理和生产经营等系统的紧密结合，为平衡计分卡的实施提供信息支持。

（四）平衡计分卡的应用程序

企业应用平衡计分卡工具方法，一般按照制定战略地图、编制绩效计划、制定战略性行动方案、执行绩效计划与激励计划、实施绩效评价与激励，以及编制绩效评价与激励管理报告等程序进行。

1. 制定战略地图

企业首先应制定战略地图，即基于企业愿景与战略，将战略目标及其因果关系、价值创造路径以图示的形式直观、明确、清晰地呈现。战略地图的制定参照《管理会计应用指引第 101 号——战略地图》。

战略地图基于战略主题构建，战略主题反映企业价值创造的关键业务流程，每个战略主题包括相互关联的 1 至 2 个目标。

2. 编制绩效计划

战略地图制定后，应以平衡计分卡为核心编制绩效计划。绩效计划是企业开展绩效评价工作的行动方案，包括构建指标体系、分配指标权重、确定绩效目标值、选择计分方法和评价周期、拟定绩效责任书等一系列管理活动。制定绩效计划通常从企业级开始，层层分解到所属单位（部门），最终落实到具体岗位和员工。

（1）构建指标体系。平衡计分卡指标体系的构建应围绕战略地图，针对财务、客户、内部业务流程和学习与成长四个维度的战略目标，确定相应的评价指标。

① 构建平衡计分卡指标体系的一般程序。

第一，制定企业级指标体系。根据企业层面的战略地图，为每个战略主题的目标设定指标，每个目标至少应有 1 个指标。

第二，制定所属单位（部门）级指标体系。依据企业级战略地图和指标体系，制定所属单位（部门）的战略地图，确定相应的指标体系，协同各所属单位（部门）的行动与战略目标保持一致。

第三，制定岗位（员工）级指标体系。根据企业、所属单位（部门）级指标体系，按照岗位职责逐级形成岗位（员工）级指标体系。

平衡计分卡指标体系构建时，应注重短期目标与长期目标的平衡、财务指标与非财务指标的平衡、结果性指标与动因性指标的平衡、企业内部利益与外部利益的平衡。平衡计分卡每个维度的指标通常为 4～7 个，总数量一般不超过 25 个。

② 构建平衡计分卡指标体系的具体方法。平衡计分卡指标体系构建时，企业应以财务维度为核心，其他维度的指标都与核心维度的一个或多个指标相联系。通过梳理核心维度目标的实现过程，确定每个维度的关键驱动因素，结合战略主题，选取关键绩效指标。

第一，财务维度以财务术语描述了战略目标的有形成果。企业常用指标有投资资本回报率、净资产收益率、经济增加值、息税前利润、自由现金流、资产负债率和总资产周转率等。

第二，客户维度界定了目标客户的价值主张。企业常用指标有市场份额、客户满意度、客户获得率、客户保持率、客户获利率和战略客户数量等。

A. 市场份额，是指一个企业的销售量（或销售额）在市场同类产品中所占的比重。

B. 客户满意度，是指客户期望值与客户体验的匹配程度，即客户通过对某项产品或服务的实际感知与其期望值相比较后得出的指数。客户满意度收集渠道主要包括问卷调查、客户投诉、与客户的直接沟通、消费者组织的报告、各种媒体的报告和行业研究的结果等。

C. 客户获得率，是指企业在争取新客户时获得成功部分的比例。该指标可用客户数量增长率或客户交易额增长率来描述，一般计算公式如下：

$$客户数量增长率=\frac{本期客户数量-上期客户数量}{上期客户数量}\times 100\%$$

$$客户交易额增长率=\frac{本期客户交易额-上期客户交易额}{上期客户交易额}\times 100\%$$

D. 客户保持率，是指企业继续保持与老客户交易关系的比例。该指标可用老客户交易增长率来描述，一般计算公式如下：

$$老客户交易增长率=\frac{老客户本期交易额-老客户上期交易额}{老客户上期交易额}\times 100\%$$

E. 客户获利率，是指企业从单一客户得到的净利润与付出的总成本的比率。一般计算公式如下：

$$单一客户获利率=\frac{单一客户净利润}{单一客户总成本}\times 100\%$$

F. 战略客户数量，是指对企业战略目标实现有重要作用的客户的数量。

第三，内部业务流程维度确定了对战略目标产生影响的关键流程。企业常用指标有交货及时率、生产负荷率、产品合格率、存货周转率等。

A. 交货及时率，是指企业在一定会计期间内及时交货的订单个数占其总订单个数比例。一般计算公式如下：

$$交货及时率=\frac{及时交货的订单个数}{总订单个数}\times 100\%$$

B. 生产负荷率，是指投产项目在一定会计期间内的实际产量与设计生产能力的比例。一般计算公式如下：

$$生产负荷率=\frac{实际产量}{设计生产能力}\times 100\%$$

C. 产品合格率，是指合格产品数量占总产品数量的比例。一般计算公式为：

$$产品合格率=\frac{合格产品数量}{总产品数量}\times 100\%$$

D. 存货周转率，是指企业营业收入与存货平均余额的比值，反映存货在一定会计期间内周转的次数。一般计算公式如下：

$$存货周转率=\frac{营业收入}{存货平均余额}\times 100\%$$

第四，学习与成长维度确定了对战略最重要的无形资产。企业常用指标有员工保持率、员工生产率、培训计划完成率和员工满意度等。

A. 员工流失率，是指企业一定会计期间内离职员工占员工平均人数的比例。一般计算公式如下：

$$员工流失率=\frac{本期离职员工人数}{员工平均人数}\times 100\%$$

$$员工保持率=1-员工流失率$$

B. 员工生产率，是指员工在一定会计期间内创造的劳动成果与其相应员工数量的比值。该指标可用人均产品生产数量或人均营业收入进行衡量。一般计算公式如下：

$$人均产品生产数量=\frac{本期产品生产总量}{生产人数}$$

$$人均营业收入=\frac{本期营业收入}{员工人数}$$

C. 培训计划完成率，是指培训计划实际执行的总时数占培训计划总时数的比例。一般计算公式如下：

$$培训计划完成率=\frac{培训计划实际执行的总时数}{培训计划总时数}\times 100\%$$

D. 员工满意度，是指员工对企业的实际感知与其期望值相比较后得出的指数。主要通过问卷调查、访谈调查等方式，从工作环境、工作关系、工作内容、薪酬福利和职业发展等方面进行衡量。

企业可根据实际情况建立通用类指标库，不同层级单位和部门结合不同的战略定位、业务特点选择适合的指标体系。

（2）分配指标权重。平衡计分卡指标的权重分配应以战略目标为导向，反映被评价对象对企业战略目标贡献或支持的程度，以及各指标之间的重要性水平。

企业绩效指标权重一般设定在 5%~30% 之间，对特别重要的指标可适当提高权重。对特别关键、影响企业整体价值的指标可设立“一票否决”制度，即如果某项绩效指标未完成，无论其他指标是否完成，均视为未完成绩效目标。

（3）确定绩效目标值。平衡计分卡绩效目标值应根据战略地图的因果关系分别设置。首先确定战略主题的目标值，其次确定主题内的目标值，然后基于平衡计分卡评价指标与战略目标的对应关系，为每个评价指标设定目标值，通常设计 3~5 年的目标值。

平衡计分卡绩效目标值确定后，应规定因内外部环境发生重大变化、自然灾害等不可抗力因素对绩效完成结果产生重大影响时，对目标值进行调整的办法和程序。一般情况下，由被评价对象或评价主体测算确定影响程度，向相应的绩效管理工作机构提出调整申请，报薪酬与考核委员会或类似机构审批。

绩效评价计分方法和周期的选择、绩效责任书的签订、激励计划的制定，参照《管理会计应用指引第 600 号——绩效管理》。

3. 制定战略性行动方案

绩效计划与激励计划制定后，企业应在战略主题的基础上，制定战略性行动方案，实现短期行动计划与长期战略目标的协同。战略性行动方案的制定主要包括以下内容：

（1）选择战略性行动方案。制定每个战略主题的多个行动方案，并从中区分、排序和选择最优的战略性行动方案。

（2）提供战略性资金。建立战略性支出的预算，为战略性行动方案提供资金支持。

（3）建立责任制。明确战略性行动方案的执行责任方，定期回顾战略性行动方案的执行进程和效果。

4. 执行绩效计划与激励计划

绩效计划与激励计划执行过程中，企业应按照纵向一致、横向协调的原则，持续地推进组织协同，将协同作为一个重要的流程进行管理，使企业和员工的目标、职责与行动保持一致，创造协同效应。

绩效计划与激励计划执行过程中，企业应持续深入地开展流程管理，及时识别存在问题的关键流程，根据需要对流程进行优化完善，必要时进行流程再造，将流程改进计划与战略目标相协同。

绩效计划与激励计划的执行、实施及编制报告参照《管理会计应用指引第 600 号——绩效管理》。平衡计分卡的实施是一项长期的管理改善工作，在实践中通常采用先试点后推广的方式，循序渐进，分步实施。

（五）平衡计分卡的评价

平衡计分卡的主要优点：一是战略目标逐层分解并转化为被评价对象的绩效指标和行动方案，使整个组织行动协调一致；二是从财务、客户、内部业务流程、学习与成长四个维度确定绩效指标，使绩效评价更为全面完整；三是将学习与成长作为一个维度，注重员工的发展要求、组织资本和信息资本等无形资产的开发利用，有利于增强企业可持续发展的动力。

平衡计分卡的主要缺点：一是专业技术要求高，工作量比较大，操作难度也较大，需要持续地沟通和反馈，实施比较复杂且成本高；二是各指标权重在不同层级及各层级不同指标之间的分配比较困难，且部分非财务指标的量化工作难以落实；三是系统性强、涉及面广，需要专业人员的指导、企业全员的参与和长期持续地修正与完善，对信息系统、管理能力有较高的要求。

小组讨论

从系统的观点出发，讨论为何平衡计分卡优于关键绩效指标和经济增加值两种方法？

岗课赛证融通训练

一、单项选择题

1. 企业应用关键绩效指标法的程序中与其他业绩评价方法的关键不同点是（　　）。

A. 制定以关键绩效指标为核心的绩效计划

B. 制定激励计划

C. 实施绩效评价与激励

D. 编制绩效评价

2. 关键绩效指标应含义明确、可度量、与战略目标高度相关。指标的数量不宜过多，每一层级的关键绩效指标一般不超过（　　）个。

A. 5　　B. 15　　C. 10　　D. 20

3. 企业关键绩效指标一般可分为结果类和动因类两类指标，下列属于结果类指标的是（　　）。

A. 客户满意度　　B. 销售量

C. 自由现金流量　　D. 资本性支出

4. 单项关键绩效指标权重一般设定在（　　），对特别重要的指标可适当提高权重。

A. 5%～20%　　B. 5%～30%　　C. 10%～20%　　D. 10%～30%

5. 某企业税前利润 680 万元，利息支出 36 万元，投资资本的年初余额 1 500 万元，年末余额 1 620 万元。企业所得税税率为 25%，则投资资本回报率为（　　）。

A. 13%　　B. 30%　　C. 35%　　D. 46%

二、多项选择题

1. 下列项目中，影响经济增加值 *EVA* 的有（　　　）。

A. 税后净营业利润　　B. 平均资本占用

C. 资产总额　　D. 加权平均资本成本

2. 在计算经济增加值时，需要进行调整的会计事项有（　　　　）。

A. 大型广告费　　B. 营业外收支

C. 股权转让收益　　D. 资产减值损失

3. 企业的关键绩效指标一般可分为结果类和动因类两类指标。结果类指标是反映企业绩效的价值指标，主要包括（　　　　）等综合指标。

A. 投资资本回报率　　B. 净资产收益率

C. 经济增加值　　D. 息税前利润

4. 企业的关键绩效指标一般可分为结果类和动因类两类指标。动因类指标是反映企业价值关键驱动因素的指标，主要包括（　　　　）等。

A. 资本性支出　　B. 单位生产成本

C. 产量　　D. 销量

5. 平衡计分卡的目标和指标来源于企业的愿景和战略，这些目标和指标考查企业的业绩需要考虑的维度有（　　　　）。

A. 财务维度　　B. 客户维度

C. 内部业务流程维度　　D. 学习与成长维度

三、判断题

1. 企业的关键绩效指标一般可分为结果类和动因类两类指标。（　　）

2. 关键绩效指标的目标值确定后，即使因内外部环境发生重大变化、自然灾害等不可抗力因素 对绩效完成结果产生重大影响时，也不能对目标值进行调整的办法和程序。（　　）

3. 经济增加值，是指营业利润扣除全部投入资本的成本后的剩余收益。（　　）

4. 经济增加值法一般都是单独应用，很少与关键绩效指标法、平衡计分卡等其他方法结合使用。（　　）

5. 平衡计分卡是注重财务指标和非财务指标综合平衡的战略性业绩评价体系，是一种能够推动业绩表现的测量工具。（　　）

四、岗位技能实操题

实训目的：熟练掌握绩效管理的知识点；熟练掌握各类关键绩效指标。

实训资料：已知佳润乳业公司 2021 年和 2022 年资产负债表、利润表相关财务数据，所得税税率为 25%，请完成如下任务：

实训要求：

（1）已知利润总额、所得税、利息支出、短期借款、应付票据、长期借款、应付债券和所有者权益数据，求投资资本回报率填入表 7-4。

表 7-4　投资资本回报率计算表

单位：元

指标名称	2021 年		2022 年	
利润总额	10 399 964.63		11 199 754.61	
所得税	1 737 201.85		2 353 561.87	
利息支出	155 339.98		148 800.00	
短期借款	7 020 010.04	4 377 999.12	4 377 999.12	3 360 000.00
应付票据	0.00	0.00	0.00	0.00
长期借款	0.00	0.00	0.00	0.00
应付债券	0.00	0.00	0.00	0.00
所有者（股东）权益	16 827 298.90	21 101 122.36	21 101 122.36	24 809 603.14
投资资本回报率				

（2）已知净利润、所有者权益数据，求净资产收益率，填入表 7-5。

表 7-5　净资产收益率计算表

单位：元

指标名称	2021 年		2022 年	
	期初	期末	期初	期末
净利润	8 662 762.78		8 846 192.72	
所有者（股东）权益	16 827 298.90	21 101 122.36	21 101 122.36	24 809 603.14
净资产收益率 /%				

（3）已知净利润、所得税税率、利息支出、短期借款、应付票据、长期借款、应付债券、所有者权益和加权平均资本成本数据，求经济增加值，填入表 7-6。

表 7-6　经济增加值计算表

单位：元

指标名称	2021 年		2022 年	
	期初	期末	期初	期末
净利润	8 662 762.78		8 846 192.72	
所得税税率 /%	25%		25%	

续表

指标名称	2021 年		2022 年	
	期初	期末	期初	期末
利息支出	155 339.98		148 800.00	
短期借款	7 020 010.04	4 377 999.12	4 377 999.12	3 360 000.00
应付票据	0.00	0.00	0.00	0.00
长期借款	0.00	0.00	0.00	0.00
应付债券	0.00	0.00	0.00	0.00
所有者（股东）权益	16 827 298.90	21 101 122.36	21 101 122.36	24 809 603.14
加权平均资本成本 /%	7.00%		7.00%	
经济增加值				

（4）已知利润总额和利息支出数据，求息税前利润，填入表 7–7。

表 7–7　息税前利润计算表

单位：元

指标名称	2021 年	2022 年
利润总额	10 399 964.63	11 199 754.61
利息支出	1 737 201.85	2 353 561.87
息税前利润		

（5）已知经营活动净现金流和付现金资本性支出数据，求自由现金流，填入表 7–8。

表 7–8　自由现金流计算表

单位：元

指标名称	2021 年	2022 年
经营活动净现金流	3 166 315.83	1 592 186.62
付现金资本性支出	707 442.26	390 406.66
自由现金流		

（6）已知资产总额和负债总额数据，求资产负债率，填入表 7–9。

表 7-9　资产负债率计算表

单位：元

指标名称	2021 年	2022 年
资产总额	63 193 621.60	74 291 961.79
负债总额	42 092 499.24	49 482 358.66
资产负债率		

（7）已知资产总额和营业收入数据，求总资产周转率，填入表 7-10。

表 7-10　总资产周转率计算表

单位：元

指标名称	2021 年		2022 年	
	期初	期末	期初	期末
营业收入	57 102 420.00		61 874 921.45	
资产总额	48 144 473.15	63 193 621.60	63 193 621.60	74 291 961.79
总资产周转率（次）				

任务三　平衡计分卡应用

一、公司概况①

M 公司为供水电暖的公共事业企业，承担着甲汽车集团百余家企业和 30 余万户居民的能源供应，经营的业务范围涉及发电、工业及民用供电、工业及民用自来水供应、工业及民用天然气供应、工业高温水和蒸汽供应、工业和民用采暖供应以及工业压缩空气供应。2022 年公司规模为 20.28 亿元，实现销售收入 18.23 亿元，员工 1 937 人，拥有各种动力和传导设备 3 259 套，发电厂总装机容量 91 兆瓦，供热面积居全国城市集中供热前列。

公司不断提升自身管理能力。动能公司的绩效管理开展情况反映了国资委对国企绩效管理工作的基本要求。按照集团公司整体安排，公司通过使用战略地图对自身战略做出规划剖析，应用平衡计分卡，从财务、客户、内部业务流程、学习与成长四个角度建立 KPI 指标，构建绩效评价体系。

① 改编自：财政部会计司，平衡计分卡在公共事业企业的应用：管理会计案例示范集

二、总体设计

（一）总体思路

1. 前期准备

具体包括战略分析与战略制定、建立平衡计分卡团队。其中，平衡计分卡团队角色与职责见表 7–11。

表 7–11　平衡计分卡团队角色与职责

角色	主要职责
高层发起人	1. 主导平衡计分卡项目 2. 提供企业战略等背景信息 3. 保证项目实施所需资源 4. 在整个企业激发对项目的支持和热爱
团队领导人	1. 组织会议：计划、协调各成员工作 2. 为团队提供平衡计分卡的思想指导 3. 向企业高层报告项目情况寻求支持 4. 指导和支持建立团队
团队成员	1. 提供各有关部门专门知识 2. 参加会议，分析处理讨论各种指标数据 3. 在所在部门进行宣传，获得支持 4. 执行团队领导布置的工作

2. 逐步实施

当企业选择平衡计分卡作为绩效管理的工具后，从总体指标框架构成到具体指标选择将经过以下四个步骤：一是构建战略地图；二是选择战略目标指标；三是确定长期目标值；四是平衡计分卡分解。制定公司层面的战略目标和衡量指标后，必须把战略目标逐层分解到下级部门。公司层的平衡计分卡是分级工作的起始点，它服务于公司的整体战略；然后，将公司平衡计分卡所包含的各种目标和指标传递到下一个层次——各业务部门，以公司层平衡计分卡为基础，构建部门平衡计分卡；再以部门平衡计分卡为基础，构建员工个人平衡计分卡。各层级平衡计分卡依次构建，保证公司的战略得以贯彻。

（二）平衡计分卡的内容

1. 公司级平衡计分卡内容

公司每年需依据集团设定的战略目标来完成相应的公司层级的指标考核，公司级评价指标具体情况见表 7–12。

表 7-12　公司级评价指标具体情况

集团公司关键指标	考核指标 →	动能公司关键指标
利润总额		利润总额
经济增加值		经济增加值
盈余现金保障倍数		销售收入增长率
成本费用占主营业务收入比重		成本费用率
二氧化硫减排指数		节能减排项目完成率
动能供应障碍次数		动能供应障碍小时数
专业考核指标		研发、生产和投资类指标等
发展规划项目完成情况		煤炭合同履约率等
劳动生产率		供应平衡率
党建重点工作完成情况		党建工作计划完成率

2. 部门级平衡计分卡内容

将公司层级的指标逐一分配到部门层面，设计、选择相应的关键指标。这里仅以部分经营部门 KPI 情况为例，见表 7-13。

表 7-13　部门 KPI 指标（经营部门）

<table>
<tr><th>部门</th><th>财务维度</th><th>客户维度</th><th>内部业务流程维度</th><th>学习与成长维度</th></tr>
<tr><td rowspan="3">财务部</td><td>利润总额目标</td><td rowspan="3">价格调整</td><td>内部控制评价工作完成</td><td rowspan="3">ERP 系统升级完成</td></tr>
<tr><td>EVA 目标</td><td>管理工作完成情况</td></tr>
<tr><td>成本费用率</td><td>财务审批权限管理体系</td></tr>
<tr><td rowspan="4">规划部</td><td rowspan="4"></td><td rowspan="4">技术咨询反馈率</td><td>项目方案通过率</td><td rowspan="4">技术授课课时</td></tr>
<tr><td>规划项目完成情况</td></tr>
<tr><td>增容审批流程执行情况</td></tr>
<tr><td>项目验收配合工作落实情况</td></tr>
<tr><td rowspan="6">安全部</td><td rowspan="6">安全费控制
排污费</td><td rowspan="6"></td><td>人身伤亡事故频率</td><td>安全员教育率</td></tr>
<tr><td>污染物排放指标</td><td>持证上岗率</td></tr>
<tr><td>不安全因素管控</td><td>相关方管理标准化</td></tr>
<tr><td>重大危险源应急演练情况</td><td rowspan="3">安全管理信息网络化管理</td></tr>
<tr><td>危险废物处理率</td></tr>
<tr><td>危险源辨识率</td></tr>
</table>

续表

<table>
<tr><th>部门</th><th>财务维度</th><th>客户维度</th><th>内部业务流程维度</th><th>学习与成长维度</th></tr>
<tr><td rowspan="6">保卫部</td><td>低耗费用控制</td><td rowspan="6"></td><td>火灾事件、刑事、治安案件</td><td rowspan="6"></td></tr>
<tr><td>检测费用控制</td><td>治安、火险隐患整改率</td></tr>
<tr><td rowspan="4">改造费用控制</td><td>消防设施配置完好率</td></tr>
<tr><td>法制、消防员工教育率</td></tr>
<tr><td>消防应急预案、应急演练完成</td></tr>
<tr><td>外围施工消防、治安责任合同签约率</td></tr>
<tr><td rowspan="3">发展部</td><td>投资总额限度</td><td rowspan="3"></td><td>项目里程碑目标完成率</td><td rowspan="3"></td></tr>
<tr><td rowspan="2">子项费用额度</td><td>工程项目资料验收达标率</td></tr>
<tr><td>规划项目完成率</td></tr>
<tr><td rowspan="4">监测站</td><td rowspan="4">全年费用额度</td><td rowspan="4"></td><td>采样率</td><td rowspan="4">检测人员岗位技术培训</td></tr>
<tr><td>化验准确率</td></tr>
<tr><td>煤质信息未及时反馈次数</td></tr>
<tr><td>生物质燃料检测</td></tr>
<tr><td rowspan="4">采购部</td><td>采购成本降低目标</td><td rowspan="4">基层服务满意度</td><td>采购平台建设</td><td rowspan="4">业务培训完成目标</td></tr>
<tr><td rowspan="3">存货占用目标</td><td>采购合同资料规范</td></tr>
<tr><td>采购部 ERP 系统建设</td></tr>
<tr><td>业务外包完成率</td></tr>
<tr><td rowspan="5">企业管理部</td><td rowspan="5">IT 设施相关费用</td><td rowspan="5"></td><td>操作岗位评价工作完成情况</td><td rowspan="5">人员安置计划完成情况</td></tr>
<tr><td>管理体系推进完成情况</td></tr>
<tr><td>基础框架建设完成情况</td></tr>
<tr><td>业务外包工作完成情况</td></tr>
<tr><td>薪酬分配制度执行情况</td></tr>
<tr><td rowspan="5">办公室</td><td rowspan="2">固定资产投资指标</td><td rowspan="5"></td><td>工业构（建）筑物维护完成</td><td rowspan="5"></td></tr>
<tr><td>合同审核率</td></tr>
<tr><td rowspan="3">办公综合费用指标</td><td>总经理办公会议决策落实</td></tr>
<tr><td>构（建）筑物可靠性鉴定</td></tr>
<tr><td>内外环境和施工配合情况</td></tr>
</table>

续表

部门	财务维度	客户维度	内部业务流程维度	学习与成长维度
燃料部	原煤库存资金占用		减少卸车延时工作推进	
			原煤分区存放工作改进	
	预付账款		降低入场煤含硫量	
			燃料费用结算及时率	
生产技术部	维修费控制目标	动能障碍次数	技术监督完成率	
			投资项目阶段目标完成率	
	标准煤耗率		业务重组工作完成情况	
			现场设备管理情况	

三、应用过程

（一）公司组织基本架构

随着公司的发展，公司对组织机构进行变革，以适应经营管理的需要。公司成立初期，下设热电厂、检修部、营销部和 1 个职能管理部门。20×× 年根据公司未来的发展方向，为提高网络经营能力和民用业务效益水平，公司进一步精简组织机构，将 13 个职能部门减少为 7 个部门，将经营体系合并为热电厂、工业动力厂、公用动力厂和北厂。20×× 年至今，公司根据业务需要进一步调整公司组织机构，目前保留热电厂、工业动力厂和公用动力厂三个经营体系，以及 11 个职能部门。

（二）参与部门及人员

公司管理会计应用机构包括专职机构和参与机构。专职机构主要是公司成立了专门的绩效工作小组，由一名副总经理负责，工作结果直接向公司管理层汇报。参与部门主要包括财务部、企业管理部和各体系的经营管理部门。财务部组织开展公司的成本管理、价格管理、预算管理和责任中心绩效管理等工作，配合企业管理部开展绩效管理工作；企业管理部组织开展公司绩效管理工作；各经营管理部门开展部门或分厂内部的成本分析、经营分析和内部管理报告指标管理等工作。实际工作中采取 PDCA 的业务循环，通过公司领导层参与的经营分析会议，形成内部管理报告，通过目标设定、过程控制、结果跟踪和差异分析等过程，实现业务部门和财务部门的融合。

（三）工具方法具体应用模式和应用流程

1. 制定战略地图

（1）提炼公司战略。公司绩效评价小组，根据战略分析，提炼公司战略目标。

（2）构建公司战略地图。第一，财务维度方面，面对公司外部市场的不断扩充，如果不能及时跟进客户需求，一方面降低了客户忠诚度，另一方面也会引入其他竞争者。实现增长战略可近似地用销售收入的增长来表示。在扩张规模的同时，公司还要特别关注客户价值的提升，避免规模不经济，实施增长战略解决了公司未来发展问题。引入生产率战略在于解决公司生存问题。公司由于受集团整体战略的制约，在投入方面受到一定限制，为满足产能扩张的资金需求，应当首先进行内部融资，减少资金占用，加快资金周转。生产率战略还要求公司降低成本费用，包括生产环节的成本、供应环节的损失和各项期间费用。

第二，客户维度方面，供应量的提高将摊薄固定投资，提高股东价值。通过客户维度的分析，可以看出如何满足客户需求，而具体措施又需要通过内部业务流程的改进来实现。

第三，内部业务流程维度方面，主要考虑如何通过内部业务流程的调整，满足客户的需求和实现股东价值。通过经营协同，整合采购、生产和设备价值链体系，提供优质产品和优质服务，同时还能与生产率提高挂接，降低成本，提高资产利用效率。能源供应需要保持良好的装备状态，由于公司的装备水平与同行业相比并不占优势，所以日常对于设备的维护尤为重要，装备水平直接影响客户经营。为了保证持续供应，各种原料必须保证供应渠道的畅通，尤其是作为重要战略资源的煤炭和天然气，建立良好供应商战略合作关系，对保障客户需求尤为重要。此外，由于公司供应链较长，对于生产组织系统提出更高的要求，这方面的指标也应当予以考虑。维护良好的客户管理有利于提高服务质量，其中客户回款情况同财务维度联系。成本控制内容负责财务维度中成本降低内容的展开。

需要特别指出的是，公司作为一家能源企业，履行社会责任也是构成股东价值的重要方面。公司社会责任主要包括四个方面：安全、节能、环保和社会责任。安全生产是企业应尽的责任，公司的一些外资客户已经将安全等问题作为供应商资格管理内容的一部分。公司的经营特点是全年不间断连续生产，一旦发生重大安全事故不但影响企业形象，还将直接造成重大经济损失。节能工作的进展直接减少公司能源消耗，同时还增加供出能力。环保方面已经成为行业准入条件，达不到环保标准将面临高额的环境补偿费用甚至无法继续经营。社会责任的部分内容已经通过客户维度的优质服务和财务维度的成本降低体现，其余内容在内部业务流程维度中反映。

第四，学习与成长维度方面，主要考虑员工胜任能力和企业文化建设的内容。由于公司现有员工年龄偏大，而生产经营过程中各种新技术不断应用，提高员工胜任能力尤其是符合集团统一人力资源需求，显得尤为重要。在企业文化建设内容方面，良好的企业环境需要员工高度认可；公司作为国有企业，党务工作的开展情况是企业文化建设的重要组成内容。

2. 建立公司平衡计分卡

（1）识别关键成功要素。公司采用自上而下的方式，由公司统一制定平衡计分卡再进行层层分解。公司首先在内部各层面上进行关键成功要素（Critical Success Factor，CSF）的识别。关键成功要素，是确保战略目标必须做好的事情，是对战略目标的分解和实现战略目标路径的具体诠释。对于关键成功要素的筛选和整理，可形成绩效评价指标。关键成功要素不仅是公司层面绩效评价指标的依据，也为其他层面评价指标的选择提供蓝本。

公司各部门和各经营体系依据公司长远战略目标、公司当年预算目标及本部门的工作职责，从财务层面、客户层面、内部业务流程层面以及学习与成长层面分析和提炼关键成功要素。确定关键成功要素必须包括所有本部门可能的 CSF，以免遗漏。CSF 在提炼过程中可以分一级、二级和三级，以体现 CSF 的不同层次，一级 CSF 包含了相应的二级 CSF 内容，二级 CSF 包含了相应的三级 CSF 内容。CSF 具体到每个部门应该具有针对性，这样有助于后续设计关键绩效评价指标，因此备选 CSF 应尽量细化。备选 CSF 应尽量覆盖财务层面、客户层面、内部业务流程层面以及学习与成长层面四个层面，但也允许个别层面没有 CSF 的情况存在。通过汇总，形成 67 个关键成功因素，关键成功因素是对战略地图的细化，为确定评价指标提供依据。

（2）确定平衡计分卡指标。在确定关键成功因素的基础上，由公司绩效评价工作小组逐一对战略地图、关键成功因素，形成各维度上的指标体系。首先，指标选择应当结合公司实际情况和能源行业的经营特点，选择能反映行业特性的指标，不能简单照搬其他类型企业的指标。其次，指标选择还应紧密联系战略目标，选择最能促成战略目标达成的指标。最后，指标选择需要考虑可操作性和可理解性，平衡计分卡虽然是近些年来在公司绩效评价领域出现的新工具，但是综合评价企业经营绩效的管理思想已经在公司管理中有所体现。因此选择的绩效评价指标不是对现有评价项目的否定，而是应充分利用现行指标，便于公司内部的操作和员工的理解。

公司绩效评价小组构建了 17 个指标组成的公司平衡计分卡指标体系，见表 7–14。

表 7–14　公司平衡计分卡指标体系

维度	战略目标分解	评价指标
财务维度	股东价值最大化	利润总额
		经济增加值
	增长战略	销售收入增长率

续表

维度	战略目标分解	评价指标
财务维度	成本改善	成本费用率
	提高资产利用效率	资产周转率
		应收账款周转率
客户维度	提供优质产品	客户价值增长率
	建立品牌	客户满意度
内部业务流程维度	经营协同	重大动能供应障碍小时数
		煤炭合同履约率
	客户管理	供应平衡率
	加强成本控制	发电煤耗
		供热煤耗
	履行社会责任	节能减排项目完成率
学习与成长维度	加强员工培训	员工培训次数
	企业文化建设	员工满意度
		党建工作计划达成率

（3）确定指标权重。平衡计分卡中的平衡关系主要通过指标权重实现。确定指标权重方法主要分为主观赋值法和客观赋值法两种。主观赋值法主要依据权威专家的个人主观意见确定权重，这种方法客观性差，但是便于解释指标之间的次序安排。客观赋值法是指通过评价矩阵进行数学统计方法确定权重赋值，该方法在大多数情况下精确度高，但有时同实际情况偏差较大，而且对于数据要求高，计算相对复杂。

公司建立的平衡计分卡中部分评价指标初次使用，缺少以往数据，无法进行数值计算。公司绩效评价小组经公司决策层同意，决定采用主观赋值法确定指标权重。首先由绩效评价小组以集团评价指标权重指导意见为基础，根据公司实际情况，对四个维度指标权重进行调整。集团对于下属公司绩效评价权重指导意见：财务维度 60%、客户维度 10%、内部业务流程维度 10%，以及学习与成长维度 20%。公司战略定位于支撑、服务和社会责任，股东价值最大化不仅体现在财务指标完成情况，更体现在对于集团内其他企业能源供应的保障程度上。因此应适当调低财务维度权重，提高代表能源供应情况的内部业务流程维度权重。最终经绩效评价小组调整后的各维度权重为财务维度 50%、客户维度 10%、内部业务流程维度 30%，以及学习与成长维度 10%。公司指标权重见表 7-15。

表 7-15　公司指标权重

维度	战略目标分解	评价指标	权重
财务维度	股东价值最大化	利润总额	8
		经济增加值	15
	增长战略	销售收入增长率	8
	成本改善	成本费用率	9
	提高资产利用效率	资产周转率	5
		应收账款周转率	5
客户维度	提供优质产品	客户价值增长率	4
	建立品牌	客户满意度	6
内部业务流程维度	经营协同	重大动能供应障碍小时数	9
		煤炭合同履约率	4
	客户管理	供应平衡率	5
	加强成本控制	发电煤耗	4
		供热煤耗	4
	履行社会责任	节能减排项目完成率	4
学习与成长维度	加强员工培训	员工培训次数	4
	企业文化建设	员工满意度	4
		党建工作计划达成率	2

（4）经营管理层面指标分解。公司形成公司层面的平衡计分卡以后，还需要逐层分解，建立经营层面、业务单元层面和岗位层面的评价指标。经营层面包括职能部门和各经营体系，公司的经营活动主要通过各经营体系开展，职能部门为各经营体系提供支持和服务。绩效评价小组对照平衡计分卡评价项目，寻找指标承接单位，将所有公司层面的指标分解给职能部门和各经营体系，为经营体系层面确定评价指标提供依据。绩效评价指标责任分解情况，见表 7-16。

表 7-16　绩效评价指标责任分解情况表

维度	评价指标	财务控制部	生产技术部	发展规划部	企业管理部	采购部	安全部	党委工作部	热电厂	工业动力厂	公用动力厂	北厂
财务维度	利润总额	▲	▲	▲	▲	▲	▲	▲	▲	▲	▲	▲
	经济增加值	▲	▲	▲	▲	▲	▲	▲	▲	▲	▲	▲
	销售收入增长率									▲	▲	▲
	成本费用率	▲	▲		▲	▲				▲	▲	▲
	资产周转率	▲	▲			▲						
	应收账款周转率	▲								▲	▲	▲
客户维度	客户价值增长率									▲	▲	▲
	客户满意度									▲	▲	▲
内部业务流程维度	重大动能供应障碍小时数	▲							▲	▲	▲	▲
	煤炭合同履约率					▲						
	供应平衡率								▲	▲	▲	▲
	发电煤耗								▲			
	供热煤耗								▲	▲		▲
	节能减排项目完成率			▲			▲					
学习与成长维度	员工培训次数				▲							
	员工满意度				▲							
	党建工作计划达成率							▲				

建立经营管理层面绩效评价指标的过程同建立公司层面绩效评价指标过程相同。首先根据公司战略目标分解建立职能部门或者经营体系的战略地图，经营层面的指标也要基于财务、客户、内部业务流程、学习与成长四个维度。然后确定影响战略路径实现的成功要素，在此基础上确定各职能部门评价指标内容。选择指标应考虑以下因素，一是指标确定应参照公司层面评价指标，不能简单照搬公司层面考核指标，应反映本部门或者本体系的经营管理特点，比如热电厂主要负责生产成本

的控制，工业动力厂主要关注销售平衡率的水平；二是指标和经济增加值涉及公司所有部门和体系，应当作为所有部门和体系的评价指标；三是指标受控，影响绩效评价指标结果的成因应当被部门或经营体系控制。

岗课赛证融通训练

一、单项选择题

1. 某企业 2022 年债务资本 6 000 万元，股权资本 10 000 万元。债务资本成本率为 8%；无风险报酬率为 6%，股权资本市场预期回报率为 10%，风险溢价系数 1.5。企业所得税率为 25%。则该企业加权资本成本为（　　）。

A. 7%　　B. 9.75%　　C. 10.5%　　D. 14%

2. 平衡计分卡指标体系构建时，总数量一般不超过（　　）。

A. 10 个　　B. 15 个　　C. 20 个　　D. 25 个

3. 下列项目中，属于平衡计分卡内部业务流程维度的指标的是（　　）。

A. 存货周转率　　B. 总资产周转率

C. 市场份额　　D. 员工满意度

4. 平衡计分卡指标体系构建时，企业应以（　　）为核心，其他维度的指标都与核心维度的一个或多个指标相联系。

A. 财务维度　　B. 客户维度

C. 内部业务流程维度　　D. 学习与成长维度

5. 平衡计分卡每个维度的指标通常为（　　）个。

A. 2~3　　B. 3~5　　C. 4~7　　D. 8~10

二、多项选择题

1. 企业在学习与成长维度里常用指标有（　　）。

A. 员工保持率　　B. 员工生产率

C. 培训计划完成率　　D. 员工满意度等

2. 下列项目中，属于财务维度的核心指标的有（　　）。

A. 净资产收益率　　B. 经济增加值

C. 资产负债率　　D. 市场份额

3. 下列项目中，属于内部业务流程维度的核心指标有（　　）。

A. 经济增加值　　B. 存货周转率

C. 产品合格率　　D. 单位生产成本

4. 平衡计分卡的实施主要包括（　　　　）等步骤。

A. 阐释并诠释愿景与战略　　B. 沟通与联系

C. 计划与制定目标值　　D. 战略反馈与学习

5. 平衡计分卡模型之所以“平衡”，是由于在平衡计分卡指标体系构建时注重（　　　　）。

A. 短期目标与长期目标的平衡　　B. 财务指标与非财务指标的平衡

C. 结果性指标与动因性指标的平衡　　D. 企业内部利益与外部利益的平衡

三、判断题

1. 平衡计分卡必须强调经营成果，这关系到企业未来的生存与发展。（　　）

2. 平衡计分卡模型通过分析确定实现战略目标的动因以及能够代表该动因的指标等，在指标与指标之间建立一种驱动关系。（　　）

3. 员工保持率 + 员工流失率 = 1。（　　）

4. 财务维度以财务术语描述了战略目标的价值主张。（　　）

5. 学习与成长维度确定了对战略最重要的无形资产。（　　）

四、岗位技能实操题

实训目的：熟练掌握绩效管理的知识点；能够运用平衡计分卡进行绩效评价。

实训资料：2022 年佳润乳业公司采取平衡计分卡来评价企业和部门绩效。

实训要求：

（1）结合绩效管理相关知识，用大写英文字母“A～E”对绩效管理活动流程进行排序，见表 7-17。

表 7-17　绩效管理活动流程

项目	顺序
制定绩效计划与激励计划	
实施绩效评价与激励	
执行绩效计划与激励计划	
建立绩效管理制度体系与管理机构	
编制绩效评价与激励管理报告	

（2）已知指标名称表，请结合对平衡计分卡的理解，通过平衡计分卡指标选择及考核体系建立表中维度和指标含义描述，将正确的指标名称（见表 7-19）对应的序号 A～P 填入答题区域，见表 7-18。

表 7-18　平衡计分卡指标选择及考核体系建立表

维度	指标含义	指标名称	权重
财务维度	收入目标完成情况		10%
	净利润目标完成情况		10%
	净利润同期增长情况		5%
	总资产运营状况		10%
	单位收入盈利状况		5%
	单位净资产盈利状况		10%
客户维度	业务量目标完成情况		5%
	业务量同期增长情况		5%
	客户对公司业务的认同状况		5%
	公司相对整个市场强弱程度		5%
内部业务流程维度	准点送达状况		5%
	产品变质、遗漏、错发情况		5%
	每件产品平均耗用公司的资源		5%
学习与成长维度	员工稳定性状况		5%
	员工对公司的认同感和归属感		5%
	员工技能学习和业务水平提升情况		5%

表 7-19　指标名称及序号

指标名称	序号	指标名称	序号
员工满意度	A	客户满意度	I
净利润增长率	B	单位营业成本	J
订单增长率	C	送达准确率	K
总资产周转率	D	净利率	L
收入完成率	E	培训计划完成率	M
送达准时率	F	净资产收益率	N
市场份额	G	员工保持率	O
净利润完成率	H	订单完成率	P

（3）根据平衡计分卡原理正确计算公司层面各项得分并将正确答案填写在答题区域，计算结果四舍五入保留 2 位小数，见表 7-20。

表 7-20　2022 年公司层面平衡计分卡得分计算

维度	指标名称	权重	目标值	实际值	得分	加权得分
财务维度	净利润增长率	5%	19.82%	24.56%		
	总资产周转率	10%	1.52	1.49		
	净利润 / 元	5%	8 510 045.91	8 846 192.72		
	净资产收益率	10%	15.31%	16.28%		
	收入完成率	10%	100.00%	98.20%		
	净利润完成率	10%	100.00%	103.95%		
客户维度	客户满意度	5%	95.00%	90.00%		
	订单完成率	5%	100.00%	100.31%		
	订单增长率	5%	29.71%	30.11%		
	市场份额	5%	1.00%	0.80%		
内部业务流程维度	单位营业成本	5%	9.31	9.07		
	送货准时率	5%	98.00%	90.00%		
	送货准确率	5%	99.00%	98.00%		
学习与成长维度	培训计划完成率	5%	100.00%	80.00%		
	员工满意度	5%	95.00%	85.00%		
	员工保持率	5%	80.00%	70.00%		
加权综合得分						

注：单位成本得分 = 200− 实际值 / 目标值 ×100

　　其余指标得分 = 实际值 / 目标值 ×100

（4）根据平衡计分卡原理计算部门层面各项得分数并将正确答案填写在答题区域，计算结果四舍五入保留 2 位小数，见表 7-21。

表 7-21　2022 年部门层面平衡计分卡得分计算

维度	指标名称	权重	营业中心——营业一部				营业中心——营业二部			
			目标值	实际值	得分	加权得分	目标值	实际值	得分	加权得分
财务维度	收入完成率	20.00%	100.00%	96.00%			100.00%	98.00%		
	净利润完成率	20.00%	100.00%	100.00%			100.00%	104.00%		
客户维度	客户满意度	10.00%	95.00%	85.00%			95.00%	95.00%		
	订单完成率	10.00%	100.00%	97.50%			100.00%	99.90%		
内部业务流程维度	单位营业成本	10.00%	9.31	9.25			9.31	8.94		
	发货准确率	10.00%	98.00%	88.00%			98.00%	93.00%		
学习与成长维度	培训计划完成率	10.00%	100.00%	70.00%			100.00%	90.00%		
	员工保持率	10.00%	80.00%	70.00%			80.00%	70.00%		
加权综合得分										

注：单位成本得分 = 200- 实际值 / 目标值 ×100

　　其余指标得分 = 实际值 / 目标值 ×100

（5）已知绩效得分和绩效工资系数对应表，请根据平衡计分卡原理、绩效管理相关知识和实训要求（3）和实训要求（4）结果，正确计算部门年终奖系数，见表 7-22 和表 7-23。计算结果四舍五入保留 2 位小数。

表 7-22　奖金系数计算表

项目	营业中心 - 营业一部	营业中心 - 营业二部
公司得分		
公司系数		
部门得分		
部门系数		
最终奖金系数		

注：最终奖金系数 = 公司系数 × 部门系数

表 7-23 绩效得分和绩效工资系数对应表

评审分数	绩效工资系数（K）
$B \geqslant 98$	1.3
$95 \leqslant B < 98$	1.2
$90 \leqslant B < 95$	1.1
$80 \leqslant B < 90$	1
$65 \leqslant B < 80$	0.8
$B < 65$	0

价值引领 >>>

以工作量核算为基础的 A 医院绩效改革案例

一、以工作量核算为基础的 A 医院绩效管理方案设计

（一）医院核算科室划分

A 医院将临床各个科室按职系不同进行划分，分别为医疗、护理和医技。同时，护理又细分为病房护理和非病房护理，医技细分为医技人员和医辅人员。针对不同职系人员分别考虑其工作量。

（二）绩效核算方案设计

A 医院医疗人员的工作量核算方法主要是根据医院医疗项目的统计量计算医师的绩效，A 医院依据国家收入分级以及诊疗项目的技术难度、风险程度等综合因素，对医生的判读项目和执行项目设定点值。对急危重症、新项目新技术要提高点值，对常见病、多发病或者限制性的病种要降低点值。

A 医院护理人员工作量的核算方法是按照护理项目的统计量来计算护理费和护理治疗费，除此之外，还有一部分工作量为无法体现的工作量（如量血压等），在护理时数中给予体现。

医技及医辅和非病房人员工作量核算主要包含两部分，一部分是基础工作量；另一部分是关键工作量（KPI），如 CT 科室，主要工作量为 CT 检查项次和磁共振检查项次。

（三）绩效考核方案设计

A 医院成立绩效考核领导小组，下设医疗、护理、医技、门诊、院感、科研教学、后勤保障、党风廉洁文明创建及工作纪律、医疗装备材料和医保物价等十个绩

效质量考核小组，制定《A医院绩效考核细则》，依据考核细则对全院医疗质量、服务水平进行全面考核。

二、以工作量核算为基础的A医院绩效管理效果评价

（1）新绩效方案实施后医院门诊人次较上年分别增长了3.64%和7.38%；出院人次较上年分别增长了6.49%和7.08%；手术例次较上年分别增长了9.67%和9.68%。

（2）新绩效方案实施后医院收入增长13.29%，药品比例下降0.89%。医院的业务收入有了明显的增长，药品费用得到有效的控制。

（3）新绩效方案实施后医院物资领用支出管控取得成效，平均领用金额下降15%，全院物资领用总额呈下降趋势。

（资料来源：王征. 以工作量核算为基础的A医院绩效改革案例研究［J］. 会计师2021（1）：118-119.）

思考与启示：

（1）企业的绩效考核作为企业管理工作的重要内容，从系统的观点出发，构建科学合理的绩效评价体系，是实现企业发展战略的重要抓手。

（2）一切从实际出发，遵守各类规章制度，提高企业的运行效率。

（3）以工作量核算为基础提高企业的成本管控意识，将预算管理纳入企业绩效考核，最终满足“全面、全额、全员”的精细化预算管理要求。

（4）绩效考核指标体系建立过程中，通过合理设置定性指标、定量指标，融入“奖优惩劣”思维和举措，使考核更加公平合理。

项目八

管理会计信息系统与管理会计报告认知与应用

8

学习目标

知识目标

1. 理解管理会计信息系统的概念、原则、应用环境等
2. 了解管理会计信息系统建设的应用程序和方法
3. 理解管理会计报告的概念、特征、分类等
4. 掌握管理会计报告的编制要求和编制流程
5. 重点掌握战略管理视角下管理会计报告体系

技能目标

1. 能够熟练掌握管理会计报告的编制
2. 能够熟练掌握管理会计信息的分析与挖掘

素养目标

1. 提升学生的服务意识，做到规范、准确、及时提供管理会计报告，为企业管理决策服务
2. 培养数据素养、数据资源成为企业的核心竞争力，也成为国家宝贵的资源和核心竞争力

思维导图

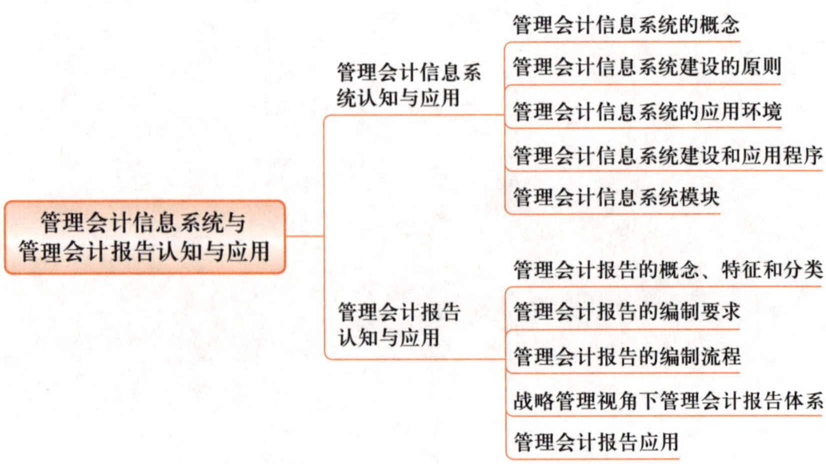

引导案例 >>>

佳润乳业公司发展迅速，随着公司规模的快速扩张，公司董事会对公司管理层提出了更高要求。为了进一步适应企业经营发展的需求，服务企业战略的实施。佳润乳业公司建立健全和实施全面预算体系，将预算考核纳入企业绩效考核体系，提升企业预算管理水平。

与此相适应，公司开始构建管理会计报告体系。2021 年以来，公司高度重视闭环管控体系和全面预算信息管控系统的建设。各部门统一开展管理会计信息系统建设和管理会计报告应用。但是，企业管理会计报告的应用过程中仍然存在以下问题：第一，管理会计信息系统建设的程序不完善，与原有管理制度不能有机融合；第二，企业各层级主动应用管理会计信息意识不强；第三，信息的及时性和有效性较差；第四，管理会计报告提交的信息和数据对企业管理活动决策支持力度不足，不能及时发现企业经营中存在的问题，提供有效地对策和建议。

针对管理会计信息系统建设和管理会计报告编制中存在的问题，公司董事会要求公司管理层聘请专业机构进驻公司，推动公司管理会计信息系统建设和应用，挖掘企业的数据资源，推动业财融合。

分析与启示

（1）在信息化和数字化时代，为了紧跟时代步伐，适应企业经营发展的需要，服务企业战略的实施，佳润乳业公司积极推动管理会计信息系统建设工作。

（2）佳润乳业公司在管理会计信息系统建设过程中，围绕信息系统的输入、处理和输出三个环节，通过准确清晰定义企业战略、组织结构、业务流程和责任中心；实现业财有机融合，充分发挥计算机、网络通信、大数据等信息技术手段，实现信息的准确及时采集、传输、加工和报告。

（3）佳润乳业公司根据不同层级管理需要，配备专门岗位和人员，编制战略层、经营层和业务层管理会计报告，服务企业发展。

（4）随着机器学习、虚拟现实等人工智能技术的应用和普及，信息安全成为企业安全的组成部分，财务人员应当具备保密意识和安全意识，维护企业信息安全。

（5）企业应当通过管理会计信息系统，挖掘、整理和分析企业的数据，融入业务，提升企业的核心竞争力。

任务一　管理会计信息系统认知与应用

一、管理会计信息系统的概念

管理会计信息系统，是指以财务和业务信息为基础，借助计算机、网络通信等现代信息技术手段，对管理会计信息进行收集、整理、加工、分析和报告等操作，为企业有效开展管理会计活动提供全面、及时、准确信息支持的各功能模块的有机集合。

二、管理会计信息系统的建设原则

企业建设管理会计信息系统，一般应遵循以下原则：

（一）系统集成原则

管理会计信息系统各功能模块应集成在企业整体信息系统中，与财务和业务信息系统紧密结合，实现信息的集中统一管理及财务和业务信息到管理会计信息的自动生成。

（二）数据共享原则

企业建设管理会计信息系统应实现系统间的无缝对接，通过统一的规则和标准，实现数据的一次采集，全程共享，避免产生信息孤岛。

（三）规则可配原则

管理会计信息系统各功能模块应提供规则配置功能，实现其他信息系统与管理会计信息系统相关内容的映射和自定义配置。

（四）灵活扩展原则

管理会计信息系统应具备灵活扩展性，通过及时补充有关参数或功能模块，对环境、业务、产品和流程等的变化及时做出响应，满足企业内部管理需要。

（五）安全可靠原则

应充分保障管理会计信息系统的设备、网络、应用及数据安全，严格权限授权，做好数据灾备建设，具备良好的抵御外部攻击能力，保证系统的正常运行并确保信息的安全、保密、完整。

三、管理会计信息系统的应用环境

企业建设管理会计信息系统，一般应具备以下条件：

（1）对企业战略、组织结构、业务流程、责任中心等有清晰定义。

（2）设有具备管理会计职能的相关部门或岗位，具有一定的管理会计工具方法的应用基础以及相对清晰的管理会计应用流程。

（3）具备一定的财务和业务信息系统应用基础，包括已经实现了相对成熟的财务会计系统的应用，并在一定程度上实现了经营计划管理、采购管理、销售管理、库存管理等基础业务管理职能的信息化。

四、管理会计信息系统建设和应用程序

管理会计信息系统建设和应用程序既包括系统的规划和建设过程；也包括系统的应用过程，即输入、处理和输出过程。

（一）管理会计信息系统规划和建设

管理会计信息系统规划和建设过程一般包括系统规划、系统实施和系统维护等环节。

1. 系统规划环节

在管理会计信息系统的系统规划环节，企业应将管理会计信息系统规划纳入企业信息系统建设的整体规划中，遵循整体规划、分步实施的原则，根据企业的战略目标和管理会计应用目标，形成清晰的管理会计应用需求，因地制宜逐步推进。

2. 系统实施环节

在管理会计信息系统实施环节，企业应制定详尽的实施计划，清晰划分实施的主要阶段、有关活动和详细任务的时间进度。实施阶段一般包括项目准备、系统设计、系统实现、测试和上线等过程。

（1）在项目准备阶段，企业主要应完成系统建设前的基础工作，一般包括确定实施目标、实施组织范围和业务范围，调研信息系统需求，进行可行性分析，制定项目计划、资源安排和项目管理标准，开展项目动员及初始培训等。

（2）在系统设计阶段，企业主要应对组织现有的信息系统应用情况、管理会计工作现状和信息系统需求进行调查，梳理管理会计应用模块和应用流程，据此设计管理会计信息系统的实施方案。

（3）在系统实现阶段，企业主要应完成管理会计信息系统的数据标准化建设、系统配置、功能和接口开发及单元测试等工作。

（4）在测试和上线阶段，企业主要应实现管理会计信息系统的整体测试、权限设置、系统部署、数据导入、最终用户培训和上线切换过程。必要时，企业还应根据实际情况进行预上线演练。

3. 系统维护环节

企业应做好管理会计信息系统的维护，实现日常运行维护支持及上线后持续培训和系统优化。

（二）管理会计信息系统的应用程序

管理会计信息系统的应用程序一般包括输入、处理和输出三个环节。

1. 输入环节

输入环节，是指管理会计信息系统采集或输入数据的过程。管理会计信息系统需提供已定义清楚数据规则的数据接口，以自动采集财务和业务数据。同时，系统还应支持本系统其他数据的手工录入，以利于相关业务调整和补充信息的需要。

2. 处理环节

处理环节，是指借助管理会计工具模型进行数据加工处理的过程。管理会计信息系统可以充分利用数据挖掘、在线分析处理等商业智能技术，借助相关工具对数据进行综合查询、分析统计，挖掘出有助于企业管理活动的信息。

3. 输出环节

输出环节，是指提供丰富的人机交互工具、集成通用的办公软件等成熟工具，自动生成或导出数据报告的过程。数据报告的展示形式应注重易读性和可视化。最终的系统输出结果不仅可以采用独立报表或报告的形式展示给用户，也可以输出或嵌入到其他信息系统中，为各级管理部门提供管理所需的相关信息。

五、管理会计信息系统模块

管理会计信息系统的模块包括成本管理、预算管理、绩效管理、投资管理、管理会计报告等模块。

（一）成本管理模块

成本管理模块应提供基于指标分摊、基于作业分摊等多种成本分摊方法，利用预定义的规则，按要素、按期间、按作业等进行分摊。

成本管理模块应实现成本管理的各项主要功能，一般包括对成本要素、成本中心、成本对象等参数的设置，以及成本核算方法的配置，从财务会计核算模块、业务处理模块及人力资源等模块抽取所需数据，进行精细化成本核算，生成分产品、分批次（订单）、分环节、分区域等多维度的成本信息，以及基于成本信息进行成本分析，实现成本的有效控制，为企业成本管理的事前计划、事中控制、事后分析提供有效的支持。

1. 成本核算

成本核算主要完成对企业生产经营过程各个交易活动或事项的实际成本信息的收集、归纳、整理，并计算出实际发生的成本数据，支持多种成本计算和分摊方法，准确地度量、分摊和分配实际成本。

成本核算的输入信息一般包括业务事项的记录和货币计量数据等。企业应使用具体成本工具方法（如完全成本法、变动成本法、作业成本法、目标成本法、标准成本法等），建立相应的计算模型，以各级成本中心为核算主体，完成成本核算的处理过程。成本核算处理过程结束后，应能够输出实际成本数据、管理层以及各个业务部门所需要的成本核算报告等。

2. 成本分析

成本分析主要实现对实际成本数据分类比较、因素分析比较等，发现成本和利润的驱动因素，形成评价结论，编制成各种形式的分析、评价指标报告等。

成本分析的输入信息一般包括成本标准或计划数据、成本核算子模块生成的成本实际数据等。企业应根据输入数据和规则，选择具体分析评价方法（如，差异分析法、趋势分析法、结构分析法等），对各个成本中心的成本绩效进行分析比较，汇总形成各个责任中心及企业总体成本绩效报告，并输出成本分析报告、成本绩效评价报告等。

3. 成本预测

成本预测主要实现不同成本对象的成本估算预测。

成本预测的输入信息一般包括业务计划数据、成本评价结果、成本预测假设条件，以及历史数据、行业对标数据等。企业应运用成本预测模型（如算术平均法、加权平均法、平滑指数法等）对下一个工作周期的成本需求进行预测，根据经验或行业可比数据对模型预测结果进行调整，并输出成本预测报告。

4. 成本控制

成本控制主要按照既定的成本费用目标，对构成成本费用的要素进行规划、限制和调节，及时纠正偏差，控制成本费用超支，把实际耗费控制在成本费用计划范围内。

成本控制的输入信息一般包括成本费用目标和政策、成本分析报告、预算控制等。企业应建立工作流审批授权机制，以实现费用控制过程，通过成本预警机制实现成本控制的处理过程，输出费用支付清单、成本控制报告等。

（二）预算管理模块

预算管理模块应能提供给企业根据业务需要编制多期间、多情景、多版本、多维度预算计划的功能，以满足预算编制的要求。

预算管理模块应实现的主要功能包括预算目标制定和计划制定、预算编制、预算执行、预算调整、预算分析和评价等全过程的信息化管理。

1. 预算目标和计划制定

预算目标和计划制定主要完成企业目标设定和业务计划的制定，实现预算的启动和准备过程。

预算目标和计划制定的输入信息一般包括企业远景与战略规划、内外部环境信息、投资者和管理者期望、往年绩效数据、经营状况预测，以及公司战略举措、各业务板块主要业绩指标等。企业应对内外部环境和问题进行分析，评估预算备选方案，制定详细的业务计划，输出企业与各业务板块主要绩效指标和部门业务计划等。

2. 预算编制

预算编制主要完成预算目标设定、预算分解和目标下达、预算编制和汇总，以及预算审批过程，实现自上而下、自下而上等多种预算编制流程，并提供固定预算、弹性预算、零基预算、滚动预算、作业预算等一种或多种预算编制方法的处理机制。

预算编制的输入信息一般包括历史绩效数据、关键绩效指标、预算驱动因素、管理费用标准等。企业应借助适用的预测方法（如趋势预测、平滑预测、回归预测等）建立预测模型，辅助企业制定预算目标，依据预算管理体系，自动分解预算目标，辅助预算的审批流程，自动汇总预算。最终输出结果应为各个责任中心的预算方案等。

3. 预算执行

预算执行控制主要实现预算信息模块与各财务和业务系统的及时数据交换，实现对财务和业务预算执行情况的实时控制等。

预算执行控制的输入信息一般包括企业各业务板块及部门的主要绩效指标、业务计划、预算执行控制标准及预算执行情况等。企业应通过对数据的校验、比较和查询汇总，比对预算目标和执行情况的差异；建立预算监控模型，预警和冻结超预算情形，形成预算执行情况报告；执行预算控制审核机制以及例外预算管理等。最终输出结果为预算执行差异分析报告、经营调整措施等。

4. 预算调整

预算调整主要实现对部分责任中心的预算数据进行调整，完成调整的处理过程等。

预算调整的输入信息一般包括企业各业务板块及部门的主要绩效指标、预算执行差异分析报告等。企业对预算数据进行调整，并依据预算管理体系，自动分解调整后的预算目标，辅助调整预算的审批流程，自动汇总预算。最终输出结果为各个责任中心的预算调整报告、调整后的绩效指标等。

5. 预算分析和评价

预算分析和评价主要提供多种预算分析模型，实现在预算执行的数据基础上，对预算数和实际发生数进行多期间、多层次、多角度的预算分析，最终完成预算的业绩评价，为绩效考核提供数据基础。

预算分析和评价的输入信息一般包括预算指标及预算执行情况，以及业绩评价的标准与考核办法等数据。企业应建立差异计算模型，实现预算差异的计算，辅助实现差异成因分析过程，最终输出部门、期间、层级等多维度的预算差异分析报告等。

（三）绩效管理模块

绩效管理模块主要实现业绩评价和激励管理过程中各要素的管理功能，一般包括业绩计划和激励计划的制定、业绩计划和激励计划的执行控制、业绩评价与激励实施管理等，为企业的绩效管理提供支持。

绩效管理模块应提供企业各项关键绩效指标的定义和配置功能，并可从其他模块中自动获取各业务单元或责任中心相应的实际绩效数据，进行计算处理，形成绩效执行情况报告及差异分析报告。

1. 业绩计划和激励计划制定

业绩计划和激励计划制定主要完成绩效管理目标和标准的设定、绩效管理目标的分解和下达、业绩计划和激励计划的编制过程，以及计划的审批流程。

业绩计划和激励计划制定的输入信息一般包括企业及各级责任中心的战略关键绩效指标和年度经营关键绩效指标，以及企业绩效评价考核标准、绩效激励形式、条件等基础数据。处理过程一般包括构建指标体系、分配指标权重、确定业绩目标值、选择业绩评价计分方法以及制定薪酬激励、能力开发激励、职业发展激励等多种激励计划，输出各级考核对象的业绩计划、绩效激励计划等。

2. 业绩计划和激励计划的执行控制

业绩计划和激励计划的执行控制主要实现与预算系统与各业务系统的及时数据交换，实现对业绩计划与激励计划执行情况的实时控制等。

业绩计划和激励计划的执行控制的输入信息一般包括绩效实际数据以及业绩计划和激励计划等。企业应建立指标监控模型，根据指标计算办法计算指标实际值，比对实际值与目标值的偏差，输出业绩计划和激励计划执行差异报告等。

3. 业绩评价和激励实施管理

业绩评价和激励实施管理主要实现对计划的执行情况进行评价，形成综合评价结果，向被评价对象反馈改进建议及措施等。

业绩评价和激励实施管理的输入信息一般包括被评价对象的业绩指标实际值和目标值、指标计分方法和权重等。企业应选定评分计算方法计算评价分值，形成被评价对象的综合评价结果，输出业绩评价结果报告和改进建议等。

（四）投资管理模块

投资管理模块主要实现对企业投资项目进行计划和控制的系统支持过程，一般包括投资计划的制定和对每个投资项目进行的及时管控等。

投资管理模块应与成本管理模块、预算管理模块、绩效管理模块和管理会计报告模块等进行有效集成和数据交换。

投资管理模块应辅助企业实现投资计划的编制和审批过程。企业可以借助投资管理模块定义投资项目、投资程序、投资任务、投资预算、投资控制对象等基本信息；在此基础上，制定企业各级组织的投资计划和实施计划，实现投资计划的分解和下达。

投资管理模块应实现对企业具体投资项目的管控过程。企业可以根据实际情况，将项目管理功能集成到投资管理模块中，也可以实施单独的项目管理模块来实现项目的管控过程。

项目管理模块主要实现对投资项目的系统化管理过程，一般包括项目设置、项目计划与预算、项目执行、项目结算与关闭、项目报告以及项目后审计等功能。

1. 项目设置

项目设置主要完成项目定义（如项目名称、项目期间、成本控制范围、利润中心等参数），以及工作分解定义、作业和项目文档等的定义和设置，为项目管理提供基础信息。

2. 项目计划与预算

项目计划与预算。主要完成项目里程碑计划、项目实施计划、项目概算、项目利润及投资测算、项目详细预算等过程，并辅助实现投资预算的审核和下达过程。

项目里程碑计划，一般包括对项目的关键节点进行定义，在关键节点对项目进行检查和控制，以及确定项目各阶段的开始和结束时间等。

3. 项目执行

项目执行主要实现项目的拨款申请，投资计量，项目实际发生值的确定、计算和汇总，以及与目标预算进行比对，对投资进行检查和成本管控。

4. 项目结算与关闭

项目结算通过定义的结算规则，运用项目结算程序，对项目实现期末结账处理。结算完成后，对项目执行关闭操作，保证项目的可控性。

5. 项目报告

项目管理模块应向用户提供关于项目数据的各类汇总报表及明细报表，主要包括项目计划、项目投资差异分析报告等。

6. 项目后审计

企业可以根据实际需要，在项目管理模块中提供项目后辅助审计功能，依据项目计划和过程建立工作底稿，对项目的实施过程、成本、绩效等进行审计和项目后评价。

（五）管理会计报告

管理会计报告模块应实现基于信息系统中财务数据、业务数据自动生成管理会计报告，支持企业有效实现各项管理会计活动。

（1）管理会计报告模块应为用户生成报告提供足够丰富、高效、及时的数据源，必要时应建立数据仓库和数据集市，形成统一规范的数据集，并在此基础上，借助数据挖掘等商务智能工具方法，自动生成多维度报表。

（2）管理会计报告模块应为企业战略层、经营层和业务层提供丰富的通用报告模板。

（3）管理会计报告模块应为企业提供灵活的自定义报告功能。企业可以借助报表工具自定义管理会计报表的报告主体、期间（定期或不定期）、结构、数据源、计算公式以及报表展现形式等。系统可以根据企业自定义报表的模板自动获取数据进行计算加工，并以预先定义的展现形式输出。

（4）管理会计报告模块应提供用户追溯数据源的功能。用户可以在系统中对报告的最终结果数据进行追溯，可以层层追溯其数据来源和计算方法，直至业务活动。

（5）管理会计报告模块可以独立的模块形式存在于信息系统中，从其他管理会计模块中获取数据生成报告；也可内嵌到其他管理会计模块中，作为其他管理会计模块重要的输出环节。

（6）管理会计报告模块应与财务报告系统相关联，既能有效生成企业整体报告，也能生成分部报告，并实现整体报告和分部报告的联查。

小组讨论

管理会计信息系统建设需遵循什么原则？管理会计信息系统包括哪几个模块？结合典型案例，从信息安全的角度，谈谈财务人员应当如何提高自身的安全意识和保密意识。

岗课赛证融通训练

一、单项选择题

1. 管理会计信息系统规划和建设过程一般不包括（　　）。

A. 系统规划　　B. 系统实施　　C. 系统维护　　D. 系统检测

2. 管理会计信息系统绩效管理模块不包括（　　）。

A. 业绩计划和激励计划制定

B. 业绩计划和激励计划的执行控制

C. 业绩评价和激励实施管理

D. 业绩评价和激励计划调整

3. 管理会计信息系统的应用程序不包括（　　）。

A. 输入　　B. 处理　　C. 输出　　D. 实施

4. 管理会计信息系统建设应用原则不包括（　　）。

A. 系统集成原则　　B 数据共享原则

C. 规则可配原则　　D. 战略匹配原则

5. 以下不属于成本分析评价方法的是（　　）。

A. 差异分析法　　B. 趋势分析法

C. 结构分析法　　D. 绩效分析法

6. 管理会计信息系统投资管理模块不包括（　　）。

A. 项目计划与预算　　B. 项目执行

C. 项目结算　　D. 项目预算

7. 以下不属于管理会计信息系统的模块是（　　）。

A. 成本管理　　B. 预算管理　　C. 投资管理　　D. 报告模块

8. 项目里程碑计划，一般不包括（　　）。

A. 项目的关键节点定义

B. 在关键节点对项目进行检查和控制

C. 以及确定项目各阶段的开始和结束时间

D. 项目实施绩效评估

二、多项选择题

1. 管理会计信息系统建设应用原则包括（　　）。

A. 系统集成原则　　B. 数据共享原则

C. 规则可配原则　　D. 灵活扩展原则

2. 管理会计信息系统成本模块包括（　　）。

A. 成本核算　　B. 成本分析　　C. 成本预测　　D. 成本控制

3. 管理会计信息系统预算模块包括（　　）。

A. 预算编制　　B. 预算执行控制

C. 预算调整　　D. 预算分析和评价

4. 管理会计信息系统的建设和应用程序包括（　　）。

A. 系统的规划和建设过程　　B. 系统的应用过程

C. 系统输入、输出过程　　D. 系统的处理过程

5. 管理会计信息系统实施环节包括（　　）。

A. 项目准备　　B. 系统设计

C. 系统实现、测试和上线　　D. 系统运维及支持

6. 企业使用的具体成本工具方法包括（　　　　）。

A. 完全成本法　　　　B. 变动成本法

C. 作业成本法　　　　D. 目标成本法

E. 标准成本法

三、判断题

1. 管理会计报告如果涉及会计业绩的报告，比如责任中心报告，其主要的报告格式应该是财务会计准则中规范的对外财务报告格式，而不是边际贡献格式。（　　）

2. 投资管理模块主要实现对企业投资项目进行计划和控制的系统支持过程，一般包括投资计划的制定和对每个投资项目进行的及时管控等。（　　）

任务二　管理会计报告认知与应用

一、管理会计报告的概念、特征和分类

（一）管理会计报告的概念

根据《管理会计基本指引第 801 号——企业管理会计报告》规定，管理会计报告，是指企业运用管理会计方法，根据财务和业务的基础信息加工整理形成的，满足企业价值管理和决策支持需要的内部报告。管理会计报告的目标是为企业各层级进行规划、决策、控制和评价等管理活动提供有用信息。

（二）管理会计报告的特征

管理会计报告的对象是一个组织内部对管理会计信息有需求的各个层级、各个环节的管理者。管理会计报告与一般对外财务报告相比较，有四个特征：

（1）管理会计报告没有统一的格式和规范，根据企业（或组织）内部的管理需要来提供。相对于报告形式，更注重报告实质内容。

（2）管理会计报告遵循问题导向。根据企业（或组织）内部需要解决的具体管理问题来组织、编制、审批、报送和使用。

（3）管理会计报告提供的信息不仅仅包括财务信息，也包括非财务信息；不仅仅包括内部信息，也可能包括外部信息；不仅仅包括结果信息，也可以包括过程信息，更应包括剖析原因、提出改进意见和建议的信息。

（4）管理会计报告如果涉及会计业绩报告，比如责任中心报告，其主要的报告

格式应该是边际贡献格式，而不是财务会计准则中规范的对外财务报告格式。

（三）管理会计报告分类

企业管理会计报告体系可按照多种标准进行分类，包括但不限于：

（1）按照企业管理会计报告使用者所处的管理层级可分为战略层管理会计报告、经营层管理会计报告和业务层管理会计报告。

（2）按照企业管理会计报告内容可分为综合企业管理会计报告和专项企业管理会计报告。

（3）按照管理会计功能可分为管理规划报告、管理决策报告、管理控制报告和管理评价报告。

（4）按照责任中心可分为投资中心报告、利润中心报告和成本中心报告。

（5）按照报告主体整体性程度可分为整体报告和分部报告。

二、管理会计报告的编制要求

管理会计报告的编制要求有以下几点：

（1）企业应建立管理会计报告组织体系，根据需要设置管理会计报告相关岗位，明确岗位职责。企业各部门都应履行提供管理会计报告所需信息的责任。

（2）企业管理会计报告的形式要件包括报告的名称、报告期间或时间、报告对象、报告内容，以及报告人等。

（3）企业管理会计报告的对象是对管理会计信息有需求的各个层级、各个环节的管理者。

（4）企业可根据管理的需要和管理会计活动的性质设定报告期间。一般应以日历期间（月度、季度、年度）作为企业管理会计报告期间，也可根据特定需要设定企业管理会计报告期间。

（5）企业管理会计报告的内容应根据管理需要和报告目标而定，易于理解并具有一定灵活性。

（6）企业管理会计报告的编制、审批、报送、使用等应与企业组织架构相适应。

（7）企业管理会计报告体系应根据管理活动全过程进行设计，在管理活动各环节形成基于因果关系链的结果报告和原因报告。

三、管理会计报告的编制流程

企业管理会计报告流程包括报告的编制、审批、报送、使用、评价等环节。企业管理会计报告的编制、审批、报送、使用等应与企业组织架构相适应。企业应当充分利用信息技术，强化管理会计报告及相关信息集成和共享，将管理会计报告的编制、审批、报送和使用等纳入企业统一信息平台。

企业应定期根据管理会计报告使用效果以及内外部环境变化对管理会计报告体系、内容以及编制、审批、报送、使用等进行优化。企业管理会计报告属内部报告，应在允许的范围内传递和使用。相关人员应遵守保密规定。

（1）企业管理会计报告由管理会计信息归集、处理并报送的责任部门编制。

（2）企业应根据报告的内容、重要性和报告对象等，确定不同的审批流程。经审批后的报告方可报出。

（3）企业应合理设计报告报送路径，确保企业管理会计报告及时、有效地送达报告对象。企业管理会计报告可以根据报告性质、管理需要进行逐级报送或直接报送。

（4）企业应建立管理会计报告使用的授权制度，报告使用人应在权限范围内使用企业管理会计报告。

（5）企业应对管理会计报告的质量、传递的及时性、保密情况等进行评价，并将评价结果与绩效考核挂钩。

四、战略管理视角下管理会计报告体系

（一）战略层管理会计报告

战略层管理会计报告是为战略层开展战略规划、决策、控制和评价，以及其他方面的管理活动提供相关信息的对内报告。战略层管理会计报告的报告对象是企业的战略层，包括股东大会、董事会和监事会等。战略层管理会计报告包括但不仅限于战略管理报告、综合业绩报告、价值创造报告、经营分析报告、风险分析报告、重大事项报告、例外事项报告等。这些报告可独立提交，也可根据不同需要整合后提交。战略层管理会计报告有以下七个类型。

（1）战略管理报告，内容一般包括内外部环境分析、战略选择与目标设定、战略执行及其结果，以及战略评价等。

（2）综合业绩报告，内容一般包括关键绩效指标预算及其执行结果、差异分析以及其他重大绩效事项等。

（3）价值创造报告，内容一般包括价值创造目标、价值驱动的财务因素与非财务因素、内部各业务单元的资源占用与价值贡献以及提升公司价值的措施等。

（4）经营分析报告，内容一般包括过去经营决策执行情况回顾、本期经营目标执行的差异及其原因、影响未来经营状况的内外部环境与主要风险分析、下一期的经营目标及管理措施等。

（5）风险分析报告，内容一般包括企业全面风险管理工作回顾、内外部风险因素分析、主要风险识别与评估、风险管理工作计划等。

（6）重大事项报告，是针对企业的重大投资项目、重大资本运作、重大融资、重大担保事项、关联交易等事项进行的报告。

（7）例外事项报告，是针对企业发生的管理层变更、股权变更、安全事故、自然灾害等偶发性事项进行的报告。战略层管理会计报告应精炼、简洁、易于理解，报告主要结果、主要原因，并提出具体的建议。

（二）经营层管理会计报告

经营层管理会计报告是为经营管理层开展与经营管理目标相关的管理活动提供相关信息的对内报告。经营层管理会计报告的报告对象是经营管理层。经营层管理会计报告主要包括全面预算管理报告、投资分析报告、项目可行性报告、融资分析报告、盈利分析报告、资金管理报告、成本管理报告、绩效评价报告等。

（1）全面预算管理报告的内容一般包括预算目标制定与分解、预算执行差异分析以及预算考评等。

（2）投资分析报告的内容一般包括投资对象、投资额度、投资结构、投资进度、投资效益、投资风险和投资管理建议等。

（3）项目可行性报告的内容一般包括项目概况、市场预测、产品方案与生产规模、厂址选择、工艺与组织方案设计、财务评价、项目风险分析，以及项目可行性研究结论与建议等。

（4）融资分析报告的内容一般包括融资需求测算、融资渠道与融资方式分析及选择、资本成本、融资程序、融资风险及其应对措施和融资管理建议等。

（5）盈利分析报告的内容一般包括盈利目标及其实现程度、利润的构成及其变动趋势、影响利润的主要因素及其变化情况，以及提高盈利能力的具体措施等。企业还应对收入和成本进行深入分析。盈利分析报告可基于企业集团、单个企业，也可基于责任中心、产品、区域、客户等进行。

（7）资金管理报告的内容一般包括资金管理目标、主要流动资金项目如现金、应收票据、应收账款、存货的管理状况、资金管理存在的问题以及解决措施等。企业集团资金管理报告的内容一般还包括资金管理模式（集中管理还是分散管理）、资金集中方式、资金集中程度、内部资金往来等。

（8）成本管理报告的内容一般包括成本预算、实际成本及其差异分析，成本差异形成的原因以及改进措施等。

（9）绩效评价报告的内容一般包括绩效目标、关键绩效指标、实际执行结果、差异分析、考评结果，以及相关建议等。经营层管理会计报告应做到内容完整、分析深入。

（三）业务层管理会计报告

业务层管理会计报告是为企业开展日常业务或作业活动提供相关信息的对内报

告。其报告对象是企业的业务部门、职能部门以及车间、班组等。业务层管理会计报告应根据企业内部各部门、车间或班组的核心职能或经营目标进行设计，主要包括研究开发报告、采购业务报告、生产业务报告、配送业务报告、销售业务报告、售后服务业务报告、人力资源报告等。

（1）研究开发报告的内容一般包括研发背景、主要研发内容、技术方案、研发进度、项目预算等。

（2）采购业务报告的内容一般包括采购业务预算、采购业务执行结果、差异分析及改善建议等。采购业务报告要重点反映采购质量、数量以及时间、价格等方面的内容。

（3）生产业务报告的内容一般包括生产业务预算、生产业务执行结果、差异分析及改善建议等。生产业务报告要重点反映生产成本、生产数量以及产品质量、生产时间等方面的内容。

（4）配送业务报告的内容一般包括配送业务预算、配送业务执行结果、差异分析及改善建议等。配送业务报告要重点反映配送的及时性、准确性以及配送损耗等方面的内容。

（5）销售业务报告的内容一般包括销售业务预算、销售业务执行结果、差异分析及改善建议等。销售业务报告要重点反映销售的数量结构和质量结构等方面的内容。

（6）售后服务业务报告的内容一般包括售后服务业务预算、售后服务业务执行结果、差异分析及改善建议等。售后服务业务报告重点反映售后服务的客户满意度等方面的内容。

（7）人力资源报告的内容一般包括人力资源预算、人力资源执行结果、差异分析及改善建议等。人力资源报告重点反映人力资源使用及考核等方面的内容。

五、管理会计报告应用

（一）全面预算管理报告

经营层管理会计报告是为经营管理层开展与经营管理目标相关的管理活动提供相关信息的对内报告。经营层管理会计报告的报告对象是经营管理层。

全面预算管理报告是经营层管理会计报告重要组成部分。全面预算管理报告的内容一般包括预算目标制定与分解、预算执行差异分析以及预算考评等。预算目标的制定与分解在本教材项目三做了详细讲解，本部分以佳润乳业公司全面预算管理为例，介绍全面预算执行情况分析报告，主要内容为预算执行差异以及预算考评。

【例 8–1】佳润乳业公司 2022 年克服市场突发情况影响，积极拓展市场，促进销售；本年实际销售甜牛奶乳饮料 220 万件，发酵型含乳饮料 58 万件；管理会计部门针对全面预算编制全面预算管理报告。步骤如下：

（1）业务量预算执行情况表如表 8−1 所示。

表 8−1 业务量预算执行情况表

单位：万件

项目	本年预算	本年实际	差异	预算完成度
甜牛奶乳饮料	225	220	−5	98.00%
发酵型含乳饮料	60	58	−2	97.00%

2022 年度，在市场突发情况影响下，经过业务部门全体员工的努力，佳润乳业公司全年累计销售甜牛奶乳饮料 220 万件，完成预算的 98.00%；发酵型含乳饮料 58 万件，完成预算的 97.00%；预算执行情况良好。

（2）营业收入、营业成本预算执行情况表如表 8−2 所示。

表 8−2 营业收入、营业成本预算执行情况表

单位：元

项目	本年预算	本年实际	差异	预算完成度	备注
营业收入	71 700 000	69 907 500	−1 792 500	97.50%	
营业成本	47 832 580	52 615 838	4 783 258	110.00%	
毛利率	33.29%	24.74%	−8.55%	74.31%	

从表 8−2 可以看出，佳润乳业公司全年营业收入为 69 907 500 元，较预算少 1 792 500 元；完成全年预算的 97.50%；经分析系受市场特殊情况影响所致。营业成本为 52 615 838 元，较预算多了 4 783 258 元；毛利率较预算下降 8.55%；产生不利影响。

（3）成本费用预算执行情况表如表 8−3 所示。

表 8−3 成本费用预算执行情况表

单位：元

项目	本年预算	本年实际	差异	预算完成度	备注
销售费用	5 475 000	6 022 500	547 500	110.00%	
管理费用	6 450 000	6 600 000	150 000	102.33%	
财务费用	442 000	500 000	58 000	113.12%	
销售费用占收入的比重	7.64%	8.61%	0.98%	112.82%	
成本费用占收入的比重	83.96%	94.04%	10.08%	112.00%	

从表 8–3 可以看出，佳润乳业公司全年发生销售费用 6 022 500 元，比预算多了 547 500 元，预算完成度 110.00%，超支 10.00%；预算执行情况不佳。管理费用 6 600 000 元，超出预算 150 000 元，超支 2.33%。财务费用超出预算 58 000 元，超支 13.12%。

（4）利润预算执行情况表如表 8–4 所示。

表 8–4 利润预算执行情况表

单位：元

项目	本年预算	本年实际	差异	预算完成度	备注
净利润	9 500 420	2 986 662	−6 513 758	31.44%	
成本费用	60 199 580	64 920 838	4 721 258	107.84%	
成本费用利润率	15.78%	4.60%		29.15%	

从表 8–4 可以看出，佳润乳业公司全年实现利润 2 986 662 元，仅完成预算的 31.44%；成本费用高而营业收入下降是造成净利润下降的原因。

（5）现金预算执行情况：现金预算主要说明现金收入、现金支出、资金融通和期末现金余额四个部分的预算执行情况。佳润乳业公司全年为解决资金筹资缺口，预算借入长期借款 3 900 000 元，实际借入 3 900 000 元，未超出预算。

（6）资产负债表预算执行情况表如表 8–5 所示。

表 8–5 资产负债表预算执行情况表

单位：元

项目	本年预算	本年实际	差异	预算完成度	备注
资产	26 402 736.8	27 854 887.32	1 452 150.524	105.50%	
负债	7 104 316.8	8 184 172.954	1 079 856.154	115.20%	长期借款项目增加
所有者权益	19 298 420	17 291 384.32	−2 007 035.68	89.60%	

从表 8–5 可以看出，佳润乳业公司资产总额预算完成率为 105.50%，与预算大体一致；为满足公司发展需要，公司有长期借款项目增加，公司负债超出预算 15.20%。所有者权益完成预算指标的 89.60%，情况良好。

（二）成本管理报告

企业常用的成本工具方法有完全成本法、变动成本法、作业成本法、目标成本法、标准成本法等。成本管理报告属于经营层管理会计报告，成本管理报告的内容一般包括成本预算、实际成本及其差异分析，成本差异形成的原因以及改进措施等。

成本分析主要实现预算成本与实际成本数据分类比较、因素分析比较，以便发现成本和利润的驱动因素，形成评价结论，编制成各种形式的分析、评价指标报告等。

【例 8-2】佳润乳业公司 2022 年预计销售甜牛奶乳饮料产品 2 000 000 件，预计单位售价 26 元，单位变动成本 16 元，固定制造费用 4 500 000 元，固定销售费用 600 000 元，固定管理费用 3 500 000 元，固定财务费用 1 100 000 元。佳润乳业公司 2022 年收入费用及税前利润预算表如表 8-6 所示。

表 8-6　佳润乳业公司 2022 年收入费用及税前利润预算表

金额单位：元

项目	预算数据
销售量 / 件	2 000 000
单价	26
销售收入	52 000 000
变动成本	32 000 000
固定制造费用	4 500 000
固定销售费用	600 000
固定管理费用	3 500 000
固定财务费用	1 100 000
税前利润	10 300 000

佳润乳业公司 2022 年收入费用及税前利润统计表，如表 8-7 所示。

表 8-7　佳润乳业公司 2022 年收入费用及税前利润统计表

金额单位：元

项目	实际执行统计数据
销售量 / 件	2 050 000
单价	26
销售收入	53 300 000
变动成本	32 800 000
固定制造费用	4 600 000

续表

项目	实际执行统计数据
固定销售费用	600 000
固定管理费用	3 700 000
固定财务费用	1 100 000
税前利润	10 500 000

结合预算表格和企业经营实际数据，编制佳润乳业公司2022年收入费用及税前利润预算执行情况表如表8-8所示。

表8-8　佳润乳业公司2022年收入费用及税前利润预算执行情况

金额单位：元

项目	预算数据	实际数据	差异（实际－预算）	性质
销售量/件	2 000 000	2 050 000	50 000	有利差异
单价	26	26	0	
销售收入	52 000 000	53 300 000	1 300 000	有利差异
变动成本	32 000 000	32 800 000	800 000	不利差异
固定制造费用	4 500 000	4 600 000	100 000	不利差异
固定销售费用	600 000	600 000	0	
固定管理费用	3 500 000	3 700 000	200 000	不利差异
固定财务费用	1 100 000	1 100 000	0	
税前利润	10 300 000	10 500 000	200 000	有利差异

差异分析评价：由表8-8可知，佳润乳业公司2022年甜牛奶乳饮料产品税前利润实际执行情况超过预算20万元，为有利差异，说明预算执行情况良好。从差异分析中可以看出，在单价和单位变动成本不变的情况下，200 000元税前利润差异＝1 300 000（收入差异）－800 000（变动成本差异）－100 000（固定制造费用差异）－200 000（固定财务费用差异）

改进措施：

（1）进行技术改造和工艺升级，做好价值工程分析，及时追踪原材料市场价格变化信息，科学合理采购储存原材料，降低单位产品变动成本。

（2）精简管理机构和部门，加强数字化建设和信息化建设；提高管理效率，降低管理费用支出。

（3）科学预算销售费用，统计分析投入产出比，控制销售费用支出金额。

（4）加强产品销售和应收账款管理，提高资产周转率，减少资金占用，降低财务费用支出。

小组讨论

结合以上案例，从服务意识的角度，分析财务部门如何才能为企业决策部门提供更高质量的管理会计报告。

岗课赛证融通训练 >>>

一、单项选择题

1. 管理会计报告的特征不包括（　　）。

A. 有统一的格式和规范

B. 管理会计报告遵循问题导向

C. 不仅包括财务信息，也包括非财务信息

D. 不仅包括内部信息，也包括外部信息

2. 以下属于战略管理报告的是（　　）。

A. 内外部环境分析　　B. 全面预算管理报告

C. 融资分析报告　　D. 盈利分析报告

3. 下列各项中，不属于战略管理层管理会计报告的报告对象的是（　　）。

A. 股东大会　　B. 董事会　　C. 监事会　　D. 总经理

4. 下列项目中不属于经营层管理会计报告的是（　　）。

A. 采购业务报告　　B. 全面预算管理报告

C. 融资分析报告　　D. 盈利分析报告

5. 下列项目中，属于业务层管理会计报告的是（　　）。

A. 资金管理报告　　B. 投资分析报告

C. 成本管理报告　　D. 人力资源报告

6. 全面预算管理报告的内容不包括（　　）。

A. 预算目标制定与分解　　B. 预算执行差异分析

C. 预算考评　　D. 战略报告

7. 战略管理报告，内容一般不包括（　　）。

A. 内外部环境分析　　B. 战略选择与目标设定

C. 战略执行及其结果　　D. 战略制定标准

8. 以下不属于管理会计报告按照责任中心分类的是（　　）。

A. 投资中心报告　　B. 利润中心报告

C. 成本中心报告　　D. 管理中心报告

9. 以下不属于管理会计报告按企业使用报告的层级分类的是（　　）。

A. 战略层管理会计报告　　B. 经营层管理会计报告

C. 业务层管理会计报告　　D. 专项报告

二、多项选择题

1. 管理会计报告按照管理会计功能可分为（　　）。

A. 管理规划报告　　B. 管理决策报告

C. 管理控制报告　　D. 管理评价报告

2. 综合业绩报告，内容一般包括（　　）。

A. 关键绩效指标预算及其执行结果　　B. 差异分析

C. 其他重大绩效事项　　D. 财务报表

3. 价值创造报告，内容一般包括（　　）。

A. 价值创造目标

B. 价值驱动的财务因素与非财务因素

C. 内部各业务单元的资源占用与价值贡献

D. 提升公司价值的措施

4. 经营分析报告，内容一般包括（　　）。

A. 过去经营决策执行情况回顾

B. 本期经营目标执行的差异及其原因

C. 影响未来经营状况的内外部环境与主要风险分析

D. 下一期的经营目标及管理措施等

5. 风险分析报告，内容一般包括（　　）。

A. 企业全面风险管理工作回顾　　B. 内外部风险因素分析

C. 主要风险识别与评估　　D. 风险管理工作计划

6. 重大事项报告，是针对企业以下哪些重要事项进行的报告（　　）。

A. 重大投资项目　　B. 重大资本运作

C. 重大融资　　D. 重大担保事项

E. 关联交易等事项

三、判断题

1. 企业管理会计报告体系按照报告主体整体性程度可分为投资中心报告、利润

中心报告和成本中心报告。(　　)

2. 企业可根据管理的需要和管理会计活动的性质设定报告期间。一般应以日历期间（月度、季度、年度）作为企业管理会计报告期间，也可根据特定需要设定企业管理会计报告期间。(　　)

3. 企业管理会计报告流程包括报告的信息搜集、传输、加工处理、评价等。(　　)

四、岗位技能实操题

实训目的：

1. 熟练掌握管理会计报告的知识点。

2. 能够运用所学技能进行管理会计报告的编制。

3. 能够针对管理会计报告提出管理决策意见和建议。

实训资料：聚龙科技公司主要从事新型、高效节能洗衣机减速离合器的研发、生产、销售，先后配套多家洗衣机整机厂商，成功开发、推广了直驱电机减速离合器一体化装置产品。公司产品的广泛应用，促进了下游整机厂商的产品性能提升、质量改进、技术创新，以及产品升级换代，提升了洗衣机洗涤效果及节能、节水功效，产品质量、技术水平得到客户的认可。2021 年以来，公司进一步提升了产品的深度和广度。未来公司将继续立足洗衣机减速器领域，拓展机器人减速器业务。

公司长期坚持“当好配角，争创第一”的发展理念，坚持“以科技为依托、以市场为导向”的经营方针，不断建立健全现代企业管理制度，推行严格的质量管理、控制措施，通过了质量管理体系认证 ISO9001：2015 认证和国际电工委员会电子元器件质量评定体系 IECQ QC080000：2012 认证。质量和品牌优势是公司产品长期配套行业龙头企业，保持较强市场竞争力的内在原因。

公司加强管理制度建设，提升内部流程运作效率。重点推行全面预算体系建设，以预算为抓手，推动公司业财深度融合，提升公司经营效率。聚龙科技公司立足公司未来五年发展战略和经营目标，2022 年实际经营数据相关资料如下：

2022 年聚龙科技有限公司销售减速器 299 000 件，销售收入 5 980 万元。营业成本 3 200 万元。销售费用 455 万元，管理费用 400 万元，财务费用 46 万元。净利润 1 479 万元。外部融资 560 万元。资产 4 812 万元，负债 1 012 万元，所有者权益 3 800 万元。

实训要求：请结合项目三聚龙科技公司预算资料和上述资料，分析评价聚龙科技有限公司 2022 年预算执行情况，见表 8-9 至表 8-14。

表 8-9　聚龙科技公司 2022 年业务量预算执行情况表

项目	本年预算	本年实际	差异 /（万件）	预算完成度
减速器				

表 8-10　聚龙科技公司 2022 年年营业收入、营业成本预算执行情况表

项目	本年预算	本年实际	差异 / 元	预算完成度	备注
营业收入					
营业成本					
毛利率					

表 8-11　聚龙科技公司 2022 年年成本费用预算执行情况表

项目	本年预算	本年实际	差异 / 元	预算完成度	备注
销售费用					
管理费用					
财务费用					
销售费用占收入的比重					
成本费用占收入的比重					

表 8-12　聚龙科技公司 2022 年利润预算执行情况表

项目	本年预算	本年实际	差异 / 元	预算完成度	备注
净利润					
成本费用					
成本费用利润率					

表 8-13　聚龙科技公司 2022 年现金预算执行情况表

项目	本年预算	本年实际	差异 / 元	预算完成度	备注
减速器					

表 8-14　聚龙科技有限公司 2022 年资产负债表预算执行情况表

项目	本年预算	本年实际	差异 / 元	预算完成度	备注
资产					
负债					
所有者权益					

价值引领

管理会计报告体系在Y集团工程机械股份有限公司的应用案例

一、规范编制步骤

Y集团工程机械股份有限公司不断改进管理会计报告的编制步骤，并逐渐形成了层次规划、内容确定、模板制定和沟通培训的编制步骤。为了充分考虑组织架构、产品来源供应以及营销渠道等要素，企业对管理会计报告体系进行层次规划，分别从专题项目、操作层、管理层和战略层四个层级编制差异化报告。

二、优化运行环境

为了进一步优化管理会计报告体系的运行环境，Y集团工程机械股份有限公司早在2013年就引入了SAP管理系统，在实践过程中逐渐将其他信息化系统与SAP系统相融合，并逐渐形成了包含决策分析层、业务执行与管理层和基础应用层的信息系统整合平台，如图8-1所示。

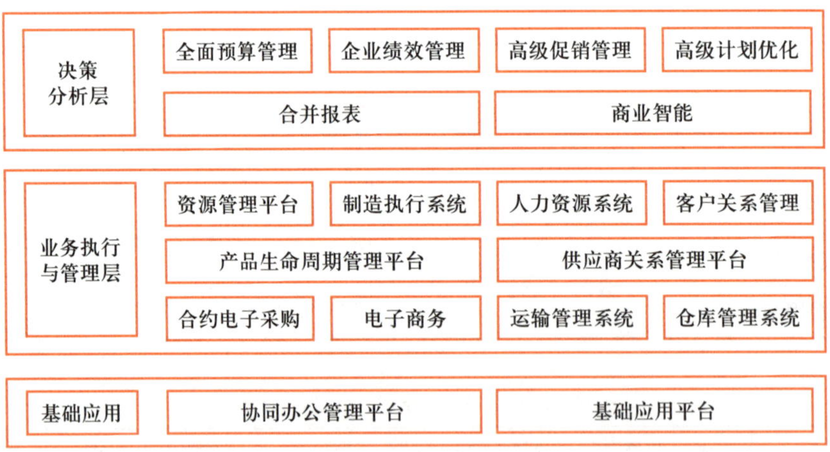

图8-1　信息整合平台

三、优化财务体系组织架构

Y集团工程机械股份有限公司重点对财务组织架构进行了相应调整，并逐渐形成了包含管理会计、共享服务和战略财务的财务体系组织架构管理会计部分主要负责操作层和管理层的报告编制工作，包括供应链、营销和生产三个财务部门。共享服务部分旨在对标准化财务作业进行集中处理，由共享财务部单独负责。战略财务部分主要由资金管理和财务管理两个部门，职责范围主要包括投融资规划、预算管理、业绩评价以及财务制度制定等，并主要负责战略层的报告编制工作。

（资料来源：覃艳. 企业管理会计报告体系应用探讨——以徐州工程机械公司为例［J］. 财会通讯，2020，{4}（21）：168-172.）

思考与启示：

企业管理会计报告为企业各层级进行规划、决策、控制和评价等管理活动提供有用信息。企业通过建立健全管理会计信息系统，为企业管理经营决策提供准确、及时的各类管理会计报告，确保企业围绕战略方向健康发展。

（1）作为一名财务人员应当具备高度的信息安全意识和保密意识。信息系统汇聚了企业全方位的信息数据，对于财务人员的信息安全意识和保密意识提出了更高的要求。

（2）财务人员应具备服务意识，做到规范、准确、及时提供管理会计报告，为企业管理决策服务。Y 集团工程机械股份有限公司重构了财务组织架构，成功将管理会计独立出来，进一步明确了部门划分，即供应链财务部、营销财务部和生产财务部准确高效地为业务部门提供信息、数据、决策支持。

（3）数据资源成为企业的核心竞争力，也成为国家宝贵的资源和核心竞争力。公司财务部门高度重视数据的准确性，透过数据探寻经营本质，依托算法提高企业的数据处理能力，提高数据库资源的高效利用。

参考文献

1. 李勇，陈祥碧．管理会计［M］．3 版．北京：高等教育出版社，2021.

2. 财政部会计司．管理会计案例示范集［M］．经济科学出版社，2019.

3. 财政部会计司．管理会计基本指引

4. 王征．以工作量核算为基础的 A 医院绩效改革案例研究［J］．会计师 2021（1）：118-119.

5. 中华人民共和国财政部．管理会计应用指引［M］．北京：经济科学出版社，2017.

6. 中国注册会计师协会．公司战略与风险管理［M］．北京：中国财政经济出版社，2022.

7. 中国注册会计师协会．财务成本管理［M］．北京：中国财政经济出版社，2022.

8. 吴大军．管理会计［M］．6 版．大连：东北财经大学出版社，2021.

9. 李琪．企业合并后财务整合问题的研究［D］．大连：东北财经大学出版社，2018.

10. 温素彬，盛佳丽．战略地图：解读与应用案例［J］．会计之友，2020，{4}（17）：150-156.

11. 覃艳．企业管理会计报告体系应用探讨——以 Y 工程机械公司为例［J］．财会通讯，2020，{4}（21）：168-172.

12. 董京原．管理会计基础［M］．2 版．北京：高等教育出版社，2021.

13. 丁增稳，牛秀粉．管理会计实务［M］．2 版．北京：高等教育出版社，2021.

主编简介

单松，金华职业技术学院副教授，全国职业院校技能大赛优秀指导教师，指导学生获得2019年、2021年和2022年全国职业院校技能大赛“会计技能”竞赛（团体项）一等奖，2021年管理会计成绩全国第一名、2019年管理会计成绩全国第三名、2022年管理会计成绩全国第四名。2015年至2022年，带领团队指导学生参加技能大赛先后获得省级一等奖以上荣誉20项。2019年至2022年指导团队先后获得“天平杯”浙江省大学生财会信息化竞赛一等奖12项。

财务管理机器人设计与开发产教融合协作委员会专家委员、智能财税产教融合协作委员会专家委员、浙江省中高职一体化大数据与会计专业标准研制专家组成员。

刘小海，郴州职业技术学院财政经济学院副院长，全国职业院校技能竞赛优秀指导教师，湖南省中职、高职院校财经商贸类专业带头人师资培训师、湖南省职业院校财经类专业“课证融通”创新示范课程改革培训师、湖南省教师职业能力比赛专业技能操作竞赛管理会计竞赛项一等奖获得者、湖南省优秀人才培养方案成果奖获得者、湖南省精品在线开放课程主持人。指导学生参加职业院校技能大赛先后获得全国职业院校各类技能竞赛一等奖12次、二等奖2次、三等奖1次，获得湖南省职业院校各类技能竞赛一等奖19次。

陆培中，徽商职业学院会计系副主任，副教授。安徽省教学名师，安徽省高校优秀拔尖人才培育资助项目获得者，获工信部全国信息化工程师管理信息化高级师资认证。先后7次获安徽省教学成果奖，“会计信息管理专业”省级教师教学创新团队负责人、“财务管理”省级骨干专业建设项目负责人，多次担任省级、市级职业院校技能大赛裁判专家。首批获评安徽省教育厅“双师型”教师资格认证，指导学生参加省级及全国各类职业技能竞赛获一等奖14次。

读者意见反馈

为收集对教材的意见建议，进一步完善教材编写并做好服务工作，读者可将对本教材的意见建议通过如下渠道反馈至我社。

咨询电话 400-810-0598

反馈邮箱 gjdzfwb@pub.hep.cn

通信地址 北京市朝阳区惠新东街 4 号富盛大厦 1 座

高等教育出版社总编辑办公室

邮政编码 100029

防伪查询说明

用户购书后刮开封底防伪涂层，使用手机微信等软件扫描二维码，会跳转至防伪查询网页，获得所购图书详细信息。

防伪客服电话 （010）58582300

资源服务提示

授课教师如需获取本书配套教辅资源，请登录"高等教育出版社产品信息检索系统"（http://xuanshu.hep.com.cn/），搜索本书并下载资源。首次使用本系统的用户，请先注册并进行教师资格认证。

高教社高职会计教师交流及资源服务 QQ 群（在其中之一即可，请勿重复加入）：

QQ3 群：675544928 QQ2 群：708994051（已满） QQ1 群：229393181（已满）

数智化财经
大数据与会计
大数据与财务管理
大数据与审计
金融
财税大数据应用
会计信息管理
业财一体信息化
财务数字化
财务大数据分析
财务机器人应用
智能审计
区块链金融
金税财务应用
财务共享服务
业务财务信息分析
业务财务一体化设计
企业内部控制
会计制度设计
企业财务分析
初级会计实务
企业财务会计
管理会计实务
财务决策
ERP 沙盘
ERP 财务业务一体化
EXCEL 财务应用
出纳业务操作
企业财务管理
行业会计比较
成本核算与管理
会计英语
会计信息系统应用
税法
经济法基础
纳税实务
税费计算与申报
税务会计
税收筹划
保险实务
个人理财
金融法律法规
金融服务礼仪
商业银行会计
金融服务营销
商业银行综合柜台业务
证券投资实务
国际金融
审计实务
政府会计
财经法规与职业道德
审计基础
专业基础课
中国会计文化
中国金融文化
金融基础
金融科技概论
Python 财务基础
会计基础
管理会计基础
财政与金融
财经基本技能
财务大数据基础
岗课赛训
基础会计实训
财务会计实训
成本会计实训
出纳岗位实训
审计综合实训
税务会计实训
管理会计实训
会计综合实训
数字金融业务实训
会计信息化实验
高等职业教育财经类专业群
岗课赛证
智能财税
金税财务应用
财务共享服务
业财一体信息化应用
财务数字化应用
数字化管理会计
智能估值
智能审计
财务机器人应用